L'ANTI-LUCRECE,

TOME PREMIER.

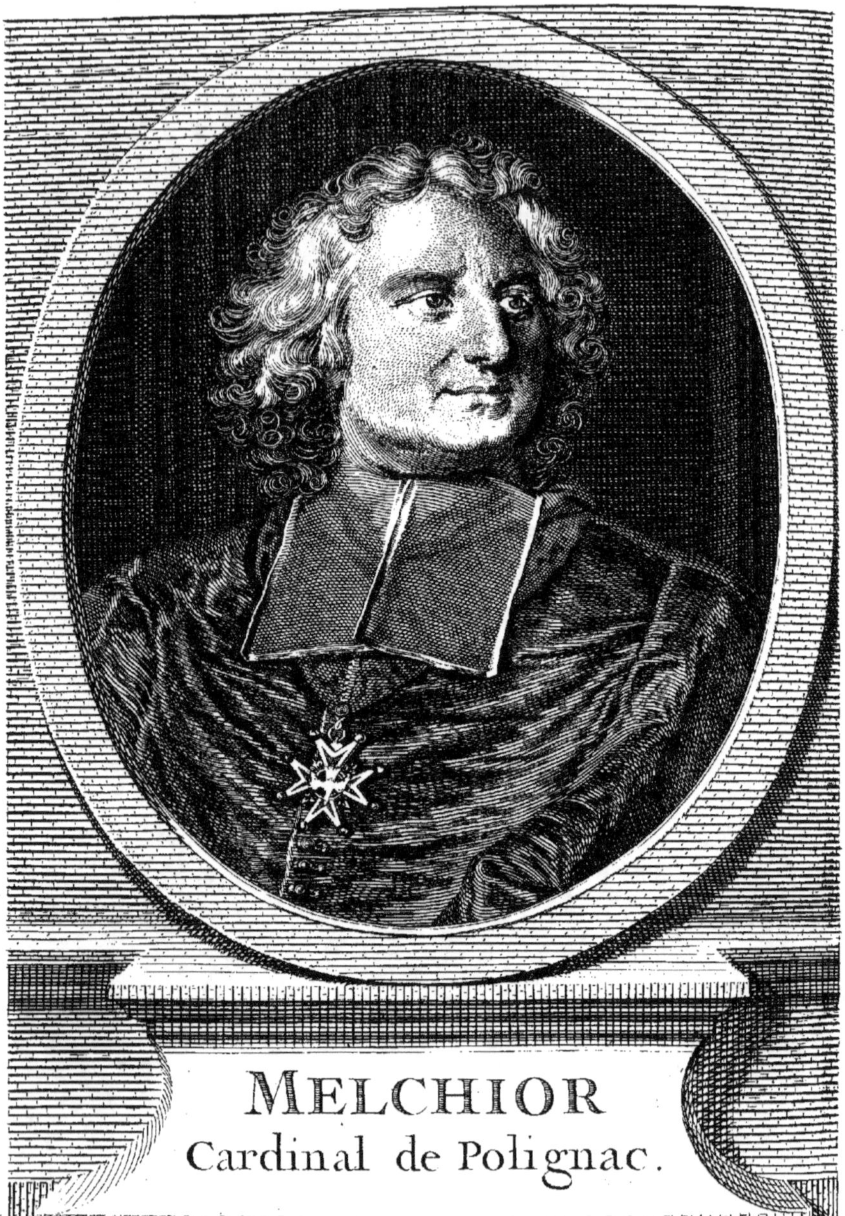

MELCHIOR
Cardinal de Polignac.

Peint par Hyacinthe Rigaud. *Gravé par J. Daullé Gr. du R.*

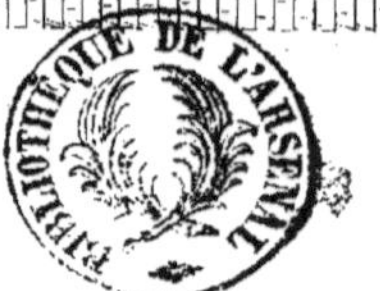

L'ANTI-LUCRECE,

POËME

SUR LA

RELIGION NATURELLE,

COMPOSÉ

PAR M. LE CARDINAL

DE POLIGNAC;

Traduit par M. DE BOUGAINVILLE, de l'Académie Royale des Belles-Lettres.

TOME PREMIER.

A PARIS,

Chez DESAINT & SAILLANT, rue Saint Jean de Beauvais.

M. DCC. XLIX.

AVEC APPROBATION ET PRIVILEGE DU ROI.

A

SON ALTESSE SERENISSIME

MADAME LA DUCHESSE

DU MAINE.

Madame,

La traduction *de l'Anti-Lucréce a droit de paroître sous les auspices de* Votre Altesse Serenissime. *Je n'exposerai point les motifs qui*

* ij

m'autorisent à vous la présenter : ce détail n'apprendroit rien au Public. Il sçait que ce Poëme a été fait sous vos yeux, & qu'une Princesse, qui joint à l'élévation du génie l'étendue des connoissances, doit s'intéresser au sort d'un ouvrage regardé comme le monument immortel des connoissances & du génie de son Auteur. L'Anti-Lucréce ne seroit désavoué ni par Descartes ni par Virgile. Le goût ne s'y fait pas moins sentir que le raisonnement. Des vérités sublimes y sont développées avec art, avec méthode, avec élegance. Si, pour connoître parfaitement le mérite d'un tel Ouvrage, il faut avoir tout ce qui rend capable de le produire, qui peut mieux que vous, MADAME, en sentir tout le prix ?

Je serois peut-être en droit de m'étendre ici sur tant de qualités dont l'assemblage reléve en vous l'éclat d'un titre auguste : mais ne craignez point que j'abuse d'une occasion si favorable. Ce n'est pas que j'appréhende que des louanges comme les miennes puissent allarmer votre modestie. Un pareil motif pouvoit arrêter les Fontenelles & d'autres

DEDICATOIRE.

grands hommes, dont la simple estime a de quoi flatter, & qui tous étonnés de vos lumières, se sont disputé la gloire de vous rendre un hommage, adressé moins à votre rang, qu'à vous-même. Notre siécle a peu de génies superieurs que la Cour de Votre Altesse Serenissime n'ait rassemblés. Poëte & Philosophe, M. de Polignac y trouvoit en même-tems le Parnasse & le Lycée. Elle réunit tous les genres de talens. Aucun, pour être admis auprès de vous, n'a besoin de Mécene. Votre goût, MADAME, leur en sert à tous. Ce goût si sûr & qui soumet à son ressort tant d'objets differens, ne dois-je pas le redouter en présentant à Votre·Altesse Serenissime la traduction d'un ouvrage rempli de beautés ? J'ai tâché de ne rien oublier pour la rendre digne de l'Auteur, du Public & de Vous. J'ai sans cesse lutté contre l'Original, quoique je n'eusse pas conçû l'espoir de l'égaler. Le véritable moyen de ne pas demeurer au-dessous de soi-même, c'est de prétendre quelquefois s'élever au-dessus. Noble ambition, elle produit des efforts presque toujours heureux.

Que les miens seroient mal récompensés, si l'idée que cette traduction fera prendre de l'Anti-Lucréce, ne répondoit pas au mérite de l'ouvrage même ! Il est vrai que ce mérite est prouvé par un succès d'autant plus décisif, que l'Anti-Lucréce, en se montrant, avoit à combattre un des plus grands ennemis qu'un Livre pût redouter. C'est la réputation même dont il jouissoit avant que de paroître. Tout ce qui s'offre à des yeux prévenus doit craindre l'effet du préjugé, plus dangereux lorsqu'il est favorable, que lorsqu'il est contraire. La Renommée, en annonçant un ouvrage, lui fait contracter un engagement sur lequel il ne doit point espérer de grace. Objet inconnu des desirs, de l'impatience & quelquefois de l'admiration précoce du Lecteur, vient-il enfin à se montrer ? Rarement égal à l'idée qu'on s'en formoit, il essuye autant de critiques, qu'il attire de regards : critiques toujours rigoureuses, parce que la curiosité lui demande compte d'un délai, que des beautés sans nombre rachétent à peine ; & souvent injustes, parce que souvent, au lieu d'examiner cet

ouvrage en lui-même, on le compare au portrait
que l'imagination s'en étoit tracé. Ce n'est plus
qu'une copie : il a dans l'esprit de chaque Lecteur
un original, dont on veut qu'il représente tous les
traits. Vous le sçavez, MADAME, c'est dans
cette disposition que le Public se trouvoit à l'égard
du Poëme auquel vous vous intéressez. Jamais,
peut-être, aucun Livre n'eût d'avance un éclat
pareil. Composé par un homme célébre, désiré par
Newton, traduit en partie par deux Princes,
confié par l'Auteur à un ami qui semble ne lui
avoir survêcu peu de tems, que pour donner à ce
fruit de tant d'années le dégré de maturité qui lui
manquoit encore ; l'Anti-Lucréce a eu pour témoins
de sa naissance & de ses progrès tous les ama-
teurs des Lettres.

A cet obstacle s'en joignoient de nouveaux, tirés
de la nature même & de la forme de l'ouvrage.
C'est un Poëme Latin sur des matieres Philosophi-
ques. Les principes de la Métaphysique la plus abs-
traite y servent de base aux loix de la plus sé-
vére morale. On y défend avec force la Religion

naturelle ; on l'établit comme le fondement d'une révélation néceſſaire ; on prouve l'abſurdité d'un Syſtême qui favoriſe les paſſions. Quel accueil un tel
ouvrage pouvoit-il eſpérer dans un ſiécle, où la
Langue de l'ancienne Rome eſt peu cultivée, où
l'irréligion triomphe, où l'abus de l'eſprit eſt appellé
raiſon, où les bons mots ſont devenus des déciſions
& les paradoxes des principes ? L'Anti-Lucréce
a cependant réuſſi : c'eſt qu'il appartient aux grands
hommes de fixer tous les ſuffrages & de vaincre
tous les obſtacles. Ils ne perſuadent pas toujours ;
mais ils enlévent toujours l'admiration.

En oppoſant aux Matérialiſtes la Métaphyſique de Deſcartes, l'Auteur adopte ſa Phyſique,
avec des changemens qui la rectifient. C'eſt,
MADAME, une nouvelle raiſon pour moi de
préſenter cet ouvrage à VOTRE ALTESSE
SERENISSIME. On ſçait quel eſt votre attachement pour le Cartéſianiſme. L'Hiſtoire de la Philoſophie moderne ne manquera pas de vous comparer
à cette Reine Philoſophe, qui fit l'honneur & l'é-
tonnement du ſiécle paſſé. Deſcartes peut ſe glori-

DEDICATOIRE.

fier de vous avoir toutes deux pour Difciples. Chriſtine a vû ce grand homme ; vous l'avez re-trouvé dans le Cardinal de Polignac.

Je fuis avec le plus profond refpeſt,

MADAME,

DE VOTRE ALTESSE SERENISSIME,

Le très-humble & très-obéiſſant ferviteur;
DE BOUGAINVILLE.

DISCOURS

DISCOURS PRÉLIMINAIRE.

L'O B J E T de l'ouvrage, dont je préfente aujourd'hui la traduction, eft annoncé par le titre même qu'il porte. L'Auteur s'y propofe de combattre le fyftême irréligieux que *Lucréce* a développé. Ce Poëte Romain, né dans un fiécle & dans une ville, où la corruption des mœurs donnoit une foule de partifans à la Philofophie d'*Epicure*, en adopta les principes avec une efpéce de fanatifme. Trop éclairé pour ne pas méprifer les objets qu'adoroit le Vulgaire; mais n'ayant ni l'efprit affez jufte, ni le cœur affez droit, pour fe tenir dans le milieu qui fépare la fuperftition & l'impiété, il confondit avec les extravagances du Paganifme les dogmes facrés de la Religion naturelle. Zélé difciple d'Epicure, il ne fe borna pas à fuivre la doctrine de ce fameux Matérialifte. Malgré la difficulté du fujet, il fit un Poëme qui en renferme l'expofition & les détails : Poëme écrit avec art, femé d'images, quelquefois éloquent, toujours méthodique, plein de ces traits qui caractérifent le génie; mais où l'on trouve plus de force que de clarté dans le ftyle, beaucoup de hardieffe & peu de folidité dans le raifonnement. Toutefois, fi nous l'en croyons, c'eft la nature, c'eft la vérité même, qui s'expriment par fa bouche. Au ton qu'il prend pour débiter fes dogmes, pour donner à la plûpart des phénomenes une explication plus fouvent ingénieufe que véritable, on croit entendre, non l'interpréte d'un philofophe propofer une hypothèfe qu'il adopte, mais le miniftre d'une Divinité prononcer des oracles. Que Lucréce parle avec orgueil, je n'en fuis pas furpris ; il étoit Poëte, & fe prétendoit efprit fort. Mais qu'un homme qui profeffe hautement l'Athéifme foit enthoufiafte, c'eft une inconféquence que le délire poëtique peut à peine excufer. Lucréce l'étoit à l'égard du fyftême & de la perfonne d'Epicure. Panégyrifte éternel & prefque adorateur de fon Maître, il lui prodigue partout les noms de Sage, de Génie fublime, de bienfaiteur des humains : il en fait l'apothéofe : il femble ne vouloir renverfer tous les autels de l'univers, que pour bâtir de leurs débris un temple à ce Grec fameux.

Lucréce n'eft pas le feul qui le comble d'éloges. Tous les difciples d'Epicure avoient pour fa mémoire un refpect profond. Tant que fon Ecole fubfifta, le jour de fa naiffance fut célébré comme un jour de fête ; & depuis le renouvellement des Lettres, fa conduite & fa morale ont trouvé parmi les Modernes un grand nombre d'approbateurs. *Volaterran, Philelphe, Laurent Valle, Saint-Evremont, le Chevalier Temple,* une infinité d'autres que je pourrois nommer, ont fignalé leur zéle en faveur de ce Philofophe. A tant de fuffrages *Bayle* ajoute le fien, & prononce *qu'il n'y a plus que des ignorans ou des entêtés qui puiffent juger mal d'Epicure.* On ne doit pas être étonné d'une telle décifion. Cet Auteur vouloit, à quelque prix que ce fût, former une lifte d'Athées vertueux. Il abufe même de l'autorité de *Gaffendi*, pour appuyer fon jugement. Gaffendi fe déclare, il eft vrai, l'apologifte d'Epicure : dans un Livre compofé pour le défendre, il en fait un modéle de toutes les vertus civiles. Mais il n'avoit ni le même but, ni le même intérêt que Bayle. En faifant revivre la Phyfique corpufculaire, il a fçû la réformer. Vrai Philofophe, & digne de préparer la voie à *Defcartes*, il admet un Créateur intelligent, un avenir, une loi naturelle. Au refte, il n'eft pas ici queftion des mœurs d'Epicure : c'eft un point de fait affez indifferent. Pourquoi fa conduite influeroit-elle fur l'idée que nous devons avoir de fa morale ? S'il fut tel qu'on le dépeint, fes partifans fuivent moins fon exemple, que fes principes : principes dangereux, & qui fappent les fondemens de la fociété.

Lucréce partage les éloges prodigués à fon Maître. Si les Matérialiftes reconnoiffent Epicure pour leur chef, ils regardent Lucréce comme leur Poëte. Charmés d'un ouvrage où font raffemblées les difficultés les plus fpécieufes, que l'Athéifme oppofe à la Religion, ils en chériffent, ils en admirent l'Auteur. La pureté de fa diction les flatte moins, que l'audace avec laquelle il attaque & défie la Providence. C'eft, à les entendre, une ame noble, un efprit mâle & courageux. Ils aiment à s'élever avec lui dans cette région fupérieure, d'où, plein d'une pitié dédaigneufe, il abaiffe fes regards fur le refte des mortels. Quelques réflexions fur le néant des grandeurs humaines, quelques maximes féveres & dès lors inconféquentes, femées dans fon Poëme, leur fervent de prétexte pour ériger en ouvrage de morale ce Poëme où l'obfcénité regne, & qui ne refpire que l'irréligion.

M. le Cardinal de Polignac ne pouvoit donc mieux employer fes talens, qu'à réfuter un Auteur fi dangereux. Ce n'eft pas que le fyftême d'Epicure, & ceux des autres Matérialiftes n'ayent été fouvent combattus. *Fenelon, Mallebranche, Clarck, Derham, Abbadie, Cudwort* & d'autres grands hommes ont avec fuccès confacré leurs plumes à la défenſe de la Religion naturelle. Mais la Poëſie n'avoit point encore été vengée de l'outrage que lui fit Lucréce, en la proſtituant à l'Athéiſme. Je ne donne pas en effet le titre de poëme à quelques ouvrages didactiques, * écrits en vers contre cette monſtrueuſe opinion. Pour la détruire avec éclat; pour diſſiper les nuages dont un Poëte ſéducteur avoit obſcurci la vérité, il falloit un Poëte qui pût entrer en lice avec lui & ſe ſervir des mêmes armes. Comme le cœur décide preſque toujours, même dans ce qui eſt du reſſort de l'eſprit, en vain prétend-on nous perſuader, ſi l'on ne ſçait nous plaire. Malgré la beauté du vrai, malgré l'intérêt que nous avons à le connoître, il n'eſt que trop ſouvent forcé de ſe parer à nos yeux d'ornemens étrangers. Ces ornemens lui devenoient encore plus néceſſaires, depuis que l'erreur qui n'en a pas le même beſoin, puiſqu'elle flate nos paſſions, s'offroit armée par Lucréce de toutes les graces de la Poëſie, de tous les artifices du ſtyle, de toutes les ſubtilités du raiſonnement. On ne pouvoit réduire au ſilence cette voix enchantereſſe, qu'en oppoſant à ſes ſons mélodieux des ſons qui ne le fuſſent pas moins. Ce n'étoit point aſſez d'expoſer avec clarté les preuves dela véritable Doctrine, de les préſenter

---

* Tels ſont les Poëmes Latins de *Paléarius*, de *Scipion-Capicius*, & de quelques autres Modernes, &c.

a iij

avec méthode, d'en faire sentir tout le poids. Ces qualités suffisantes dans un ouvrage purement philosophique, devoient dans un Poëme être relevées par l'harmonie des vers, la noblesse des idées, l'abondance des images; & tel est le mérite de l'Anti-Lucréce. Rival d'un des plus grands Poëtes de l'ancienne Rome, M. de Polignac avoit une imagination moins hardie, mais plus riante; un style moins nerveux, mais plus naturel; la même élévation, le même goût, la même étendue d'esprit, & plus de connoissances. Plein de son sujet; capable de le traiter avec autant d'art que de dignité, il a sçû joindre l'éloquence du langage à celle des raisons; répandre sur des questions abstraites toute la clarté qu'exigent ces matieres, & toutes les graces qu'elles peuvent souffrir; enfin, par un mêlange de peintures agréables, de sentimens nobles, de preuves décisives; par les charmes d'un style toujours pur, souvent orné, quelquefois sublime, intéresser son Lecteur, lui plaire & le convaincre.

Pour bien juger de l'objet de cet Ouvrage, il faut donner à l'idée que le titre en présente toute l'étendue qu'elle peut avoir. En paroissant ne combatre qu'Epicure & Lucréce, l'Auteur attaque réellement tous les Matérialistes. Quoique distingués en plusieurs classes, suivant la différence apparente des systêmes qu'ils adoptent, tous les Athées

ne font en effet qu'un feul corps. Unis de principes & d'intérêts, ils foutiennent les mêmes erreurs ;
ils nient les mêmes vérités. Tout homme qui méconnoît la Divinité, la Providence, la diftinction
de l'ame & du corps, celle du vice & de la vertu,
quelque parti qu'il embraffe, quelques preuves qu'il
allégue de fes fentimens, trouve fa réfutation dans
un Poëme où font démontrés ces principes fondamentaux de la Religion & des mœurs. Si l'Anti-
Lucréce fe bornoit à renverfer l'hypothéfe des atomes, à détruire les argumens qui font propres aux
Epicuriens, à faire fentir l'abfurdité du Roman ima-
giné par leur Maître fur la naiffance du monde, & la
production des hommes, l'Anti-Lucréce pourroit
être un Poëme élégant ; ce ne feroit pas un ouvrage univerfellement utile. En admirant l'efprit de
l'Auteur, je me plaindrois de l'étroite fphère dans
laquelle il fe feroit renfermé. J'aurois peine à me
défendre de foufcrire au jugement que j'en ai quelquefois entendu porter par des Critiques fuperfi-
ciels, qui fur la foi d'un titre dont ils ne connoiffoient pas l'étendue, l'accufoient d'avoir évoqué
des Ombres, pour les combattre. Tout Lecteur capable de réfléchir fentira la fauffeté de cette impu-
tation. M. de Polignac combat des ennemis réels.
Ce n'eft point contre un feul Athée ; c'eft contre
l'Athéifme même qu'il a pris les armes. Le plan

qu'il s'eſt fait embraſſe routes les grandes queſtions
de Métaphyſique & de Morale. Il raſſemble dans
ſon ouvrage les plus fortes preuves de ces pré-
cieuſes vérités, que l'impie traite de chiméres ou
de problêmes. On y trouve au moins le germe des
meilleurs raiſonnemens épars dans les Ecrits les
plus profonds. Outre les traits qu'il lance contre
Hobbes & *Spinoſa*, la plûpart des coups, qui frappent directement Epicure, retombent ſur ces Athées
modernes : & lors même qu'il paroît n'attaquer que
les hypothéſes défendues par l'Ecole Epicurienne,
il ne s'y borne pas en effet. Ses réponſes ſont fon-
dées ſur des principes généraux, qui prouvent que
la matiere n'eſt point éternelle ; qu'incapable de ſe
mouvoir & de ſe modifier, elle a néceſſairement
un principe ; que la penſée ne peut être un de ſes
attributs. En réfutant la doctrine de Lucréce ſur
la nature de notre ame, il examine l'eſſence de cet
être, il en prouve l'immortalité. En un mot, il ne
ſe contente pas de détruire l'édifice bâti par Epicure ; il en éleve un autre ſur ſes ruines : & ſi ce
nouvel édifice eſt inébranlable, tous ceux que d'autres Matérialiſtes ont pû conſtruire ſont dès-lors
renverſés ; parce que deux ſyſtêmes contradictoires
ne ſont pas vrais en même-tems. La vérité eſt une :
on s'en écarte par mille voies différentes ; mais une
ſeule route y conduit.

Si donc ce nouveau défenseur de la Religion naturelle paroît n'avoir d'autre ennemi que Lucréce, c'eſt qu'il le regardoit, ſi j'oſe ainſi parler, comme le Champion de l'Athéiſme. Une étude approfondie de tous les ſyſtêmes irreligieux, ſoit anciens, ſoit modernes, lui découvroit le rapport qu'ils ont avec celui d'Epicure. Ses réflexions; ſes entretiens avec Bayle; les efforts que faiſoient pluſieurs Ecrivains, pour établir la prétendue conformité de l'hypothéſe Epicurienne & du Cartéſianiſme; tout en un mot, l'avoit convaincu qu'une réfutation méthodique de Lucréce ſeroit digne d'un Poëte Philoſophe. L'abrégé que je vais faire de la doctrine d'Epicure, en la comparant à celle des autres Matérialiſtes, montrera combien le Cardinal de Polignac avoit raiſon de penſer ainſi. A ces opinions j'oppoſerai le ſyſtême développé dans l'Anti-Lucréce. Paralléle important, curieux, & qui peut donner d'utiles éclairciſſemens ſur le fonds de cet ouvrage. Il formera *la premiere Partie* de ce Diſcours : je renvoye à *la ſeconde* tout ce qui regarde la forme du Poëme, ſon ſtyle, ſon hiſtoire depuis la mort de l'Auteur, & la traduction que j'en donne au Public.

Plan de ce Diſcours.

PREMIERE PARTIE.

LE PRINCIPE fondamental du systême d'Epicure, c'eſt que rien n'a pu ſortir du néant, & que rien ne peut y rentrer. Ce Philoſophe n'admet dans l'univers que deux ſubſtances, toutes deux néceſſaires, éternelles, infinies ; *la Matiere & le Vuide.* Par le Vuide, il entend un eſpace pénétrable à tous les corps ; par la Matiere, un amas immenſe de corpuſcules indiviſibles quoiqu'étendus, ſimples quoique diverſement figurés, qu'il appelle *Atomes*, & qu'il regarde comme les élémens de tous les Etres. Ces corpuſcules ſe meuvent par eux-mêmes & de toute éternité. Une peſanteur qui leur eſt naturelle les précipite avec une vîteſſe infinie dans les abyſmes du Vuide ; & leur chûte y produit leur mélange. Ce mélange ſeroit impoſſible, ſi les atomes tomboient en lignes paralléles : mais par une ſorte de déclinaiſon qu'Epicure leur ſuppoſe, ils décrivent des courbes, des angles qui ſe croiſent ; & par conſéquent ils doivent ſe rencontrer, s'entrechoquer & s'unir. La varieté de leurs figures diverſifie ces chocs à l'infini. Il en réſulte des combinaiſons ſans nombre, des tiſſus de toute eſpéce : & quoique pris ſéparément, les atomes n'ayent rien d'eſſentiel que la peſanteur & la figure ; entremêlés les uns aux autres, ils produifent des corps doués de qualités fenfibles, telles que la couleur, le fon, l'odeur; en un mot, de toutes ces modifications qui différencient les êtres materiels.

Si le concours de ces élémens éternels fait tout éclore, tout eft détruit par leur féparation. Les atomes, par des métamorphofes continuelles, fe remontrent fucceffivement fous mille formes differentes. Ce font les materiaux dont le *Hazard* a compofé l'univers & tous les corps que l'univers raffemble. Principe aveugle, mais tout-puiffant, il conftruit fans ceffe des mondes innombrables. Celui que nous habitons a commencé; il doit finir: & comme il eft formé des débris d'un autre monde, un autre naîtra de fes ruines. Le Vulgaire fait pour tout admirer, parce qu'il ne connoît rien, eft frappé des merveilles que la Nature paroît offrir à fes yeux. La régularité des mouvemens céleftes, l'éclat des Aftres, le retour des Saifons, l'abondance & la varieté des productions de la terre le rempliffent d'étonnement. L'accord qu'il croit découvrir entre tant de parties d'un même tout, lui fait regarder ce tout comme le chef-d'œuvre d'un Etre intelligent qui le conferve & le gouverne. » Erreur groffiere, vaine illufion, dit Epicure. Apprenez, ftupides adorateurs d'un chimérique pouvoir, apprenez que l'univers eft un jeu du hazard.

» Reconnoiſſez dans les révolutions des Aſtres l'ef-
» fet néceſſaire de l'enchaînement & du cours des
» atomes. Ces loix immuables, que vous attribuez
» à la ſageſſe toute puiſſante d'un Créateur, ſont le
» fruit d'une imagination ſuperſtitieuſe. Vous don-
» nez aux Dieux les rênes du monde ; vous les ar-
» mez du tonnerre : préſomptueux eſclaves, vous
» croyez relever leur grandeur & la vôtre, en les
» établiſſant vos maîtres. Mortels, connoiſſez
» mieux les droits & les attributs de la Divinité.
» Son eſſence eſt le bonheur ſuprême ; & ce bon-
» heur ne peut compatir avec les ſoins qu'entraîne
» le gouvernement de l'univers. Ce monde que
» vous ſuppoſez être l'empire des Dieux, n'eſt pas
» même leur ſéjour. Ils habitent les eſpaces qui ſé-
» parent les mondes différens : lieux tranquilles,
» que reſpectent les Aquilons ; délicieuſes retraites
» où régne une paix éternelle. C'eſt là que dans le
» ſein du repos ; auſſi peu touchés de vos homma-
» ges, que de vos crimes ; ignorant même s'ils ont
» ici-bas des autels, ils jouiſſent à jamais d'une oi-
» ſive félicité.

    » Ils n'ont pas plus de part que vous à la forma-
» tion de notre univers. C'eſt l'ouvrage du hazard ;
» & voici comment il l'a produit. Lorſqu'un mou-
» vement vague, mais continuel & rapide eut
» porté les atomes, dont ce monde eſt compoſé,

» dans la partie de l'efpace qu'il occupe, ils com-
» mencerent à s'entremêler ; & ce concours en fit
» d'abord une maffe, où fe trouvoient confondus des
» élémens de toute grandeur & de toute figure. Ce
» cahos dura peu ; tout fe débrouilla bientôt. Les plus
» pefans fe précipiterent de toutes parts vers un point
» commun ; tandis que les autres dégagés par cet
» affaiffement, s'élevoient à proportion de leur pe-
» titeffe & de leur légereté. Les plus légers fe réu-
» nirent dans la plus haute région ; & leur enchaî-
» nement fit la voûte célefte. Divers amas de cor-
» pufcules moins deliés, mais tous extrêmement
» fubtils, s'arrêterent dans les régions inférieures.
» Ces amas, d'abord informes, s'arrondirent infen-
» fiblement. On en vit éclore le Soleil, la Lune
» & tant d'Aftres, dont l'éclat éblouit vos yeux.
» L'air remplit l'efpace qui les fépare de nous. C'eft
» un affemblage d'atomes diftribués, felon leur de-
» gré de fineffe, en différentes couches dont les
» plus épaiffes environnent la terre. Elle fe formoit
» en même-tems que les autres corps ; & c'eft le
» réfultat de la partie la plus groffiere des élémens,
» de ceux que la pefanteur avoit d'abord contraints
» de s'abaiffer. La fermentation qui mêla tant d'a-
» tomes diverfement figurés, en fit une maffe énor-
» me, dont l'intérieur eft rempli de cavités auffi
» profondes, que les montagnes qui couvrent fa

» furface font élevées. Tant de rochers , de préci-
» pices , d'abyfmes femés de toutes parts fur la
» terre , annoncent un arrangement irrégulier de
» corpufcules mûs par un principe aveugle. Parmi
» les atomes groffiers qui la forment , il s'en trou-
» voit un grand nombre d'autres plus polis , qu'ils
» avoient entraînés dans leur chûte. Ceux-ci produi-
» firent l'Océan , les Fleuves , les Ruiffeaux. Tan-
» dis que la furface de la terre acquéroit la folidité
» que nous lui voyons , les minéraux , les pierres ,
» les foffiles fe formoient dans fes entrailles , ainfi
» que les germes de toutes les efpéces , foit de vé-
» gétaux , foit d'animaux , dont elle eft peuplée. Ils
» y refterent enfevelis , tant que les eaux la cou-
» vrirent. Mais lorfqu'elles fe furent retirées dans
» les immenfes cavernes où le hazard avoit creufé
» leur lit , la chaleur du foleil développa ces ger-
» mes fans nombre , & les fit éclore avec une pro-
» digieufe vîteffe. Le même inftant vit les collines
» & les plaines fe revêtir de forêts , les rochers fe
» couronner de mouffe , l'émail des fleurs relever
» la verdure des prairies , les plantes s'élever fans
» ordre , & tous les animaux fortir confufément du
» fein de la terre. La nature fit alors ce qu'elle
» renouvelle chaque année fur les bords du Nil.
» Après la retraite de ce fleuve , les champs qu'il
» vient d'inonder font couverts d'une multitude

» de petits animaux, ou plutôt d'embrions à peine
» ébauchés. Le spectacle que donnent ces ferti-
» les campagnes , est l'image de celui que toute
» la face de la terre offrit dans l'origine du monde.
» En un moment elle fut peuplée d'êtres vivans
» éclos tous ensemble. Les Insectes & les Oiseaux
» nâquirent d'abord. Les Hommes épars avec les
» Quadrupedes, les Loups mêlés avec les Agneaux,
» toutes les espéces confondues virent en même-
» tems le jour. Ces innombrables enfans de la terre
» couchés sur le limon qui la couvroit ; exposés
» aux influences de l'air , aux rayons du soleil ; sans
» connoissance , sans force & presque sans mou-
» vement , puiserent dans des sources communes
» une nourriture convenable à leur état. Des ruis-
» seaux de lait portés par un cours naturel vers les
» levres de ces animaux firent couler dans leurs vei-
» nes une substance pure , simple & capable de
» contribuer à leur accroissement. »

Epicure ne balance donc pas à confondre l'espéce
humaine avec toutes les autres. L'homme, selon lui,
n'est qu'une portion de matiere organisée par le hazard. Nulle distinction, quant à l'essence, entre l'ame
& le corps. Ces deux parties de nous-mêmes ne différent que par la délicatesse plus ou moins grande de
leur texture. Le corps est un assemblage d'atomes
grossiers : ceux dont l'ame est le résultat, sont plus

ſubtils. Quatre ſortes d'élémens entrent dans ſa compoſition. Des particules de ſang, d'air & de feu, combinées dans un certain ordre avec une autre matiere encore plus fine & plus pure, forment cette ſubſtance capable de connoître & d'aimer. Elle ſe diviſe en deux portions, l'une ſenſitive, & l'autre intelligente. La premiere répandue dans tous les membres n'eſt chargée que de leur imprimer le mouvement, & de recevoir les ſenſations : c'eſt *l'ame* proprement dite. La ſeconde douée de la faculté de penſer, a ſon ſiege dans le cœur, & de-là préſide à toutes les opérations de notre machine : Epicure lui donne le nom d'*eſprit*. Mais cet eſprit vraiment corporel eſt dans une entiere dépendance des ſens. Seuls principes de nos connoiſſances, ſeuls juges de tous les objets, nos ſens ſont infaillibles. Leur rapport eſt l'unique moyen que nous ayons de découvrir l'erreur & la vérité.

Quoique les ſens ſoient les organes qui tranſmettent à l'ame l'impreſſion des corps environnans, ces corps n'agiſſent pas immédiatement ſur eux. Ils les frappent par l'entremiſe d'images, qui détachées ſans ceſſe de leur tiſſu, voltigent dans l'air, obéiſſent à ſes impulſions différentes, & malgré cette agitation conſervent la forme, & juſques aux moindres traits des corps dont elles émanent. Rien n'égale la fineſſe & la légereté de ces images.

C'eſt

C'eſt l'ombre, l'empreinte, l'écorce des objets. On en diſtingue quatre ſortes. Les unes partent de la ſurface; les autres, du fonds même des corps. Pluſieurs ſe forment d'elles-mêmes dans le vague de l'air; enfin, leur concours & leur mêlange en produit de nouvelles, plus ou moins biſarres, ſuivant la figure de celles qui ſe ſont unies, & la maniere dont l'union s'eſt faite. Selon cette abſurde théorie, nos ſens ne ſont que des eſpéces de réſervoirs où les images des objets s'introduiſent malgré nous. Le coup qu'elles portent retentit juſqu'à l'ame, même pendant le ſommeil, & fait naître un ſentiment qu'elle partage avec la machine dont elle meut les organes.

Si le corps eſt doué, comme l'ame, de la faculté de ſentir; l'ame eſt mortelle, comme le corps. La diſſolution des liens qui les uniſſent, fait périr en même tems l'un & l'autre; & les atomes qui les compoſoient ſe ſéparent, pour former de nouveaux aſſemblages. Telle eſt, dans ce Syſtême, la deſtinée de l'homme. Etre matériel & périſſable, il ſort des mains de la Nature, ſans loix, ſans maître, ſans principe, ſans devoirs, ſans autre guide qu'un aveugle inſtinct. Le plaiſir eſt ſon bien ſuprême & ſa derniere fin. Tranquille ſur l'avenir, inacceſſible aux remords, ſacrifiant tout à ſon repos, il doit jouir du préſent, braver la mort,

*Tome I.*b

& l'attendre avec une parfaite fécurité.

Quelle eft donc l'origine de cette religion que l'homme reconnoît, de ces loix qu'il refpecte, de cette focieté pour laquelle il croit être né? Ce font, dit Epicure, des établiffemens arbitraires, dont l'utilité commune fut le principe & l'objet. Nés libres, nous fommes les artifans de nos propres chaînes; & cet efclavage que défavoue la Nature, remonte cependant jufqu'à la naiffance du monde. Les premiers hommes vêcurent d'abord comme les animaux. Plongés dans les ténébres de l'igno-rance, ne fe connoiffant pas eux-mêmes, fuyant à la rencontre les uns des autres, ils parcouroient au gré de leur caprice les montagnes, les plaines, les forêts. La terre leur fervoit de lit; le gland & les fruits fauvages étoient leur nourriture. Errans le jour à l'ombre des bois, ils fe retiroient la nuit dans de profondes cavernes, dont les Lions & les Ours leur difputoient fouvent la poffeffion. Las en-fin d'avoir fans ceffe à fe défendre contre les bêtes féroces, & contre la violence de leurs femblables, ils fuivirent cet attrait naturel, qui porte les ani-maux d'une même efpéce à fe réunir. De tous cô-tés, il fe forma des focietés plus ou moins nom-breufes; & les Arts les plus néceffaires naquirent en même-tems. Avec des branches d'arbres on conftruifit des çabanes; on fe fit des vêtemens de la peau des animaux ; on apprit à défricher la terre. Mais la difcorde troubla bientôt ces républiques naiffantes. Pouvoit - elle ne pas régner entre des hommes raffemblés par hazard, égaux, indépendans, fougueux, & dont les paffions ne connoiffoient encore aucune forte de frein ? Ce n'étoit que meurtres, qu'ufurpations réciproques. La terre inondée de fang, alloit devenir un vafte defert. L'excès du défordre en produifit le remede. Les allarmes, les dangers, les malheurs dompterent la ferocité des hommes. Une funefte expérience leur apprit que cette liberté, dont ils paroiffoient jouir, étoit réellement détruite par l'abus qu'ils en faifoient ; & qu'en voulant conferver leur droit fur tout, ils n'avoient en effet la proprieté de rien. Ainfi, par un commun accord, ils renoncerent tous à leurs prétentions fur la part que chacun d'eux poffedoit en particulier. Ce facrifice réciproque qu'ils fe firent d'un droit qu'ils tenoient de la Nature, fut la bafe d'une union durable, & le fondement de toutes les Loix établies depuis, pour maintenir l'ordre & le repos parmi les hommes. Delà cette diftinction du jufte & de l'injufte, du vice & de la vertu. Les actions, toutes indifférentes par elles-mêmes, furent permifes ou profcrites, felon qu'elles parurent utiles ou nuifibles. Sans la loi pofitive, on pourroit affaffiner fon pere, verfer

par un pur caprice le sang de son bienfaiteur, de
son ami. La Nature consent à ces sortes de plaisirs.

Quoique les diverses Sociétés dussent leur ins-
titution aux mêmes motifs, elles ne prirent pas toutes en naissant la même forme. Un seul homme eut
dans les unes assez d'adresse ou de force pour se
rendre dépositaire de l'autorité suprême ; elle fut
partagée dans les autres entre plusieurs. Mais dans
toutes, la politique de ceux qui gouvernoient sçut
affermir leur pouvoir, en faisant subir aux peuples
un nouveau joug : celui de la Religion. Les hommes sont crédules ; ils chérissent la vie ; l'idée de
l'anéantissement fait frémir leur amour propre ; le
bruit du tonnerre les intimide ; enfin, la vûe des
merveilles de l'univers leur persuade qu'une cause
invisible en fait jouer les ressorts. De telles dispo-
sitions furent mises à profit par les Legislateurs ; &
sur ces fondemens communs, dit Epicure, on vit
le mensonge élever differens systêmes religieux.
Ce sont, ajoûte-il en s'obstinant à confondre l'i-
dolâtrie avec la Religion, ce sont des remparts,
seuls capables de défendre le Trône & les Loix,
contre des esclaves, qui sans ces précautions auroient souvent pû se souvenir qu'ils étoient nés libres. Ces Dieux tonnant sur la tête des coupables,
ce Tartare ouvert sous leurs pieds, en inspirant aux

hommes une crainte plus forte que les paſſions mêmes, rendent ces paſſions plus timides. D'un autre côté, l'agréable perſpective de ces tranquilles demeures, où la vertu doit trouver une récompenſe éternelle, adoucit à leurs yeux la contrainte que la Loi leur impoſe. Ces idées, dont ſe repaît le vulgaire, lui font reſpecter des bornes dans leſquelles le retiendroit mal la vûe de ſes propres intérêts, qu'il n'eſt pas capable de connoître. Il faut le tromper, pour le rendre heureux. Mais *le Sage, le vrai Philoſophe, qui s'élevant au-deſſus des préjugés, s'eſt affranchi des vaines terreurs,* n'a pas beſoin de pareils motifs. Il ſçait que l'unique moyen de conſerver ſon repos eſt de ne point attenter à celui des autres ; & ſur ce principe, il obſerve en apparence les loix & le culte de la ſocieté, *quoiqu'une étude approfondie de la Nature l'éclaire ſur l'origine de ces établiſſemens.* Etrange abus du nom de Sage ! C'eſt le proſtituer que de le donner à des fourbes, qui ſe font un devoir d'affecter des ſentimens qu'ils n'ont pas ; à des Sophiſtes, qui pouſſent l'inconſéquence au point de méconnoître la verité de la Religion ; lors même qu'ils en ſentent les avantages & la néceſſité.

Que l'on me permette cette réflexion. Je ne puis trop tôt faire éclater toute l'horreur que m'inſpire le Syſtême abſurde dont j'offre le précis. Je

l'ai fait d'après l'idée génerale que m'en ont donnée trois Lettres d'Epicure , le Poëme de Lucréce , & les Traités Philofophiques de *Ciceron*.
Ces Ouvrages auroient pû me fournir les matériaux d'un expofé beaucoup plus étendu ; mais l'objet que je me propofe n'exigeoit pas que je parcou-
ruffe avec Gaffendi toutes les branches de cette
doctrine. Je n'ai parlé de la Phyfique d'Epicure
que parce qu'elle eft la bafe de fa Morale , & qu'il
étoit effentiel de faire fentir toute l'horreur de cette
Morale , dont tant d'Ecrivains ont fait un éloge
pompeux. Quels principes de mœurs peut en effet
nous donner un Philofophe, qui n'admet d'autre Divinité que le Hazard ; d'autres fubftances que la
matiere & le vuide : qui regarde l'immortalité de
l'ame, comme une chimere ; la vertu , comme un
nom ; la volupté , comme l'unique bien auquel il
nous foit permis d'afpirer ? En vain il parle de tem-
pérance, de juftice , d'amour de la patrie ; en vain
il exhorte les hommes à réprimer leurs paffions :
plus fes préceptes font beaux, moins ils font con-
féquens. Les loix fur lefquelles fe fondent le repos
& le bonheur de la fociété , ne tirent leur force que
de la Religion naturelle. M. de Polignac a démontré cette verité dans fon Poëme. Elle eft fi fimple & fi manifefte , que les incrédules l'ont fouvent
reconnue. Il n'auroit pas même été néceffaire d'en

développer les preuves, si quelques Modernes ne s'étoient écartés sur ce point du sentiment général. *Cardan* & plusieurs autres, ont prétendu que la société pouvoit se maintenir sans le secours de la Religion. Etrange paradoxe, renouvellé depuis par un homme que l'abus de l'esprit & de la raison a rendu célébre. Ce Sophiste artificieux & profond, qui se faisoit un jeu de changer les vérités en problêmes, & de revêtir les plus absurdes opinions des couleurs de la vraisemblance, *Bayle* employe tout ce qu'il a d'érudition & de sagacité pour établir que la corruption des mœurs n'est pas une suite nécessaire de l'Athéïsme, & qu'un peuple d'athées peut vivre aussi tranquille qu'une Nation religieuse. Le célébre M. *Warburton* a renversé ce Systême dans son excellent Traité sur la Mission de Moyse. Si l'on joint à cette partie de son ouvrage le premier Livre de l'Anti-Lucréce, on aura une réfutation également éloquente & solide de cette dangereuse erreur.

MAIS pour combattre avec succès la Morale d'Epicure, il ne suffit pas de montrer qu'elle a des suites funestes. Comme elle est une conséquence nécessare de sa Physique, il faut attaquer cette Physique même & la détruire. Préliminaire d'autant plus indispensable, que la chûte du Systême Epi-

b iiij

ART. II.
Systémes des autres Matérialistes, comparés à celui d'Epicure.

curien doit entraîner celle de tous les Syſtêmes
enfantés par l'Athéïſme, ou qui tendent à l'établir.
Je ne crains pas d'avancer qu'il n'eſt point d'athée,
qui ne doive reconnoître quelque branche eſſentielle, quelque point fondamental de ſon hypothéſe dans celle d'Epicure. Quelque variées que
ſoient dans le détail les opinions des Matérialiſtes,
elles ſont toutes les mêmes, & pour le fonds,
& pour les conſéquences. La comparaiſon approfondie de ces opinions diverſes ſeroit un ouvrage
également utile & curieux ; mais ce diſcours a des
bornes qui ne me permettent que d'effleurer la matiere. Je dois m'en tenir à des généralités. Pour les
dégager de tout embarras, je commence par établir
quelques principes que je crois inconteſtables.

I. L'idée de Dieu préſente celle d'un Etre intelligent, éternel, unique, infini, doué de toutes
les perfections, diſtingué de la matiere, Auteur &
Conſervateur de l'univers.

II. On doit diſtinguer deux claſſes d'athées :
l'une de ceux qui diſent ſans équivoque & ſans détour ; *Il n'y a point de Dieu* : l'autre de ceux qui,
ſans le prononcer en termes formels, admettent,
comme Epicure, des principes dont cette erreur
eſt une conſéquence néceſſaire & directe.

III. Tous les athées ſont ou partiſans du Hazard, ou Fataliſtes. Mais le Hazard & la Fatalité

ne différent prefque que de nom ; c'est en effet le même principe.

I V. C'est tomber dans une efpece d'athéifme, que d'admettre une Divinité, fans reconnoître fa Providence.

Ces préliminaires une fois pofés, effayons de donner une idée nette & précife des fyftêmes qui fe rapportent à celui d'Epicure, fans nous arrêter à prouver cette conformité par de longues difcuffions. Pour la découvrir, il fuffira de rapprocher chaque hypothéfe du précis que j'ai fait de l'Epicuréifme. Epargner au Lecteur une opération fi fimple & fi facile, ce feroit entreprendre fur fes droits.

Gaffendi ne balance pas à taxer d'athéifme tous les Philofophes de l'Antiquité. C'est un jugement trop rigoureux, auquel je ne puis foufcrire, malgré le refpect que j'ai pour ce grand homme, l'un des Modernes qui a le mieux connu l'ancienne Philofophie. Il fe fonde fur ce que tous les Anciens s'accordoient à foûtenir l'éternité de la Matiere. Mais fa conféquence ne me paroît pas jufte. Cette opinion, quoique fauffe, peut entrer dans un fyftême religieux. L'éternité de la Matiere ne fuppofe pas néceffairement une exiftence indépendante de Dieu. Elle peut être confidérée comme l'effet néceffaire d'une caufe éternelle, dont la nature eft d'agir

& de produire fans ceffe. Telle étoit certainement l'idée de *Pythagore* & de *Platon*, & peut-
être auffi celle de plufieurs Philofophes de la Secte
Ionique. Ils étoient donc bien éloignés de méconnoître une Puiffance fupérieure. J'en dis autant de ceux qui foûtenoient la Matiere non feulement éternelle, mais incréée, s'ils admettoient en
même tems une Intelligence, principe de l'ordre & fuprême arbitre de l'univers. J'avoue que
ces derniers ne s'entendoient pas; que fuppofer un
Etre incréé, qui ne dépend d'aucune caufe ni pour
l'exiftence, ni pour les attributs, & le foumettre
aux loix d'une autre fubftance coéternelle, c'eft fe
contredire. Bayle a prouvé qu'en foûtenant l'éternité d'une matiere exiftente par elle-même, on
doit nier la Providence. Mais les hommes ne rai-
fonnent pas toujours conféquemment; & c'eft un
bonheur en pareil cas. Pour être accufé de ne
point reconnoître une Divinité, fuffit il de s'en
former une idée fauffe? Les fyftêmes les plus abfurdes des Philofophes religieux font moins ridicules que la Théogonie Grecque ou Romaine;
& fans doute, Gaffendi ne traitoit point d'athéifme
la Religion de ces peuples. Les Philofophes anciens ne méritent donc pas tous le nom d'athées.
Ne le donnons qu'à ceux qui foutenant l'éternité
des corps, refufoient de croire en même tems une

Intelligence ; ou la regardoient, non comme un Etre réel, mais comme une modification de la Matiere.

Tel étoit *Anaximandre*, qui remplaça *Thalès* dans l'Ecole Ionique. Thalès en fuppofant que l'eau eft le principe de tous les Etres, avoit admis une Intelligence coexiftente & fupérieure : fon fucceffeur ne reconnut pour caufe univerfelle qu'une Matiere inanimée, brute, informe, à laquelle il donnoit le nom vague d'infini. Eternel, immuable, mais compofé de parties mobiles & fujettes à des viciffitudes fans nombre, cet Infini, fource de tous les Etres, eft l'abyfme où les replonge la diffolution de leurs élémens. De ce tout immenfe fe forment des mondes innombrables & deftructibles. Ces mondes étoient les feules Divinités d'Anaximandre. A cette opinion fur la nature des Dieux, il en joignoit une autre auffi finguliere fur l'origine de l'efpéce humaine. Selon lui, les premiers hommes avoient d'abord été renfermés dans des Poiffons ; & la terre ne les vit éclôre, que lorfqu'ils eurent pris dans le fein de ces animaux un accroiffement, qui les mit en état de pourvoir à leurs propres befoins.

Ce principe de tous les corps, que Thalès croyoit être l'eau, étoit l'air, felon *Anaximenes,* & le feu, fuivant *Héraclite. Empedocles* diftinguoit quatre élémens coéternels, dont le mêlange formoit les Etres particuliers. Pour l'infini d'Anaximandre, c'eſt viſiblement ce que les Péripatéticiens ont déſigné depuis ſous le nom de *Matiere-premiere.*

On voit par là ce qu'*Ariſtote*, Chef de cette nombreuſe Ecole, entendoit par ce terme. Pour donner un précis de ſon ſyſtême, il faudroit parcourir ſes *catégories*, expliquer ſes *formes ſubſtantielles*, développer ſes idées ſur *la matiere, la forme,* & *la privation*, qu'il regardoit comme les trois principes des corps. Mais ſans entrer dans un pareil détail, je crois pouvoir réduire l'eſſentiel de ſa doctrine à quatre points fondamentaux. I. En paroiſſant reconnoître un Dieu, Ariſtote ſoûtenoit non-ſeulement l'éternité de la matiere, mais encore celle du monde. II. Selon ce Philoſophe, un lien indiſſoluble unit l'Auteur & l'Ouvrage, quoique diſtingués l'un de l'autre. III. Les corps terreſtres ſont des compoſés d'air, de feu, de terre & d'eau : mais outre ces quatre élémens, Ariſtote ſuppoſe une matiere plus pure, incorruptible, homogéne, ſans peſanteur, dont le mouvement eſt touiours égal ; & c'eſt de cette matiere qu'il forme les corps céleſtes. En conſéquence, il diſtingue le monde en Sphères ou Cieux différens. La ſuprême Intelligence gouverne le Ciel ſupérieur, immuable & parfait comme elle-même. Ce Ciel, que les Péripatéticiens nomment le premier mobile, eſt celui des étoiles fixes. Mais les ſoins de la Divinité ne s'étendent pas aux autres ſphères, dont chacune renferme une planéte. Ces ſphères où regnent le mal & le déſordre, où la viciſſitude exerce un empire abſolu ſur des corps périſſables & ſujets à des altérations ſans nombre, ſont ſoumiſes à des *Formes intelligentes* ſubalternes. Ainſi renfermé dans la contemplation de ſoi-même & du plus parfait de ſes ouvrages, Dieu ignore ce qui ſe paſſe ici-bas. Par conſéquent point de Providence, point de vertu, point de bonheur après cette vie mortelle. Les avantages de l'eſprit, la ſanté du corps & les faveurs de la fortune ſont toute la félicité de l'homme. IV. Ariſtote diſtingue deux parties dans notre ame, l'intellect patient, & l'intellect agent. Le premier ne ſubſiſte plus après la mort; c'eſt-à-dire, que l'ame n'eſt plus capable de reſſentir ni joie, ni douleur. Le ſecond plus pur & plus parfait, dégagé des liens du corps, ſe rejoint à ſon principe, à l'ame du monde, qui n'eſt autre que Dieu même.

Straton de Lampſaque n'admettoit d'autre Divinité que la Nature, & par le terme de Nature il déſignoit une matiere ſubſiſtante par elle-même, & douée d'une vie animale; mais privée d'intelligence. Le monde, ſelon lui, n'eſt pas un ouvrage nouveau produit par hazard; c'eſt l'effet éternel &

néceffaire d'un mouvement effentiel à la matiere.

Les Philofophes de la Secte Eléatique, *Xéno-phanes*, *Parmenides*, *Méliffus* & *Zénon d'Elée* ont prétendu que tous les Etres ne faifoient qu'une fubftance, & que cette fubftance unique étoit Dieu même. Une gradation de conféquences tirées d'un principe qu'ils croyoient inconteftable, les condui-fit à cette abfurde opinion. « Rien ne peut être fait » de rien, difoient-ils. Donc ce qui eft, a toujours » été : ce qui a toujours été, eft éternel : l'éternel » eft infini, & l'infini eft unique, immobile, inva-» riable. L'univers eft donc un feul & même Etre. » Rien ne commence ; rien ne finit ; rien ne fe » meut dans le monde. Tant de reproductions, de » métamorphofes qui femblent varier cette vafte » fcène, ne font que de vaines apparences. » Ce fyftême a beaucoup de rapport avec la Phyfique des Stoïciens, dont je vais donner une courte analyfe.

Suivant *Zénon* & fes Difciples tout eft corpo-rel. Ils admettent deux principes dans l'univers ; l'un actif & l'autre paffif. Mais ces principes ne font point diftingués quant à l'effence : ils ne font qu'une même *nature*, qu'on appelle *Matiere*, lorf-qu'on fe la repréfente comme le fujet de l'action ; & *Dieu*, lorfqu'on n'y confidere que la raifon & la puif-fance, qui donnent la forme aux Etres particuliers.

Entant que Dieu , cette nature eſt une ſubſtance pure , ſimple, active, intelligente , quoique
matérielle. Ils la nomment *Ether*, ou le feu céleſte.
Entant que Matiere, c'eſt un compoſé d'élémens ,
dont les combinaiſons diverſes ont produit l'univers. Ainſi Dieu eſt l'ame du monde ; ou, pour
parler le langage de *Séneque* , le monde eſt Dieu
même ; il penſe , il a du ſentiment. Le feu céleſte
répandu dans les différentes parties de ce vaſte aſſemblage , les pénétre toutes, les vivifie , les anime , en fait autant de portions de la Divinité. Il
brille dans le Soleil & dans les aſtres ; il fait végé-
ter les plantes ; il imprime le mouvement aux animaux. Mais ce feu principe & conſervateur du
monde le fera périr un jour. Un embraſement général en conſumera toutes les parties. « Alors ,
» diſent les Stoïciens , la nature doit entrer dans un
» parfait repos ; & l'Etre ſouverain rendu à lui-
» même , ne s'occupera plus que de ſes propres
» penſées, juſqu'à ce que tout ſe reproduiſe & re-
» paroiſſe ſous l'ancienne forme.» En effet , ſuivant
leur ſyſtême , l'univers doit renaître. C'eſt un corps
qui meurt, pour revivre : c'eſt le Phénix des Poëtes.
Nos ames ſont auſſi des particules du feu céleſte, &
vont après la mort ſe replonger dans cet immenſe
Océan. Ainſi, quoiqu'elles ſurvivent à la diſſolution
des organes corporels, on ne doit pas les regarder

comme immortelles dans le fens propre ; puifqu'aucune ne·fubfifte alors en qualité d'individu diftinct, & féparé de tout autre. On fent affez que cette opinion fur l'effence de l'ame exclut néceffairement toute crainte des peines, tout efpoir de récompenfe après cette vie, & dès-lors renverfe les fondemens de la Morale. D'ailleurs l'attente d'un avenir où la Juftice fuprême exercera fes droits, ne peut s'accorder avec deux autres principes univerfellement reçûs chez les Stoïciens, & qui font comme la bafe de leur doctrine. Ils foutenoient 1erement. Que tout eft foumis aux loix de la Fatalité ; que les événemens font liés entre eux par une chaîne que le Deftin a formée, & que rien ne peut ni déranger, ni rompre ; en un mot, que l'homme n'eft pas libre. 2ement. Que les vices ne contribuent pas moins que les vertus, à la beauté de l'univers, & que de ces contraftes réfulte un tout parfait. *O Jupiter, ô Tout, s'écrioit un des Oracles du Portique, vous ne pouvez vous paffer de moi. Brillant de vertus, ou fouillé de crimes, je fuis également néceffaire à la perfection de vos œuvres. Deftinée fuprême, ordonnez de mon fort : je vous obéis avec une aveugle foumiffion.* Quelle foule de réflexions doit préfenter au Lecteur l'alliage que les Stoïciens faifoient de la plus aûftere Morale avec une Phyfique fi peu religieufe !

Avant

Avant eux *Hippocrate* avoit penſé que le feu diſtribué dans toutes les parties de l'univers eſt la Divinité ; que ce feu pur, ſubtil, immortel, voit tout, entend tout, connoît & le préſent & l'avenir. Si nous l'en croyons, notre ame n'eſt autre choſe que la chaleur naturelle répandue dans les membres du corps. *Dicéarque* en faiſoit une modification de la matiere, une qualité provenante de la diſpoſition, du concert, du jeu de nos organes, & que détruit la diſſolution de cette machine. *Démocrite* qui ſuppoſoit un nombre d'atomes animés & penſans, regardoit l'ame comme un compoſé de pareils corpuſcules, aſſez ſemblables aux Monades de *Leibnits.* Cet ancien Philoſophe eſt le prédéceſſeur d'Epicure. Il ſoutenoit avant lui la doctrine des atomes, inventée par *Leucippe.* Epicure n'a fait que développer ſes idées & les réduire en ſyſtême, avec quelques innovations, qui ne ſont pas toujours heureuſes. C'étoit en particulier mal entendre ſes intérêts, que de ſupprimer cette claſſe d'atomes intelligens, imaginée par Démocrite. Ce dernier avoit une étrange opinion ſur la Divinité. Il en prodiguoit le titre à ces images, qui ſelon lui, détachées des corps, voltigent autour de nous & nous en tranſmettent l'impreſſion ; aux idées des objets ; enfin, à l'acte de notre entendement, par lequel nous les appercevons. Ainſi le Dieu de

Tome I.　　　　　　　　　　　　c

Démocrite n'avoit ni l'unité, ni l'immutabilité, qui conftituent l'effence divine. En combattant cette opinion, Bayle avance qu'elle ne peut partir que d'un génie fupérieur ; mais par une malignité condamnable, il donne la fublime hypothéfe du Pere Mallebranche fur les idées, comme un développement de celle de Démocrite. M. *l'Abbé d'Olivet* a fait fentir la fauffeté de cette comparaifon, dans l'excellent ouvrage qu'il a compofé pour éclaircir celui de Ciceron fur la nature des Dieux.

Ce qui nous refte de la doctrine des Cyniques ne fuffit pas, pour en donner une idée nette. Nous fçavons feulement qu'ils regardoient le jufte & l'injufte, comme une diftinction arbitraire, & les loix comme le fruit du caprice des hommes. Quant aux Pyrrhoniens, leurs principes font trop connus, pour que je m'arrête à les développer.

Sans faire une plus longue énumération des différens fyftêmes imaginés par les anciens fur l'effence de la Divinité, l'origine de l'univers, & la nature de notre ame, je crois pouvoir affûrer qu'il n'eft point de Philofophe, dont la doctrine fur ces importantes queftions, foit à couvert de tout reproche. *Anaxagore* le premier des Grecs qui, fuivant Ciceron, ait fait entrer l'idée d'une Intelligence immatérielle dans le fyftême philofophique, ne la regardoit pas comme principe de la matiere. Pour former le monde, cet Etre souverain n'avoit fait que débrouiller un cahos éternel comme lui. En approfondiſſant les penſées de Pythagore & de Platon ſur l'Etre ſuprême, ces penſées ſi nobles, ſi ſublimes, on les trouve mêlées d'erreurs. Si le monde intelligible, exiſtant de toute éternité dans l'idée de Dieu, eſt, ſelon Pythagore, l'archetype du monde matériel, tiré par cet Etre tout-puiſſant du ſein d'une matiere informe ; ce Dieu ſuprême eſt en même tems uni à ſon ouvrage par des liens in-diſſolubles. C'eſt l'ame univerſelle, dont toutes les ames particulieres ne ſont que des écoulemens & des portions. Ces ames préexiſtantes aux corps qu'elles habitent, en parcourent pluſieurs par des tranſmigrations ſucceſſives, juſqu'à ce qu'elles ſe réuniſſent à leur tout. Dans le ſyſtême de Platon, nos ames ſont auſſi des particules de celle du monde : elles ne s'en détachent que pour s'y re-joindre ; & cette ame du monde eſt elle-même une émanation de la Divinité.

Il n'eſt point d'Epicuriens qui n'adoptaſſent de pareilles opinions quant aux conſéquences mora-les. Cependant, je le répéte, gardons-nous de ta-xer d'athéiſme les Auteurs de ces hypothéſes, comme ont fait quelques Ecrivains Modernes, dont le but étoit peut-être d'enrichir de deux noms cé-lébres la liſte des athées. Pythagore & Platon en admettant l'immortalité de l'ame, avoient fur cette matiere des idées moins faines que le peuple ; mais n'accufons de leurs erreurs que la Raifon humaine alors plongée dans les plus épaiffes ténébres. Les abfurdités du Paganifme, les fictions des Poëtes, les traditions populaires confondues enfemble formoient un cahos, où fe perdoient les génies les plus éclairés. A peine pouvoient-ils, à la faveur de quelques traits de lumiere difperfés dans cet abyfme, découvrir un petit nombre de vérités, dont ils n'appercevoient pas même l'accord. La révélation feule a pû diffiper ces nuages. Il falloit qu'un rayon émané du fein de la lumiere même, portât le jour dans cette nuit profonde. En voyant des Auteurs Modernes former à l'aide du feul raifonnement un corps de Morale, on eft tenté de croire que la raifon fuffit pour nous conduire à la vérité. Mais fans la révélation, ils feroient moins éclairés. C'eft elle qui les guide quelquefois, fans qu'ils le fçachent. * Plus on étudie les anciennes opinions,

* M. le Cardinal de Polignac étoit convaincu de cette vérité. Perfuadé que la Loi naturelle eft infuffifante fans la révélation ; qu'être Philofophe fans être Chrétien, c'eft s'arréter au commencement de la route, prendre les fondemens de l'édifice pour l'édifice même, féparer en un mot deux chofes effentie lement unies, il ne regardoit l'Anti-Lucréce que comme le préliminaire d'un Poëme pius important, où il devoit recueillir & développer les preuves de la Religion Chrétienne. On ne peut trop regretter que ce projet qu'il annonce dans fon neuviéme Livre, n'ait point eu d'exécution. Ce n'eft pas qu'une pareille caufe ait befoin d'être défendue ; mais elle honore les

plus on fent la jufteffe de cette remarque, faite par plufieurs grands Hommes. Privés du fecours de la révélation, les meilleurs Philofophes n'ont bâti que des fyftêmes défectueux : quel nom donner à ceux de tous les autres ?

Ils font infoutenables ; & c'eft, aux yeux de tout homme fenfé, le triomphe de la Religion. De toutes les preuves dont le concours en démontre la certitude, une des plus frappantes, des plus à notre portée, c'eft l'abfurdité des hypothéfes imaginées pour la combattre. Elles ont néanmoins trouvé des partifans ; nous ne devons pas en être furpris. Comme la dépravation des mœurs eft une des principales fources de l'athéifme, tout fyftême qui tend à délivrer les paffions d'un joug qu'elles abhorrent, trouve en elles des défenfeurs zélés, qui fçavent en pallier les défauts, en diffimuler la foibleffe, & lui donner des dehors féduifans. Les hommes ne font que trop fouvent complices de ceux qui les trompent ; ils croyent volontiers ce qu'ils défirent. Je ne fçais quel charme fafcine alors nos yeux ; & quand nos erreurs nous font cheres, notre raifon fe tait, ou ne parle qu'en leur faveur.

défenfeurs. Nous euffions vû fe déployer dans ce fecond ouvrage toute l'éloquence de notre Poëte. La Religion Chrétienne offre à l'efprit les plus nobles idées ; elle eft pour le cœur une fource inépuifable de fentimens.

Ces hypothéses, quoiqu'abfurdes, peuvent donc être l'objet d'un examen férieux ; puifqu'il s'agit de défabufer des hommes. Une feconde réflexion fera fentir encore davantage combien cet examen eft utile & même néceffaire. Ceux qui fe dégradent au point de méconnoître une Divinité, ont rarement un fyftême fixe & développé. La plûpart libertins, fans être Philofophes ; entraînés par la fougue de l'âge & des paffions, par l'amour de l'indépendance, par le torrent de l'exemple, ont embraffé ce parti fans réflexion & fans choix. Jamais ils ne confiderent ni les motifs, ni les fondemens de leur opinion. Demandez-leur ce qu'ils fubftituent à cette Religion qu'ils méprifent : des difcours vagues font leur unique réponfe. Ils entendent dire que des hommes célébres ont nié l'exiftence de Dieu, & foutenu le Matérialifme par des fyftêmes méthodiques. C'en eft affez pour eux. Difciples de ces Sages, dont le nom leur êft à peine connu, ils fe repofent fur leur autorité. « De grands Philofophes, » répondent-ils, ont approfondi cette importante » matiere : ils ont pris fur eux les frais d'une dif- » cuffion pénible : nous voyons par leurs yeux ; » pleins de confiance en leurs lumieres, nous mar- » chons fans examen dans les routes qu'ils ont » frayées. » Eft-il un moyen plus fimple de confondre ces crédules partifans de l'incrédulité, que

d'expofer à leurs regards des Syftêmes qu'ils adoptent fans les connoître. Surpris de l'abfurdité de
ces fentimens, ils les défavoueront fans doute :
l'amour-propre méconnoît toujours ce qui le fait
rougir. Ils prétendront que leurs idées font plus
raifonnables. Mais qu'ils effayent de réunir ces
idées confufes, dont l'aveugle impreffion les a fi
long-tems déterminés ; que leur efprit articule
enfin ces fons vagues qui s'élévent du fond de leur
cœur : quel fera le fruit de cette opération ? Juges
de leur propre ouvrage, qu'ils le comparent à
celui de leurs maîtres ; ils en reconnoîtront la conformité. Leur Syftême, quel qu'il foit, fe réduira
néceffairement à l'un de ceux dont je viens de donner l'abregé, ou fera peut-être un mêlange de plufieurs de ces opinions mal afforties. L'erreur eft un
Protée, qui fe reproduit fous mille formes différentes, mais qui toujours le même, malgré l'illufion
des métamorphofes, ne peut échapper à des regards attentifs & pénétrans.

J'en appelle à l'expérience. Quels nouveaux
Syftêmes ont imaginés les défenfeurs modernes de
l'athéïfme ? Vils plagiaires, copiftes des Anciens,
dont ils n'ont fait que déguifer les fentimens, ils en
impofent par la différence des termes à ce peuple
d'efprits forts, qui fuit aveuglément leurs pas. L'o-
pinion de *Coward* fur la nature de l'ame eft celle de

Dicéarque, que cet Anglois a renouvellée. *Hobbes* reconnoîtroit ſes principes dans le précis que j'ai fait de ceux d'Epicure ſur l'origine des Loix & de la Société. Cette même théorie eſt le fondement de la politique de *Machiavel*. Qu'eſt-ce que le *Spinoſiſme*, ſinon le Syſtême de Xénophanes & des Stoïciens mis dans un nouveau jour, & traité d'une maniere plus méthodique ? La Secte des *Immatérialiſtes* fait un mêlange des idées de Pythagore ſur le monde intelligible, avec le Pyrrhoniſme le plus outré. L'Angleterre a vû renaître ſous les auſpices d'un homme célébre l'infini d'Anaximandre. Enfin, le croiroit-on ? Le ridicule ſentiment de ce Philoſophe ſur l'origine de l'eſpéce humaine, a de nos jours oſé reparoître. Un Phyſicien moderne a ſoutenu, comme lui, que les hommes étoient ſortis de poiſſons. Et cette opinion, il ne la donne pas, comme une de ces idées ſinguliéres que l'eſprit hazarde quelquefois en ſe jouant. C'eſt, à l'entendre, le fruit d'une méditation profonde, le réſultat d'un grand nombre d'expériences faites ſur les bords du Nil & ſur les côtes de la mer Rouge. Je ne ſçais ſi l'ouvrage de cet Auteur eſt imprimé : mais il forme un long Manuſcrit, que j'ai eû quelque-tems entre les mains. Je ne parle ni de *Robert Flud*, ni de pluſieurs autres Philoſophes irréligieux ; leurs hypothéſes ſe retrouvent toutes dans les Anciens , comme celles des Modernes que je viens de citer. Tant il eſt vrai, qu'il n'y a point d'abſurdité qui n'ait été dite & redite par des Philoſophes !

En général, quelque parti que prennent les Athées, ils s'accordent tous à nier l'exiſtence ou la providence de Dieu, la création de la matiere, la ſpiritualité de l'ame & ſon immortalité. C'eſt donc les combattre tous à la fois, que de prouver contre Epicure que Dieu exiſte ; qu'il a créé la matiere ; qu'Auteur du monde il le gouverne ; que notre ame incorporelle par eſſence doit vivre à jamais. M. de Polignac établit ces vérités dans ſon ouvrage. On en jugera par le précis qui me reſte à faire de ſa doctrine.

ELLE a pour fondement la diſtinction de l'intelli- gence & de la matiere : principe inconteſtable, qui nous éclaire à la fois ſur la nature de l'homme & ſur l'origine de l'univers. Tout ce qui exiſte eſt eſ- prit ou corps. Les étres de la premiere claſſe ont la penſée pour attribut eſſentiel : l'étendue eſt la qualité primitive de ceux de la ſeconde. Ces deux propriétés ſont tellement oppoſées l'une à l'autre, qu'elles s'excluent réciproquement, & ne peuvent ſe trouver réunies dans la même ſubſtance. De ce que la matiere eſt incapable de penſer, il ſuit que paſſive par eſſence elle ne peut ni ſe mouvoir, ni

ART. III. Précis de la doctrine établie dans l'Anti-Lucré- ce.

fe donner aucune des modifications dont elle eſt ſuſceptible. Elle a donc un moteur, une cauſe toute-puiſſante ; & ce moteur, cette cauſe eſt l'Intelligence ſouveraine.

Ainſi la nature des corps fournit une démonſtration ſenſible de l'exiſtence d'un Dieu. Mais cette importante vérité ſe trouve encore établie par d'autres preuves, toutes de genres différens. Telles ſont l'idée de cet Etre gravée dans notre eſprit ; l'union de l'ame avec le corps ; les merveilles de l'univers ; enfin l'accord unanime de tous les hommes.

Ce principe infini, éternel, immuable, a tiré la matiere du néant, parce qu'il l'a voulu, & quand il l'a voulu. Le monde matériel eſt ſon ouvrage, & c'eſt la copie du monde intelligible, qui a toujours exiſté dans ſes idées. Auteur de la Nature, il a, pour en régler le cours, établi des loix générales, auſſi ſages que conſtantes. Sa Providence embraſſe l'univers, & veille ſur chaque être en particulier.

L'homme eſt le plus parfait de tous. Compoſé de deux ſubſtances étroitement unies, malgré l'oppoſition de leur nature, il tient par le corps aux objets ſenſibles ; mais il peut s'élever par l'ame juſqu'à la Divinité dont il eſt l'image. Son corps eſt une machine ſçavamment organiſée. C'eſt l'aſſemblage d'une multitude de reſſorts, dont le concert & la délicateſſe forment un tout en même-tems parfait & deſtructible. Son ame eſt ſimple, dès-lors indiſſoluble, & par conſéquent immortelle. La liaiſon de ces deux parties de nous-mêmes produit entre elles une correſpondance intime. Certains mouvemens excités dans le corps occaſionnent dans l'ame certaines penſées : telle ou telle penſée de la part de l'ame fait naître dans le corps tel ou tel mouvement. Une ſubſtance ſpirituelle ne peut agir, il eſt vrai, par elle-même ſur une portion de matiere : mais l'Etre ſouverain, dont la volonté les unit, eſt, ſi je l'oſe dire, le milieu qui tranſmet de l'un à l'autre ces impreſſions réciproques. Dieu eſt l'Agent univerſel : c'eſt lui qui meut le corps à l'occaſion des deſirs de l'ame ; c'eſt lui qui fait répondre les penſées de l'ame aux mouvemens du corps. L'immortalité de l'ame eſt auſſi généralement reconnue que l'exiſtence de Dieu. Les hommes naiſſent tous avec le germe de ces deux vérités. *C'eſt*, pour me ſervir de l'expreſſion d'un de nos meilleurs Ecrivains, * *le dogme du Genre humain & la foi de la Nature.*

Sur ces deux points roulent toutes les ſpéculations de la Métaphyſique, & tous les préceptes de la Morale. En effet, l'Auteur de l'univers en eſt le Souverain. Il a gravé dans nos cœurs en traits ineffaçables

* Hiſtoire de Jovien, Tome I. pag. 369.

une loi qui ne nous impofe des devoirs, que pour nous rendre heureux; loi fimple, pure, immuable, univerfelle, & dont tous les caracteres répondent aux attributs de fon Auteur. Elle unit tous les peuples: elle fait de tous les hommes autant de freres: ils ne font vraiment libres, que lorfqu'ils refpectent les bornes qu'elle prefcrit à leur liberté. Interprétes de cette loi primitive, les plus fages Légiflateurs n'ont fait que la développer. Leurs réglemens ne font refpectables, qu'autant qu'ils ont pour bafe ceux du droit naturel. La diftinction du jufte & de l'injufte n'eft donc pas l'ouvrage des hommes. Elle a pour principe la nature des Etres, ou plutôt celle de la Divinité même. Dieu eft la vérité, la juftice, le bien par effence; & cet amour du vrai, ces femences d'équité, qui réfident dans notre cœur, font les titres précieux de notre origine: c'eft l'empreinte de la main qui nous a tirés du néant.

Il eft donc des vices & des vertus; & par conféquent des peines & des récompenfes après cette vie. En effet, les hommes étant libres, leurs actions doivent recevoir le prix qu'elles méritent. Elles ne le reçoivent prefque jamais en ce monde, où l'on voit fouvent les coupables profpérer, & les amis de la vertu gémir dans l'infortune. Le tems eft un cahos; mais l'ordre doit être rétabli dans l'éternité. La Juſtice ſuprême y punira le crime ; un bonheur ineffable y ſera le partage des Juſtes.

Ce bonheur eſt la poſſeſſion de Dieu même. Le déſir d'être heureux eſt eſſentiel aux hommes. Leurs penſées, leurs actions tendent toutes à ce but. Ils ſe trompent ſouvent ſur la route, qui peut les y conduire. Les richeſſes, les honneurs, les plaiſirs, les ſciences, le repos, ce phantôme qu'ils appellent la gloire, uſurpent leurs hommages, & les attirent par des charmes trompeurs. Biens chimériques, inſuffiſans, mêlés d'amertume, quelquefois empoiſonnés par les remords, & dont les moins frivoles n'ont, comme les autres, que la durée d'un inſtant. Tous ſont indignes d'attacher une ame immortelle. Unique objet de nos contemplations & de nos déſirs, Dieu ſeul peut raſſaſſier notre eſprit & notre cœur. Seul il peut fixer les regards & les vœux d'une ame née pour connoître & pour aimer. Il eſt le bien ſuprême, la derniere fin de l'homme : mais que l'homme n'eſpére pas y parvenir, s'il ne s'acquitte de ce qu'il doit à ſon Créateur, de ce qu'il ſe doit à ſoi-même, de ce qu'il doit enfin à la Société.

Voilà quel eſt en abrégé tout le ſyſtême de la Religion naturelle : ſyſtême dont les diverſes parties ſe ſoutiennent par leur accord, ſe prêtent un

jour mutuel , & concourent à former un tout inébranlable. Cette Religion ne suffit pas sans le Chris-
tianisme ; mais elle ne fait avec lui qu'un même
corps. Les vérités dont elle nous instruit, intime-
mement liées à celles que Dieu nous a révélées, en
font, pour ainsi dire, la base & le fondement. Sans
elle tout n'est que chimere, qu'illusion, que désordre.
Si notre ame n'est pas immortelle, nous sommes les
plus malheureux & les plus méprisables de tous les
Etres. Joüets du mensonge, ennemis de nous-mêmes
par un excès d'amour propre, confondant les besoins
de nos passions avec ceux de la nature , environnés
de maux réels , & dénués de véritables ressources ;
vertueux sans objet, sans principe, sans espoir ; forcés de sacrifier les plus doux penchans de nos
cœurs à de chimériques devoirs, à de vains remords ; rampant avec peine d'un objet à l'autre ;
amas monstrueux de contradictions , nous traînons
dans l'ignorance & la misere quelques momens qui
se perdent dans l'abysme du passé. Vils mortels ,
quel est donc le fondement de l'orgueil qui vous
enfle ? Est-ce cette raison , que vous regardez comme
votre appanage ? Mais elle ne peut que vous égarer :
elle n'enfante que des doutes ou des erreurs. Est-ce
votre liberté ? C'est le principe de vos maux & la
source de vos désordres. Ce sont peut-être vos connoissances. Rarement utiles, souvent incertaines ,

& toujours achetées par l'étude, font-elles préférables à cet inſtinct qui conduit les animaux ? Enfans de la nature, dociles à ſes loix, guidés par ſa lumiere, ils ſuivent ſans écart la route qu'elle leur trace. Fruits d'un travail opiniâtre, vos arts ſont des preuves de vos beſoins. Vos générations s'écoulent comme les flots, & tant d'êtres inſenſibles triomphent de la durée des ſiécles. Déplorons notre deſtinée, je le répéte, ſi ce qui penſe en nous périt avec notre corps. Mais non : mon ame ſe ſent née pour vivre à jamais ; & ce ſentiment intérieur ne peut me tromper. Ma vie n'eſt que le paſſage du néant à l'éternité. La terre eſt mon exil, & la mort doit me rendre à ma patrie. Dans ce ſéjour heureux habite un Dieu, Pere & Légiſlateur des hommes. Sa Loi ſuprême m'ordonne de pratiquer des vertus dont il ſera l'éternelle récompenſe. Mes paſſions s'élévent, il eſt vrai, contre le joug qu'elle leur impoſe : mais quel droit auroient-elles de m'entraîner dans leur révolte ? Leurs intérêts ne ſont pas les miens. Périſſe à jamais cette affreuſe Philoſophie, qui prenant leur parti contre nous-mêmes, nous dégrade pour les affranchir !

Deſcartes eſt peut-être le premier des Modernes qui ait ſolidement démontré la diſtinction de l'ame & du corps. Ce grand homme, né pour éclairer les hommes, pour les inſtruire dans l'art de penſer, ne dut qu'à lui-même ſes ſublimes découvertes. Dans un ſiécle où la Raiſon gémiſſoit ſous le joug de l'ignorance ; où le Péripatétiſme exerçoit ſur les eſprits un empire deſpotique ; où la nouveauté, ce titre aujourd'hui ſi favorable, ſuffiſoit pour décrier une opinion ; au milieu d'un peuple d'eſclaves, il arbora l'étendard de la liberté. Avec ce courage, qui triomphe de tous les obſtacles, il combattit des erreurs établies par une longue poſſeſſion, & défendues par une foule de partiſans opiniâtres. On le traita de rebelle ; on proſcrivit ſa doctrine ; on la peignit des couleurs les plus noires, & ce nouveau Socrates trouva dans ſa patrie des perſécuteurs. Mais, ſupérieur aux préjugés par ſon génie, aux contradictions par ſa conſtance, Deſcartes aimoit plus la Vérité, que les ames vulgaires n'aiment les objets ſenſibles. Digne du nom de Philoſophe, il avoit pour elle cette paſſion vive & ſincére, qui rend capable de tout ſacrifier. Il continua de marcher dans la route qu'il s'étoit frayée. Par un doute raiſonnable, il ſçut s'élever à l'évidence ; & conduit par de profondes méditations, à quelques principes auſſi ſimples que féconds, il en fit la baſe d'une Métaphyſique ſolide, lumineuſe & vraiment utile aux hommes, puiſque la plus pure Morale en eſt une conſéquence néceſſaire. C'eſt principalement ſous ce point de vûe, qu'il me paroît mériter

nos

nos hommages & notre reconnoiſſance. Il eut un génie vaſte : grand Géométre , excellent Phyſicien , il connut la liaiſon de la Géométrie & de la Phyſique. En réduiſant le premier les courbes en équations , il mérita de partager avec les inventeurs des nouveaux calculs la gloire de ces admirables découvertes. Son œil éclairé perça les profondeurs de la Nature, en dévoila le méchaniſme , en découvrit quelques myſtères. Auteur d'une méthode inconnue juſqu'à lui, il répandit parmi nous les germes de cet eſprit philoſophique , également applicable à tous les genres d'études & de recherches , qui procéde toujours avec ordre , qui lie toutes les idées ; enfin , qui donne aux bons ouvrages modernes tant de préciſion & de clarté. Mais le plus noble uſage qu'il ait fait de ſes lumiéres, celui qui doit le mettre au nombre des bienfaiteurs des hommes, c'eſt de nous avoir appris à nous connoître ; c'eſt d'avoir établi d'une maniere inconteſtable la ſpiritualité de notre ame ; cet attribut glorieux , le titre de notre grandeur , le fondement de nos devoirs & de nos eſpérances. En vain *Locke*, en ſoutenant que la matiere peut devenir penſante , & que l'eſprit ne penſe pas toujours, a prétendu détruire les bornes qui ſéparent à jamais ces deux ſubſtances. Son aſſertion dénuée de preuves, quoique reçûe de nos jours avec cette faveur qu'ont parmi nous les opinions étrangéres, n'ébranlera jamais le principe fur lequel eft établie la Métaphyfique de Defcartes.

C'eft cette Métaphyfique, immortelle comme le nom de fon Auteur, indépendante du fort de fes autres idées, que M. le Cardinal de Polignac développe dans l'Anti-Lucréce. Il a raffemblé les preuves qui l'établiffent, & réfuté les objections qui la combattent. Le fecond Livre de ce Poëme forme avec les deux fuivans un traité complet fur l'effence de la matiere : celle de l'ame eft approfondie dans le cinquiéme & le fixiéme. La plûpart des raifonnemens qu'il employe ne font pas nouveaux ; mais il les préfente dans un nouveau jour. D'ailleurs, font-ils moins folides, pour avoir été déja mis en œuvre ? Doivent-ils faire une moindre impreffion fur des efprits raifonnables ? Que des fictions brillantes perdent tout à nos yeux en ceffant d'être nouvelles : fleurs paffagéres, elles n'ont d'autre mérite qu'un éclat inutile, & quelquefois dangereux. Mais d'importantes vérités doivent-elles être affujetties à de pareilles loix ? Les paffions ne rougiffent point de recourir fans ceffe aux mêmes armes : pourquoi la raifon n'auroit-elle pas un droit qu'elles ofent s'arroger ?

Dans le précis que j'ai fait de la doctrine de l'Anti-Lucréce, je n'ai rien dit du Syftême de

Phyfique embraffé par l'Auteur. C'eft que je confidére plutôt ce Poëme comme un ouvrage compofé fur la Religion naturelle, que comme un morceau de Phyfique. On ne peut trop diftinguer ces deux rapports, fous lefquels l'Anti-Lucréce fe préfente en même-tems. Sous le fecond, il n'eft que curieux: il eft vraiment utile fous le premier. Les principes adoptés par M. de Polignac fur la Religion & les mœurs ne dépendent nullement des explications qu'il donne aux Phénoménes que nous offre la Nature. Il foutient la Phyfique de Defcartes: mais quelque Phyfique qu'il eût embraffée, quand il défendroit celle de *Nevvton* ou de *Gaffendi*, fa Métaphyfique feroit toujours la même. Toujours inébranlable, elle fe foutiendroit par fa propre force fans le fecours de ces hypothèfes. Cette remarque eft importante: je l'ai faite pour répondre à quelques Cenfeurs injuftes, qui confondant l'acceffoire de l'Anti-Lucréce avec l'effentiel, imputent à l'Auteur de combattre un Syftême ancien, par un Syftême qu'ils fuppofent n'avoir plus aujourd'hui de partifans.

Ce n'eft pas que la Phyfique de Defcartes adoptée par Mallebranche foit digne du mépris qu'ils ont pour elle. *Quelle que foit la deftinée des tourbillons*, dit un de nos plus habiles * Phyficiens &

---

* M. de Mairan, dans fon Eloge de M. l'Abbé de Molieres.

de nos meilleurs Philofophes, *c'eſt une belle idée qui mérite qu'on faſſe les plus grands efforts pour la maintenir.* C'eſt l'ouvrage de l'art & du génie; c'eſt un magnifique ſpectacle offert à l'eſprit. Si la matiere ſubtile, où Deſcartes fait nager tous les corps, eſt ſujette à de grandes objections; ſi les Newtoniens ſe croyent fondés à la ſoutenir incompatible avec le mouvement, le vuide n'a-t-il pas auſſi ſes difficultés, peut-être plus inſurmontables? N'eſt-ce pas faire revivre les qualités occultes, que d'admettre pour principe univerſel une attraction inhérente à la matiere? La ſaine Métaphyſique combat cette étendue incorporelle, ſuppoſée par Huyghens & par Newton. Leurs partiſans ſe défendroient mal, contre un Cartéſien qui leur imputeroit de regarder le vuide comme l'immenſité de Dieu, & par conſéquent comme Dieu même.

Mais de plus, quelle idée de l'univers nous donne une hypothèſe, qui le repréſente comme une immenſe ſolitude où ſont diſperſés quelques corps? Peut-on croire que le vuide refléchiſſe les rayons; que la lumiere ſoit une émanation de la ſubſtance du Soleil; que des Cométes viennent de tems en tems s'incorporer à cet aſtre, pour réparer les pertes continuelles qu'il fait en nous éclairant? Ces difficultés & pluſieurs autres détermi-

nerent M. de Polignac à se déclarer pour le Carté-
sianisme ; quoiqu'il rendît un sincere hommage au
génie de Newton, à ses découvertes, à ses sublimes spéculations. Non qu'il suivît pas à pas Descartes avec une superstitieuse fidelité. Les tourbillons dont il soutient l'existence différent de ceux
de son maître : il adopte le Systême de Newton sur
les couleurs ; celui de Boerhaave sur la nature du
Feu. Mais alors même il se montre vraiment disciple
de Descartes. C'est suivre l'esprit de ce grand homme, que d'abandonner ses idées, lorsqu'elles se trouvent peu solides. Descartes, qui dans les matieres
de pur raisonnement ne connut d'autorité que celle
des preuves, désavoueroit des partisans dont l'aveugle soumission regarderoit comme certain , ce qu'il
n'a souvent donné que comme vrai semblable. Le
destructeur des Autels d'Aristote, le vengeur des
droits de la Raison contre la tyrannie des préjugés, a prétendu former non des esclaves, mais des
hommes & des Philosophes.

Je crains que cette premiere partie ne paroisse
trop longue à la plûpart des Lecteurs : mais l'importance du sujet doit me justifier à leurs yeux. Une
pareille matiere ne pouvoit être traitée superficiel-
lement. Je serai plus court dans la seconde partie ,
dont le premier article roulera sur la forme & le
style de l'Anti-Lucréce.

SECONDE PARTIE.

L'Anti-Lucrece eſt un Poëme didactique, compoſé de neuf Livres, qui renferment chacun l'examen d'un ſujet particulier ; mais qui ſont tous liés enſemble par le rapport des matieres, l'unité d'objet & l'art de l'Auteur. C'eſt un corps formé de l'aſſemblage de parties, dont chacune priſe ſéparément ſeroit elle-même un corps. Pour faire exactement connoître la forme de cet ouvrage, il faudroit en tracer un plan détaillé ; mais je m'en crois diſpenſé par les Sommaires que j'ai mis à la tête des différens Livres. Ces Sommaires ſont travaillés avec tout le ſoin dont je ſuis capable. J'expoſe dans chacun le ſujet du Livre dont il eſt l'abrégé : je montre la liaiſon de ce Livre avec les précédens : je tâche de faire ſentir celle qu'ont entre eux les Articles que j'ai cru devoir y diſtinguer. Enfin, je m'attache à mettre ſous les yeux du Lecteur l'ordre que le Poëte a ſuivi dans ſes idées, l'enchaînement des matieres qu'il traite, & celui des preuves ſur leſquelles il fonde ſes ſentimens. Tous ces précis lûs de ſuite forment, à ce que je crois, une analyſe exacte de l'Anti-Lucréce.

Cet enchaînement, cet ordre qui par d'heureuſes tranſitions unit les membres d'un vaſte tout, eſt la partie eſſentielle du ſtyle, dans quelque genre d'ouvrage que ce foit , mais principalement dans un ouvrage philofophique. Un Philofophe doit fur-tout être clair. Il a befoin de foutenir par une mé-thode fimple & naturelle l'attention des Lecteurs , qui peu familiarifés pour la plûpart avec les idées précifes , peu faits pour méditer , fe rebutent , dès qu'il leur en coûte trop pour concevoir , & fou-vent même , par une injuftice dont l'amour pro-pre eft la fource , imputent à l'Ecrivain plus qu'au fujet les efforts qu'ils font obligés de faire , & qu'ils ne font jamais qu'à regret. L'efprit eft capable d'in-térêt , comme le cœur ; mais il faut plus d'art pour l'intéreffer : il en faut plus pour impofer filence à l'imagination , que pour la repaître ; pour tranfpor-ter l'ame dans cette région inacceffible aux fens , où la Raifon feule a droit de parler & d'entendre , que pour attacher les fens par des peintures agréa-bles. Le vrai moyen d'y réuffir , c'eft de mettre l'objet qu'on examine , à la portée du Lecteur ; & c'eft à quoi l'ordre qu'on obferve peut beaucoup contribuer. L'ordre répand fur les matieres les plus abftraites je ne fçais quel charme qui diminue leur féchereffe. Il en facilite l'intelligence ; & dès-lors la difficulté d'une queftion , loin de nous dégoûter , en reléve le prix à nos yeux ; parce qu'il nous eft flateur de rencontrer des obftacles que nous pou-vons efpérer de vaincre. Quand on fçait marcher

d iiij

d'un pas égal, tirer d'un feul principe une foule de conféquences, éviter les détours, écarter les difcuffions inutiles, tendre au but par le chemin le plus court ; quelque route qu'on ofe frayer, on ne doit craindre ni de la commencer, ni de l'achever feul : on peut s'affûrer d'être fuivi jufqu'au terme.

Tel eft dans tous les genres le mérite & l'effet d'une ordonnance réguliere. Un édifice dont toutes les parties font liées entre elles, attire & fixe nos regards par la beauté de fes proportions. Mais fi la méthode eft une qualité nécesfaire dans un ouvrage, elle n'eft pas la feule d'où dépende la perfection du ftyle. Il faut encore fçavoir penfer ; & quelle étendue ce feul mot n'a-t-il pas ? Les penfées, toujours juftes & vraies, doivent fuivant la nature du fujet, être fimples ou nobles, fortes ou délicates. Sans s'écarter de fon objet, l'Auteur doit s'élever aux vûes générales ; offrir dans une feule idée le germe de plufieurs autres, en laiffant au Lecteur le plaifir de les développer ; faire en un mot un heureux mêlange de réflexions, d'images & de fentimens.

Enfin, ce n'eft pas affez de difpofer avec ordre, de penfer avec juftesfe ; il faut de plus fçavoir écrire, & par ce terme j'entends l'expreffion, le langage. Cette partie du ftyle, fi capable de relever le mérite des autres, a plus de difficulté qu'on ne penfe.

Combien de qualités ne faut-il pas réunir, pour ex-
celler dans l'art d'écrire ? Il en eſt de générales,
eſſentielles dans tous les genres. Quelque ſujet
qu'on traite, le langage doit être ſimple ſans négligence, châtié ſans affectation, concis ſans obſcurité. On ne parle que pour être entendu : on n'écrit
que pour communiquer aux autres ſes idées. Mais
comment les tranſmettre ſans altération ; ſi l'on ne
s'attache à la propriété des termes? Cette propriété
de termes, bien différente d'un puriſme ſuperſtitieux,
ſuppoſe une étude approfondie de la langue qu'on
parle ; une connoiſſance exacte de ſes régles, de
ſes uſages ſouvent contraires aux régles, de ſes richeſſes & de ſes défauts ; l'art de la manier, de ſe
l'aſſujettir, d'y trouver des beautés que le Vulgaire
n'apperçoit pas. Et cette étude, cette connoiſſance,
cet art annoncent un génie philoſophique, un goût
exquis, des talens naturels cultivés par la réflexion.
Il eſt vrai qu'une Langue ne fournit pas toujours des
expreſſions qui répondent à nos penſées avec une
juſteſſe parfaite &, pour ainſi dire, géométrique.
Mais dans ces cas même elle a des reſſources pour
quiconque ſçait les connoître & s'en ſervir. En
choiſiſſant le terme qui s'éloigne le moins de l'idée
qu'il s'agit de rendre, on le fait ſuivre ou précéder
de quelqu'autre qui le modifie. De cet alliage réſulte une expreſſion compoſée, qui joint à la juſ-

teſſe le mérite d'une combinaiſon fine & délicate.

L'élégance eſt encore une qualité dont tous les genres ſont ſuſceptibles. Le choix des termes y contribue beaucoup ; mais il ne ſuffit pas. Elle eſt ſur-tout produite par l'arrangement des mots, par le ſoin d'éviter les répétitions, les conſonances & mille autres petits défauts de détail, dont la multitude défigure le ſtyle. Sçachez lier enſemble vos phraſes, de maniere qu'elles s'annoncent & s'aménent à meſure qu'elles ſe ſuivent ; les entremêler & les aſſortir avec art ; leur donner un tour en même tems libre & varié, votre ſtyle ſera nombreux, intéreſſant, agréable. Un mot bien placé forme quelquefois une image, ou fait naître un ſentiment. Que dirai-je de cette chaleur, qui doit animer le ſtyle ? Elle eſt dans un écrit, ce qu'eſt le ſang dans un corps & le feu dans l'univers.

Mais outre ces qualités générales, il en eſt de particulieres à chaque genre d'ouvrages. Les uns nobles, grands, ſublimes demandent une magnificence d'expreſſions, une force, une énergie qui ſeroit déplacée dans les autres. L'éloquence, l'hiſtoire, la poëſie ont chacune leur ton ; & ce ton eſt ſujet à des variétés ſans nombre. Le grand art eſt de proportionner la richeſſe, l'élévation, la vivacité de ſon ſtyle à la matiere qu'on traite. Toujours facile & correct, il doit, ſelon la nature du ſujet, être simple , orné, sublime ou touchant. C'eſt une onde pure, dont la différence du terrein fait tantôt un ruiſſeau , tantôt un rapide torrent , & quelquefois un fleuve majeſtueux. Cette idée des qualités néceſſaires à la perfection du ſtyle, idée ſur laquelle j'aurois dû peut-être moins inſiſter pour plus d'une raiſon, fait aſſez ſentir quel eſt le mérite d'un bon Ecrivain ; mais en même tems quelle eſt la difficulté de bien écrire. Penſe-t-on qu'il ſoit beaucoup plus facile de bien juger d'un ouvrage ? Cependant il n'eſt perſonne qui ne ſe croye en état de prononcer ſur ce point. Quiconque écrit eſt ſûr d'avoir autant de juges que de lecteurs : mais parmi ce grand nombre de juges, combien peu de connoiſſeurs véritables ? Un trait hardi, une penſée brillante, une ſaillie légere , un paradoxe ingénieux enlévent preſque tous les ſuffrages. La plûpart des hommes ſont faits pour admirer ce qui les étonne. Il en eſt peu qui ſentent le prix d'un ouvrage régulier, pur, harmonieux, dont le ſtyle ſoutenu, ſans être monotone , ne paroît pas le fruit du travail. Cette ſimplicité , cette aiſance qui regnent dans le tour d'un Ecrivain , lui font perdre bien des admirateurs. On croit que pour écrire de cette maniere, il ſuffit de prendre la plume ; on joüit de ſes efforts, ſans imaginer qu'il ait eu des efforts à faire ; on marche dans un terrein uni , ſans penſer à ce qu'il en a coûté pour l'applanir. Au reste, cette idée qu'on se forme d'un ouvrage est la meilleure preuve de sa bonté. Comme l'art doit être l'imitateur de la nature, il ne réussit jamais mieux, que lorsqu'il en sçait emprunter tous les traits, au point d'être méconnu lui-même.

Suivant ces regles que j'ai la sincérité d'exposer contre mes propres intérêts, examinons le style de l'Anti-Lucréce ; il est en état d'en soutenir l'application. Ce n'est pas qu'il n'ait des défauts ; tout ce qui sort de la main des hommes est nécessairement défectueux. Mais par combien de beautés ces taches légeres ne sont-elles pas effacées ? Ces beautés sont différentes, parce que l'Anti-Lucréce traite d'un grand nombre de matieres ; que chacune a son style, & que le Cardinal de Polignac a sçû prendre ce style avec une facilité qui n'annonce pas moins de goût que de talent. En général, la diction en est très-correcte. Il est peu d'ouvrages modernes, dont la latinité soit comparable à celle de ce Poëme. Des allusions fines, des tours heureux y découvrent un Auteur nourri de la lecture des meilleurs Ecrivains du siécle d'Augufte. Ses vers sont harmonieux, aisés, naturels. Aussi faciles que les vers d'Ovide, ils approchent les uns de l'élégante simplicité de ceux d'Horace, les autres de la noblesse de ceux de Virgile.

En effet, quoique tous également purs, ils ne
font pas tous du même goût. L'Anti-Lucréce eft
un ouvrage, où l'Auteur, fouvent Poëte & Philofophe en même tems, fe trouve quelquefois obligé
de n'être que Philofophe. Les détails dans lefquels
il entre, en traitant des queftions de Métaphyfique
ou d'Aftronomie, étoient peu fufceptibles de graces & d'ornement. La précifion, la clarté, la méthode font les feules qualités du ftyle, qui conviennent à ces fortes de matieres. On ne peut nier que
M. de Polignac ne les porte au plus haut dégré. Il
pofféde l'art de mettre des vérités abftraites dans
tout leur jour, & de donner en quelque forte un
corps aux idées les plus métaphyfiques. Malgré la
gêne de la verfification, & la difficulté de traiter
dans une langue étrangere des fujets obfcurs par
eux-mêmes, il eft fi clair que la profe françoife ne
pourroit l'être davantage. Son ftyle eft fi naturel,
qu'on feroit tenté de croire que les mots s'arran-
geoient fous fa plume, fans le moindre effort de fa
part. La juftefse & la propriété des termes qu'il employe eft furprenante. J'ai vû de fçavans Anato-
miftes s'étonner de la maniere dont il a fçu joindre l'élégance à la plus fcrupuleufe exactitude, dans
la defcription qu'il fait du corps humain au fep-
tiéme Livre. D'habiles Aftronomes donnent les
mêmes éloges au huitiéme, où le fyftême de l'uni-

vers est développé selon les principes de Descartes & de Copernic. Je pourrois citer encore d'autres morceaux, comme son explication de la pesanteur, sa théorie du feu, ses preuves de la divisibilité de la matiere à l'infini.

Mais quelle éloquence, quelle poësie, lorsque la nature de son sujet lui permet de prendre l'essor! Les fleurs semblent naître sous ses pas. Descriptions agréables, images riantes, comparaisons ingénieuses, sentimens nobles & touchans, idées sublimes, tout est prodigué dans son ouvrage. L'Anti-Lucréce pourroit fournir des exemples de tous les genres de beautés. Quand le Cardinal de Polignac oppose au portrait du Sage d'Epicure, celui d'un homme persuadé des grands principes de la Religion naturelle; quand il nous représente les ravages de l'amour propre, les suites affreuses de l'Athéïsme, l'origine de l'Idolâtrie, l'insuffisance & la vanité des plaisirs, des honneurs, de tous les biens dont notre cœur se repaît ici-bas, on sent qu'il est pénétré de ce qu'il dit. C'est un Orateur, un Poëte, un Philosophe épris des charmes du vrai. Il peint avec grace; il éléve l'esprit; il intéresse le cœur. Quoi de plus noble que son début, que les éloges qu'il fait de Descartes & de l'étude de la nature? Quoi de plus poétique que sa description des Cascades du *Teverone?* En s'attachant à montrer que les ani-

maux font des automates, avec quel art nous fait-il
paffer devant les yeux les traits les plus finguliers
de leur hiftoire ? Ses tableaux font dignes de *la
Fontaine* & d'*Oudry*. Quels agrémens ne répandent-
ils pas fur le fixiéme Livre, dans lequel il raffemble les preuves de ce Paradoxe raifonnable, avancé
d'abord par *Gomez Peréira*, & prefque démontré
depuis par Defcartes ? Sa defcription d'une coquille,
celle de la fenfitive & plufieurs autres fuffiroient
pour me faire regretter qu'il n'ait laïffé que quelques vers du neuviéme Livre, qui devoit rouler
fur les foffiles, les minéraux, les plantes marines,
en un mot, fur tout ce que renferment les entrailles de la terre & le fein de la mer. L'origine des
rivieres eft un fujet qu'il eût relevé des plus brillantes couleurs de la Poëfie. Avec quel plaifir l'au-
rions-nous fuivi dans les grottes profondes, où
la nature dérobe à nos yeux fes plus grandes merveilles! Quel champ n'offroient pas à fon génie
les découvertes qu'on fait fi fouvent de coquillages & de poiffons pétrifiés dans les terres : Médailles inconteftables du Déluge, fuivant l'expreffion
de M. *de Fontenelles*; cet ingénieux Philofophe,
qui a fçû donner tant d'efprit à la raifon !

Il feroit encore à fouhaiter pour un autre motif,
que le Cardinal de Polignac eût mis la derniere
main à fon ouvrage. S'il en avoit eu le loifir, il

auroît sans doute fait disparoître une partie des défauts qu'on y remarque, & que je ne prétends pas dissimuler. Le principal est une abondance qu'il n'a pas toujours renfermée dans ses justes bornes. Il ne laisse presque rien à suppléer au Lecteur ; il tombe dans des répétitions; il développe des raisonnemens, dont il auroit pû ne présenter que le principe. Ajoûtons qu'en général ses tours ne sont pas assez variés ; que son style, avec beaucoup de graces, n'a peut-être pas assez de force ; qu'il prodigue trop les comparaisons. On pourroit sur-tout en critiquer deux ou trois, qui me paroissent peu justes, & qui certainement ne sont pas nobles. Peut-être peuvent-elles se soutenir dans un Poëme latin ; mais je n'ai pas cru devoir les faire passer dans ma traduction. Au reste, comme chaque Peintre a sa maniere, chaque Ecrivain a son style. Ce qui me paroît distinguer celui de notre Poëte, c'est la fécondité, la noblesse, la clarté, l'élégance & l'harmonie. Avec plus de nerf & de feu, ce seroit un modéle achevé.

Si les hommes se peignent dans leurs ouvrages, quelle idée l'Anti-Lucréce ne doit-il pas nous donner de son Auteur ? Je n'entreprendrai pas de le représenter tel qu'il fut. Trop jeune pour avoir pû le connoître ; je ne jugerois de lui que par son Poëme & par les autres monumens qu'il nous a

laissés

laiſſés de ſon génie. Je ſçais trop d'ailleurs ce qui me manque, pour oſer même aſpirer à l'honneur d'en faire le portrait. Les grands hommes appartiennent de droit aux grands Peintres. Le nom du Cardinal de Polignac eſt écrit dans les faſtes de l'univers. La France, la Société, la Littérature ont pleuré ſa perte; & nos Académies, dont il faiſoit un des principaux ornemens, ont eu la gloire de lui donner des Panégyriſtes dignes de lui. Deux célébres Ecrivains chargés de ſon éloge, par la place qu'ils y rempliſſoient alors, s'en ſont acquittés avec un ſuccès brillant. *M. de Boze* a bien voulu permettre que celui qu'il a compoſé parût à la tête de ma traduction; & cet éloge qui préſente un fidéle abrégé de la vie de M. de Polignac, autoriſe mon ſilence ſur une ſi belle Hiſtoire.

Cependant je ne puis, ſur-tout à l'occaſion de l'Anti-Lucréce, m'empêcher de remarquer un trait qui caractériſe à mes yeux cet homme illuſtre: c'eſt la grandeur de ſon ſçavoir. Il avoit reçû de la nature une merveilleuſe facilité. L'étendue, & ſi je l'oſe dire, la ſoupleſſe de ſon génie, le rendoient propre aux différens genres d'études. Sans les confondre, il les embraſſa tous. Mithridate parloit toutes les langues de l'Aſie: ne peut-on pas dire que le Cardinal de Polignac a ſçu toutes celles du monde littéraire? Il n'étoit étranger dans aucune des parties

de ce vaste empire. Et quel progrès n'auroit-il pas
fait dans les Sciences, s'il n'eût été qu'Homme de
lettres ; puisque malgré le tumulte des affaires, les
devoirs de la société, les distractions inséparables
de son rang & des places qui lui furent confiées,
il avoit acquis un fonds de connoissances inépuisable ? Heureux qui peut faire de son esprit un si noble
usage ! C'est l'employer utilement, que d'aimer à
multiplier ses idées. Rien ne le retrécit, ne le dégrade davantage, que de se concentrer dans un seul
genre, en méprisant tous les autres. Ce goût ex-
clusif annonce presque toujours un génie borné,
faux, esclave des préjugés, incapable de vûes générales, fait pour ramper autour d'un seul objet,
pour s'appesantir sur de minces détails. Ceux qui
pensent, quoique déterminés par des talens naturels, à cultiver telle ou telle science, ne se bornent
pas à la sphère qu'ils ont choisie : ils connoissent,
ils parcourent les sphères voisines. Citoyens d'une
partie de l'univers, ils sont naturalisés dans les autres. Qu'on ne dise pas que les différens objets de
nos études sont trop contraires, trop vastes, pour
ne point se donner une exclusion mutuelle. Je sçai
que prétendre mener de front toutes les Sciences, ce seroit se repaître d'un espoir chimérique.
Mais sans former un pareil projet, on peut joindre
à l'étude approfondie de quelqu'une, les élémens

de plufieurs autres. Malgré leur oppofition apparente, elles ont un rapport véritable; elles fe foutiennent, s'éclairent réciproquement. Du point de
vûe dans lequel il fe place, l'homme d'efprit apperçoit leur liaifon. Il voit que celle dont il a fait
choix n'eft que la partie d'un tout, & que ce tout
eft un corps dont la moindre portion a droit d'attirer fes regards. Les Lettres forment réellement
une République. Il eft entre les efprits une fociété,
comme il en eft une entre les habitans d'un même
pays. Le citoyen d'une ville où fleurit le commerce, peut fans fortir de fa patrie, jouir de toutes les
productions, de toutes les richeffes des climats les
plus éloignés. Sa demeure eft un centre, où tout
vient aboutir. Que penferoit-on de lui, fi renon-
çant aux avantages d'une fi heureufe fituation, las
de cette abondance, de cette variété, qui prévien-
nent fes befoins, il alloit fe renfermer dans une
Ifle déferte, aride, & qui féparée de tout, étrangere à l'univers, ne produiroit qu'une feule des
chofes néceffaires à la vie? Ayons la même idée
d'un homme, qui ne cultivant qu'un feul genre
d'études, profcrit tout le refte avec dédain. Quoi
donc? Ne peut-on être fenfible aux attraits d'une
fcience, fans méconnoître le prix de toutes les autres? C'eft une des injuftices de l'amour propre:
mais que cet amour propre eft aveugle! qu'il

entend mal ſes intérêts ! Ces eſpéces d'enthouſiaſtes qui ne font cas que de leur ſecte, penſent-ils que ceux qu'ils mépriſent, ayent pour eux beaucoup d'eſtime ? N'eſt il pas infiniment plus flateur de connoître aſſez toutes les ſciences, pour en appercevoir l'utilité ; pour s'intéreſſer aux progrès de ceux qui les cultivent ; pour s'approprier les fruits de leurs travaux ; pour avoir le plaiſir de les eſtimer ? L'étude des hommes & celle de la nature ouvrent deux ſcènes différentes, mais qui peuvent être contemplées par les mêmes yeux. Eléve de toutes les Muſes, le Cardinal de Polignac pouvoit dire avec raiſon : « L'Hiſtoire m'inſtruit ; la Poëſie » me délaſſe ; l'Antiquité me donne des préceptes » & des modéles ; la Phyſique & l'Aſtronomie » m'offrent un ſpectacle digne de nos regards. C'eſt » pour moi que Deſcartes médite ; que Paſcal pen- » ſe ; que Newton calcule ; que Mallebranche cher- » che la vérité ; que la Bruyere peint les mœurs ; » que le Leibnits François, le Varron de notre ſié- » cle porte aujourd'hui le flambeau dans la nuit » des tems. » En vain objecteroit-on que des connoiſſances ſi variées, au lieu d'éclairer l'eſprit, n'y jettent que le trouble & la confuſion. Elles produiſent cet effet ſur des hommes qui, plus avides de ſçavoir, que capables de réflechir, entaſſent tout ſans choix & ſans ordre. C'eſt ſans doute un malheur pour eux, que de ſçavoir beaucoup ; parce qu'un eſprit faux, à force de s'exercer ſur plus d'objets, devient incorrigible par l'habitude de mal juger. Mais les génies méthodiques, qui de bonne heure ſe ſont formé le goût & le jugement ſur des principes invariables, ne doivent pas craindre de trop embraſſer. Toutes leurs idées ſe placent & s'arrangent naturellement. L'Anti-Lucréce en fournit la preuve. L'Auteur y traite un grand nombre de matieres différentes. Mais la propriété des termes dont il ſe ſert, & la clarté de ſon ſtyle montrent que la multitude de ſes connoiſſances ne nuiſoit pas à la juſteſſe de ſes idées.

C E Poëme, l'Ouvrage de l'eſprit & du ſçavoir, ſeroit peut-être encore enſeveli dans les ténébres, ſi l'Auteur n'avoit pas eû un Ami véritable. C'eſt à l'amitié, que le Public doit la poſſeſſion de l'Anti-Lucréce. La conformité de caractère uniſſoit depuis long-tems au Cardinal de Polignac un homme, qui joignoit aux avantages de la naiſſance, à la délicateſſe de l'eſprit, un mérite plus rare & plus réel aux yeux de quiconque ſent le prix des qualités du cœur. A ce portrait on reconnoît ſans peine M. l'Abbé de Rothelin ; ce ſage, aimable & modeſte, né pour être l'exemple & les délices de la ſocieté. M. de Polignac avoit plus d'une fois

Art. II. Hiſtoire de l'Anti-Lucréce depuis la mort de l'Auteur.

reconnu la folidité de fon attachement pour lui, dans ces occafions délicates qui effrayent les amitiés foibles & démafquent les fauffes. Perfuadé par de telles épreuves , que cet ami tendre & conf- tant auroit pour fa mémoire le même zèle que pour fa perfonne ; il lui remit fon Poëme peu de jours avant fa mort , en le laiffant maître abfolu de la def- tinée de cet ouvrage. C'étoit lui donner une grande marque de confiance, mais en même-tems le charger d'un pénible fardeau. L'Anti-Lucréce n'étoit pas , à beaucoup près , dans l'état où Vir- gile laiffa l'Enéide. Travaillé par l'Auteur à plu- fieurs reprifes ; plein de différentes leçons entre lefquelles il ne paroiffoit pas s'être déterminé ; rempli de ces négligences , qui échappent toujours dans le feu de la compofition ; c'étoit un affem- blage de piéces de rapport dont la liaifon , quoi- que réelle , ne fe montroit pas au premier coup- d'œil. Des additions fans nombre , écrites fur des feuilles volantes , formoient plus de trois mille Vers féparés du texte même. Une révifion fi diffi- cile ne demandoit pas moins de fagacité que de patience , de goût que de fçavoir. Il falloit d'abord raffembler les diverfes copies de cet ouvrage , la plûpart informes & toutes, différentes ; les com- parer foit entr'elles , foit avec l'Original remis par l'Auteur ; choifir entre les variantes ; diftribuer dans le corps du Poëme cette foule de morceaux détachés, dont la place n'étoit pas indiquée; tirer ensuite du tout ensemble un Manuscrit complet. Sans une lecture réïterée, ou plutôt sans une étude approfondie de l'Anti-Lucréce, on ne pouvoit parvenir à cette derniere opération, qui n'étoit elle-même qu'un préliminaire. En effet, ce Poëme avoit d'avance une grande célébrité : l'Auteur étoit un homme illustre, dont la réputation établie par d'autres titres pouvoit être compromise. Et ce qu'il faut sur-tout remarquer, cet Auteur, malgré l'amour que les hommes ont pour leurs productions, avoit permis de le supprimer, comme s'il se fût défié du mérite ou du succès de son ouvrage. Quels soins n'étoit donc pas obligé de se donner un homme zelé pour l'honneur de son ami, & que le choix de cet ami rendoit l'arbitre de ce qui pouvoit augmenter sa gloire, ou lui porter atteinte ? Ce n'étoit pas assez de s'attacher à la forme, au style, à la versification du Poëme; il devoit en examiner le fonds, en discuter le raisonnement & les principes; enfin, à cause de la varieté des sujets qui s'y trouvent ou traités ou simplement effleurés, se livrer à des recherches sans nombre. Travail ingrat, long, pénible, obscur, & dont un Auteur voudroit à peine se charger pour lui-même.

Mais est-il des obstacles dont l'amitié ne triomphe?

Elle inspire à ceux qu'elle anime ce courage qui rend capable d'un dévouement. Elle a ses Héros. Fait pour en être un, sensible à ses douceurs & digne de les gouter, M. l'Abbé de Rothelin sçavoit qu'en faisant le bonheur de ceux qu'elle unit, elle leur impose des devoirs ; & tout ce qu'il regardoit comme devoir fut toujours sacré pour lui. D'ailleurs il étoit soutenu par l'importance de l'objet. Contribuer à la perfection d'un ouvrage où l'athéisme est combattu, c'étoit servir la Religion & par conséquent l'Humanité. Déterminé par des motifs si respectables, malgré le triste état d'une santé qui s'affoiblissoit de jour en jour, il entreprit la revision de l'Anti-Lucréce & l'acheva. Je n'entrerai pas dans le détail des soins qu'il a pris : ce détail seroit immense, & se peut aisément concevoir après la peinture que j'ai faite du désordre où se trouvoit le Poëme. A force de le lire & de le méditer, il en avoit tellement saisi le plan, les idées, le style, que l'esprit même de l'Auteur sembloit l'animer.

Mais comme la modestie est inséparable du mérite, plus on a de lumieres, plus on se défie de son propre goût. M. l'Abbé de Rothelin ne crut pas devoir se charger seul d'un travail qui demandoit des connoissances si variées ; il se hâta d'associer à cet examen les Critiques les plus éclairés.

Convaincu que le suffrage des véritables Connoisseurs répond de celui du Public, & souvent même le détermine, il offroit l'Anti-Lucréce aux regards de tous ceux dont l'approbation peut flatter un amour propre délicat. Je ne citerai pas tous les Sçavans qu'il a consultés : cette Capitale renferme peu d'hommes illustres dans les différens genres de sciences ou de littérature, dont les noms ne fassent partie de cette liste. En les rassemblant plusieurs à la fois, il avoit formé des especes de Tribunaux littéraires, dont chacun entendoit séparément la lecture du Poëme entier. Les uns devoient prononcer sur le style ; les autres sur les choses mêmes. Admis à quelques-unes de ces conférences, j'ai souvent eu le plaisir d'observer la diversité des impressions que les mêmes objets font sur les esprits differens ; j'ai souvent eu celui de suivre avec peine une foule de remarques fines, de réflexions judicieuses, que la dispute faisoit éclôre avec rapidité. Mais ce qui me touchoit le plus, c'est l'inquiétude avec laquelle M. l'Abbé de Rothelin cherchoit à démêler le veritable sentiment de ses Auditeurs, & la satisfaction vive que lui causoient de sinceres applaudissemens. On eût dit qu'il étoit l'Auteur du Poëme. En le voyant occupé sans cesse de cet ouvrage, se livrer avec patience, avec ardeur, aux plus longues discussions ;

revenir à tout moment fur fes pas fans fe rebuter; faire fes délices de toutes les fatigues inféparables d'une pareille entreprife, je jouiffois d'un fpectacle plein de charmes pour les cœurs fenfibles. Le pouvoir de l'amitié paroiffoit à mes yeux dans tout fon jour; & je concevois alors que ce fentiment fi définterefé, fi pur, eft capable de la même vivacité que les paffions; ou plutôt que c'eft la paffion des ames vertueufes.

M. l'Abbé de Rothelin recueilloit foigneufement tous les avis; il prenoit une note des differentes critiques, mais en fe réfervant le droit de les juger & la peine d'en faire ufage. La plupart de ceux qu'il confultoit fe contentoient d'indiquer les défauts, fans entreprendre de les réformer. C'eft fur lui que rouloit ce travail pénible. Il le partageoit avec quelques amis, charmés de lui donner cette marque de leur attachement. Celui de tous dont il a tiré le plus de fecours, c'eft un homme connu par fon efprit & fes talens, mais dont l'efprit & les talens font le moindre mérite, M. *le Beau*, Profeffeur d'Eloquence dans l'Univerfité de Paris, & maintenant affocié de l'Académie des Belles-Lettres. Ils travailloient de concert avec une affiduité qui mit enfin le Poëme en état de paroître. Tout étoit prêt; & l'Anti-Lucréce pour fe montrer n'attendoit que des circonftances plus heureufes.

Mais une mort trop prompte , quoique depuis long-tems annoncée par une langueur incurable, en nous enlevant M. l'Abbé de Rothelin , l'a privé du plaisir de préfenter au Public l'Ouvrage du Cardinal de Polignac. Ce n'eft pas un des moindres facrifices qu'il ait eu à faire. Pour en diminuer l'amertume , il a confié par un acte autentique l'édition de l'Anti-Lucréce à cet ami zèlé, qui l'avoit fecondé fi parfaitement. Flatté d'une telle marque de reconnoiffance , M. le Beau fe chargea de ce dépôt précieux, dans le deffein de n'en pas jouir long tems feul. Des obftacles qu'il n'avoit pas prévus, l'ont empêché de fatisfaire auffi-tôt qu'il le defiroit fon impatience & celle du Public. Enfin après les avoir furmontés , il a depuis environ quinze mois publié ce Poëme fameux , en l'accompagnant d'une Préface digne du Poëme & de lui. Elle eft pleine de traits brillans, de penfées fines , d'heureufes expreffions ; mais elle ne fait pas moins l'éloge du cœur de l'Ecrivain que de fon efprit. C'eft-là , que déclarant qu'il donne l'Anti-Lucréce fous les aufpices de M. l'Abbé de Rothelin , il éleve à fa Mémoire un monument immortel. De quels traits nous peint-il cette douceur, cette égalité d'ame, cette politeffe noble & vraie, ce goût des Lettres, cet amour de la Religion, cette vertu modefte & folide ; en un mot , tant de qualités eſtimables dont l'aſſemblage formoit le caractère d'un homme ſi digne de nos regrets ? Ce caractère fut le principe d'une conduite toujours uniforme, toujours régulière , & du courage inalterable avec lequel il attendit l'inſtant qui devoit terminer ſes jours. Je l'ai vû pendant trois mois ſoutenir d'un œil ferme & tranquille les approches d'une mort qui s'avançoit à pas lents. Quoique ſenſible , quoi-qu'environné d'objets capables d'ébranler ſa conſ-tance , il parut rompre ſans effort tous les liens qui l'attachoient à la terre , & nous montra ce que peut ſur un Philoſophe Chrétien l'eſpérance d'un avenir.

Art III. De la Traduction que je donne de ce Poëme. **LEs Amis** des lettres & de la vertu, les cœurs reconnoiſſans, tous ceux en un mot dont l'approbation peut me flater , applaudiront aux juſtes éloges que je donne à M. l'Abbé de Rothelin. Ils ne peuvent paroître déplacés à la tête d'un ouvrage dont nous lui ſommes redevables , & d'une traduc-tion que j'ai faite par attachement pour lui. Après l'idée que je viens d'ébaucher de ſon caractere, ne ſerai-je pas taxé d'orgueil , ſi je dis qu'il m'honora de ſes bontés ; qu'il me donna ſouvent des preuves d'une ſincere & vive affection ? Je la dûs ſans doute au deſir que je marquois de cultiver les Lettres. C'étoit intéreſſer vivement un homme qui les aimoit avec ardeur, dont elles faifoient la plus chere occupation, & qui jaloux d'étendre leur empire, ne cherchoit qu'à leur acquérir de nouveaux fujets. Il fçut lever les obftacles qui m'empêchoient de fuivre mon goût, & guida mes premiers pas dans une route, où les premiers pas décident de tous les autres. Epris des charmes & touché des avantages de l'étude, il étoit perfuadé que les fciences font la gloire d'un Etat. Avec quel plaifir voyoit-il leurs intérêts confiés au zele d'un Miniftre éclairé, qui regarde le pouvoir de les proteger comme un de fes plus beaux droits ! Que ne peuvent-elles pas efperer de la paix qu'un Monarque bienfaifant & defintereffé vient de rendre à l'Europe ? Sous ce nouvel Augufte, fecondé par un autre Mecene, elle fera renaître l'âge d'or de la Litterature.

M. l'Abbé de Rothelin, qui pour donner l'Anti-Lucrece au Public, attendoit le retour de cette paix, ne fut témoin que des victoires dont elle eft le fruit précieux. Une mort prématurée l'a privé d'un fpectacle dont fes yeux étoient dignes. J'avois, quelques mois avant qu'elle arrivât, commencé la traduction du Poëme. Dans fes derniers momens il me parut defirer que je la continuaffe ; je le lui promis : en m'ouvrant la carriere des Lettres, il avoit acquis un droit fur mes premiers travaux. Cette promeffe m'a foutenu contre les

dégoûts & les difficultés inséparables d'un pareil ouvrage.

Sans prétendre les exagerer ici, je ne crains pas
d'avancer qu'il est souvent plus facile de composer
que de traduire. Un traducteur doit posseder & sa
langue & celle de son Auteur. Il doit emprunter le
génie d'un autre ; saisir ses idées ; se conformer à
son goût ; s'anéantir à tout moment, pour se reproduire sous une forme étrangere. D'ailleurs quels
efforts n'a-t-on pas à faire, pour affranchir une traduction de la contrainte propre en quelque sorte
aux ouvrages de ce genre ; pour la préserver de ce
froid qui les fait languir si souvent ; pour lui donner un tour noble, aisé, naturel ; pour transporter
enfin dans la copie toutes les beautés de l'o-
riginal, sans en representer tous les traits ? Concluons de ce détail que les grands Ecrivains
sont les seuls qui puissent être bons traducteurs.
Je dis plus : ils sont par une autre raison les seuls
qui devroient entreprendre de traduire. En formant un tel projet, on se constitue par son propre
choix l'Interprete d'un Auteur ; & par conséquent
on devient responsable envers lui de la maniere
dont on le fait parler. Les Anciens, dont les ouvrages sont, pour ainsi dire, consacrés par l'admiration de plusieurs siécles, sont moins compromis
entre les mains d'un traducteur médiocre. Quoique

ſous la forme qu'il leur a donnée , ils paroiſſent au-deſſous de l'idée qu'on en avoit , leur gloire eſt en ſûreté. Le Lecteur jugeant d'eux par l'opinion générale , impute à leur Interprete la plûpart des défauts qu'il y remarque. Mais quel riſque un Moderne ne court-il point en pareil cas ? Le dégoût qu'inſpire ſon traducteur retombe preſque toujours ſur lui. D'après une copie informe & qui le défigure, ſes contemporains le jugent avec rigueur & ſans appel. Un homme qui penſe avec délicateſſe ne peut donc s'examiner trop ſcrupuleuſement, lorſqu'il oſe former une entrepriſe, où la réputation d'un autre ſe trouve intéreſſée. Il ſe doit tout entier à ſon Auteur , & la moindre négligence de ſa part bleſſe un engagement réel.

Ces conſidérations jointes à la longueur de l'Anti-Lucréce, à la diverſité des matiéres qu'il traite, au peu d'eſpérance que j'avois de réuſſir, & ſur-tout aux fréquentes révoltes de mon goût naturel, qui ſans ceſſe entraîné vers d'autres objets proteſtoit contre ce genre de travail, m'ont preſque fait renoncer à la traduction de ce Poëme. J'ai ſouvent été ſur le point de l'abandonner. Mais chaque fois le ſouvenir de l'intérêt que prenoit à cet ouvrage un homme dont la mémoire m'eſt précieuſe, de la promeſſe que je lui fis, & de la circonſtance dans laquelle il l'exigea , m'obligeoit à défavouer cette réfolution. Je fentois ranimer mon ardeur, en me rappellant le courage infatigable qui le foutint dans le cours des travaux qu'il s'étoit im-pofés pour la révifion du Poëme, & qui peut-être ont abrégé fes jours. Voilà ce qui m'a conduit juf-qu'au bout de cette pénible carriere, malgré les obftacles & les prétextes qui m'invitoient fans ceffe à la quitter.

Je ne rends compte au Public de tous ces dé-tails, que pour éviter les reproches de témérité que m'attireroit une pareille entreprife, fi les mo-tifs n'en étoient pas connus. Je fens trop combien cette traduction eft imparfaite, combien elle répond peu à l'idée que je me forme d'un bon ouvrage en ce genre, pour ofer dire ce qu'elle m'a coûté. Cha-que Traducteur fe fait un fyftême. Le mien eft le fruit d'une expérience que des épreuves réitérées m'ont fait acheter bien cher. Je ne l'expoferai pas ici ; cette difcuffion me méneroit trop loin : mais en général deux principes qui me paroiffent impor-tans, m'ont fervi de regle.

Je fuis convaincu d'abord qu'on ne doit pas tra-duire un ouvrage écrit dans une langue étrangere à l'Auteur, comme on en traduiroit un que l'Auteur auroit compofé dans fa propre langue. En effet, quoique les hommes puiffent avoir les mêmes idées, elles s'offrent à leur efprit fous des formes

différentes.

différentes. Pour peu qu'elles soient nettes & précifes, elles naissent accompagnées de termes qui
les expriment ; & cette expression ; l'image, le
corps d'une idée, varie suivant le caractere propre
à chaque langue. Virgile penfoit en Latin. Un François qui le traduit doit par conféquent s'étudier à
concilier les génies des deux langues, de façon
que, fans choquer la fienne, il repréfente non-feu-
lement les penfées de Virgile, mais encore le tour
qu'elles avoient dans fon efprit. Cet accord qu'on
peut regarder comme une branche du *Coftume*, eft
très-difficile. Mais le Cardinal de Polignac étoit
François : il penfoit donc en François : fes idées
s'offroient à lui revêtues d'expreffions françoifes.
Ainfi quelque familiere que lui fût la langue de
l'ancienne Rome, pour les rendre en latin auffi parfaitement qu'il a fait, il étoit obligé de les traduire.
La vérité de cette remarque doit frapper encore
davantage, fi l'on fe rappelle qu'il étoit homme du
premier rang ; qu'il vivoit dans le centre du langage
le plus pur ; que fon Poëme roule fur des matieres
philofophiques qui faifoient le fujet de fes entretiens ordinaires, & que les anciens n'ont pas traitées ; qu'il eft plein d'expériences & de raifonnemens modernes. Ce n'eft pas qu'on ne rencontre
dans cet ouvrage des tours latins, qui fe feront
d'eux-mêmes offerts à fon efprit. J'en citerois un

grand nombre. Mais ce n'eſt que dans les morceaux de ſentimens, ou dans les deſcriptions d'objets que préſente la nature ; parce que le cœur parle, & que la nature eſt décrite dans toutes les langues. Il étoit poſſible alors de trouver en même tems des expreſ-ſions & des phraſes toutes latines. Ces exceptions ne détruiſent pas la regle que je viens de propoſer. Suivant ce principe, comment devoit agir le tra-ducteur de l'Anti-Lucréce ? Songer d'abord qu'il étoit moins queſtion de traduire que de reſtituer, de tracer une copie que de faire revivre un origi-nal. En conſéquence, ſe remplir des idées de ſon Auteur ; en démêler la forme naturelle à travers les dehors étrangers dont il les avoit revêtues ; épier, pour ainſi dire , l'inſtant de leur naiſſance, pour obſerver ce qu'elles étoient alors, & cher-cher enſuite à les exprimer d'une maniere que pût avouer un Ecrivain qui parloit bien ſa langue.

La ſeconde regle que j'ai toujours eue devant les yeux, c'eſt qu'il faut conformer ſon ſtyle au ſu-jet qu'on traite. Or l'Anti-Lucréce, je l'ai déja dit pluſieurs fois, eſt tantôt un poëme, tantôt un ou-vrage purement philoſophique. J'ai donc cru de-voir, en traduiſant les morceaux de Poëſie, donner à ma proſe le tour poétique, ſemer des fleurs, cher-cher l'harmonie, la variété, la richeſſe des expreſ-ſions, & ſur-tout conſerver les images qui ſont

l'essence de la Poësie. Mais dans l'examen des matieres abstraites j'ai simplement tâché de réunir la
précision, la justesse & la propriété des termes.
J'ai banni les images, lorsqu'elles usurpoient la
place des idées. Enfin, je ne me suis attaché qu'à
rendre mon style pur, clair & naturel. C'est sur-
tout cette derniere qualité qui me paroît faire le
mérite d'une traduction. On exige qu'elle soit fidéle ; mais elle ne doit pas être littérale. Il faut que
sans être libre, elle le paroisse ; & que le Lecteur
puisse oublier qu'il a devant les yeux une copie.

Celle que je présente au Public a toute l'exactitude qu'a pû lui donner un travail assidû. Je ne me
suis permis d'écart que dans une seule occasion,
où je l'ai jugé nécessaire. Cet écart est si considéra-
ble que je crois devoir en avertir. Il regarde un
morceau d'environ deux cens vers, qui fait partie
du septiéme Livre. L'Auteur en parlant de la propagation des différentes especes, entre sur celle des
animaux dans des détails physiques que le latin a
pû conserver, parce qu'il est à la portée de moins
de Lecteurs ; mais qui me paroissent insoutenables
dans notre langue. Je les ai supprimés sans balancer. Mais comme ils offrent une preuve éclatante
de la Toute-puissance de Dieu, & qu'ils sont nécessairement liés au reste du Livre, je n'ai fait que
donner à cet endroit une nouvelle forme. J'ai

rejetté fur les végétaux tout ce qui regardoit les animaux ; & ce changement ne diminue rien de la force des preuves dont l'Auteur fe fert, ne nuit point à la fuite de fon explication. Tout fe trouve lié dans la traduction, comme dans le texte. Le Poëte y fait les mêmes raifonnemens, y répond aux mêmes difficultés.

En parlant des principes que j'ai peut-être mieux connus que fuivis dans la compofition de cet ouvrage, je ne dois pas me taire fur les fecours qui l'ont mis en état de paroître tel que je le donne aujourd'hui. Ce font les confeils & les critiques de quelques amis, dont j'ai plus d'une fois éprouvé le goût & la fincérité. Ils ont eû la patience d'entendre la lecture de ma traduction entiere, dans des conférences qui fe tenoient avec une régularité que je ne puis trop reconnoître. C'étoit chez un homme, qui fans aucun titre littéraire eft vraiment homme de lettres, qui chérit la mémoire de M. l'Abbé de Rothelin, & le fait revivre pour moi par l'affection dont il m'honore. Je fupprime fon nom par obéiffance ; quoique je puffe m'autorifer de l'exemple de *M. Duclos*, qui n'a pas eu pour fa modeftie la même déférence, dans la Préface de l'Hiftoire de Louis XI. Que ne dois-je pas en particulier à l'amitié de M. l'Abbé *de la Bleterie ?* Que ne dois-je pas à celle de *M. Crevier*, qui a bien voulu augmenter le nombre de mes obligations à fon égard, en interrompant, pour l'examen de mon ouvrage, des travaux dont nous recueillons tous les ans le fruit? J'ai tâché de mettre à profit de pareils fecours : c'eft au Public à juger fi j'ai réuffi. Mais quel que foit le fuccès de la traduction que je lui préfente, j'aurai du moins dégagé ma parole. Heureux d'avoir pû, en rempliffant un devoir que m'impofoient la reconnoiffance & l'amitié, confacrer à la Religion les prémices de ma plume ! C'eft un engagement dont je fens avec plaifir la force & l'étendue.

ELOGE

ÉLOGE

DE M. LE CARDINAL

DE POLIGNAC.

Par M. DE BOZE.

MELCHIOR DE POLIGNAC, Cardinal-
Prêtre du titre de Sainte Marie des Anges aux
Termes, Archevêque d'Aufch, & Commandeur
des Ordres du Roi, nâquit au Puy en Velai, le 11.
Octobre 1661. & fut le fecond fils de Louis-Ar-
mand Vicomte de Polignac, & de Jacqueline du
Roure fa troifiéme femme.

LA Maifon DE POLIGNAC eft trop connue
pour prétendre rien ajoûter à l'idée qu'on en a :
fon origine fe perd dans l'antiquité la plus reculée ;
& la poffeffion immémoriale du lieu à qui elle a
donné, ou dont elle a tiré fon nom, rappelle celui
d'*Autoctones* que les Athéniens fe donnoient eux-
mêmes, comme étant les enfans & les maîtres de
la terre qui les portoit.

Tome I.   A

LE jeune MELCHIOR, tendrement aimé d'un oncle qui l'avoit tenu fur les fonts de baptême, & qui étoit Abbé de Montebourg, fut deftiné à l'Églife ; & dès qu'il eut reçu au Puy.une premiere teinture des Lettres, il vint à Paris faire fes Humanités au Collége des Jéfuites.

IL NE fe fouvenoit pas d'y avoir jamais donné prife fur lui pour avoir manqué à aucun de fes devoirs. Une fois feulement, (c'étoit un jour de compofition,) voyant M. fon frere & un autre de fes amis, gémiffans fur le thême dont ils ne pouvoient venir à bout, il effaya de leur en faire paffer un à chacun dans le tuyau d'une plume qu'il paroiffoit leur prêter. Le Régent fe douta de quelque chofe, les plumes lui furent apportées, il en tira les thêmes communiqués, & les montrant à toute la claffe, il promit d'en faire le lendemain une punition exemplaire ; mais le foir même ayant eu la curiofité de lire ces thêmes faits à la hâte, il les trouva fi bons, fi différens l'un de l'autre, & fur-tout de celui de l'Abbé DE POLIGNAC, qui étoit le meilleur des trois, que le lendemain il ne fe fit pas beaucoup prier pour pardonner une faute, dont il auroit voulu que tous fes écoliers euffent été capables.

APRE's avoir fini fa Rhétorique aux Jéfuites par des exercices brillans, M. l'Abbé DE POLIGNAC paffa au Collége d'Harcourt pour y faire fa Philofophie.

L'Université étoit alors encore partagée entre Aristote & Descartes ; les jeunes Professeurs penchoient vers le nouveau système , les autres se piquoient d'une inviolable fidélité pour l'ancien, & il n'est pas étonnant que celui d'Harcourt fût de ce nombre ; il y avoit près de trente ans qu'il jouissoit d'une grande réputation. Mais elle n'imposa point à son Disciple ; il sentit la beauté & les avantages du système de Descartes dans les objections mêmes que l'on s'efforçoit de résoudre ; & tout ce que lui apprirent les cahiers de son Professeur, ce fut à bien disputer contre lui ; ce qui dans un sens est une assez bonne maniére d'apprendre.

Cependant le tems de soutenir des Théses arriva : le Professeur souhaitoit que l'Abbé de Polignac fît honneur à ses leçons ; celui-ci au contraire, offroit de défendre publiquement le système de Descartes , sans le secours d'aucun Président, & depuis long tems il n'y avoit eu une affaire de cette importance au Pays Latin. On l'accommoda enfin ; il fut décidé que l'Abbé de Polignac soutiendroit les deux systêmes par deux Actes séparés, & en deux jours différens, mais que celui d'Aristote, comme le plus respectable , feroit soutenu le dernier, & fermeroit la barriére.

L'Abbé de Polignac se rendit ; il disposa lui-même dans l'ordre qui lui parut le plus naturel, les principes de Descartes qui n'avoient encore jamais été rédigés en forme de Thèse ; & s'immolant à celle que son Professeur avoit disposée en faveur d'Aristote, il enchanta tout son Auditoire dans la premiére, & les vieux Péripatéticiens sortirent très-contens de la seconde.

Il se distingua de même en Sorbonne; & il y achevoit son cours de Théologie, quand M. le Cardinal de Bouillon l'engagea à venir avec lui à Rome où il étoit obligé d'aller pour le Conclave où Alexandre VIII. fut élu.

Le nouveau Pape donna des marques si particuliéres de son estime à l'Abbé de Polignac, que M. le Duc de Chaulnes qui avoit été envoyé en même tems pour pacifier les différends qui s'étoient élevés, & qui avoient été poussés si loin sous le Pontificat d'Innocent XI. fit agréer au Roi que l'Abbé de Polignac entrât dans cette partie de la négociation qui regardoit les propositions du Clergé de 1682.

Ainsi devenu Ministre à l'âge de 27 à 28 ans, son coup d'essai fut de discuter les Libertés de l'Eglise Gallicane, & les intérêts de la Cour de Rome, avec un Souverain Pontife qui en avoit fait toute son étude pendant plus de cinquante ans avant son élévation. Il eut l'honneur de l'entretenir plusieurs fois; & le Saint Pere qui goutoit de plus en plus le caractère de son esprit, lui dit avec bonté dans une de leurs dernières conférences : *Vous paroissez toujours être de mon avis, & à la fin c'est le vôtre qui*

l'emporte. En effet, les principaux articles de l'ac-
commodement ayant été comme réglés, M. le
Duc de Chaulnes & M. le Cardinal de Bouillon
jugèrent à propos que l'Abbé DE POLIGNAC re-
paſſât en France, pour en rendre lui-même compte
au Roi.

LOUIS XIV. lui accorda une longue audience,
au ſortir de laquelle il dit : *Je viens d'entretenir un
homme, & un jeune homme, qui m'a toujours contredit,
ſans que j'aie pu m'en fâcher un moment.* Il retourna
à Rome avec de nouvelles inſtructions, & l'affaire y fut ſinon terminée, du moins aſſoupie comme on le ſouhaitoit, avant la mort d'Alexandre
VIII.

ALORS il rentra avec M. le Cardinal de Bouillon au Conclave où fut élu Innocent XII, & immédiatement après il revint à la Cour. Les agrémens qu'il y trouva ne purent l'y retenir ; il leur
préféra le ſéjour du Séminaire des Bons-Enfans,
pour ſe livrer ſuivant ſon goût, à l'étude des Belles-
Lettres, des Sciences & de l'Hiſtoire, en ſe formant aux devoirs de ſon état. Mais l'opinion que
le Roi avoit de ſes talens, ne lui permit pas de les
conſacrer uniquement à cet uſage ; il fut nommé
Ambaſſadeur Extraordinaire en Pologne, & obligé
de s'y rendre preſque *incognito,* & par mer, parce
que la France étoit en guerre avec preſque toutes
les autres Puiſſances de l'Europe.

Le Batiment fur lequel on avoit embarqué fes équipages, fa vaiffelle, fes meubles, échoua aux côtes de Pruffe, & tout y fut pillé. Pour lui il arriva heureufement; & femblable aux Héros qui n'avoient befoin d'aucun appareil pour fe faire reconnoître, il fut accueilli par le Roi de Pologne avec une tendreffe & des diftinctions fans exemple: ce Prince voulut qu'il logeât dans fon propre Palais; bientôt il en fit fon ami de tous les momens & de toutes les heures; & ce goût fi facile à s'épuifer dans le cœur des Souverains, ne finit que par la mort du grand Sobieski.

La Pologne en proie aux divifions qui ont coutume de l'agiter quand il faut qu'elle fe choififfe un Maître, ouvrit un vafte champ aux vûes de l'Abbé de Polignac. Il fe flatta d'y réunir tous les fuffrages en faveur d'un Prince que fon mérite perfonnel rendoit digne de plus d'une couronne, & ce fut fans doute ce qui contribua le plus à le tromper. Le fuccès qu'il s'étoit promis, & qu'il avoit annoncé, s'évanouit entre fes mains par une fatalité que fa difcrétion ne permettoit pas d'approfondir; & il en fut d'autant plus affligé, qu'il ignoroit avec le monde entier, qu'il étoit dans les décrets de la Providence, que cet évenement-là même en produiroit quelque jour un autre beaucoup plus avantageux à la France. Il revint donc accablé de fon infortune comme d'une calamité publique; & retiré à fon Abbaye de Bon-Port, il y paffa trois années entiéres enveloppé dans fa vertu, & n'ayant de commerce qu'avec les Mufes.

La veritable gloire d'un Ambaffadeur fe tire certainement du plein fuccès de fes négociations; mais ce fuccès n'eft pas toujours aifé à démêler, & le plus ou moins de fatisfaction qu'on lui marque à fon retour, n'eft pas non plus une régle toujours exempte d'erreur. De nouveaux intérêts furvenus dans un court intervalle, exigent quelquefois de plus grands facrifices; & le Public ne fe trouve à portée d'en juger, que lorfqu'après des fiécles entiers, le voile qui couvroit les myftères de l'État, fe déchire, & tombe, pour ainfi dire, de luimême.

Il est une forte de preuve moins lente & moins équivoque de l'eftime du Prince pour le Miniftre qu'il a paru négliger; c'eft quand il ne l'oublie pas long-tems, quand il le rappelle de luimême, qu'à fon retour il le comble d'honneurs & de bienfaits, qu'il l'emploie de nouveau dans des occafions plus délicates, & pour des affaires encore plus importantes que celles dont il l'avoit d'abord chargé.

C'est ce qui arriva à M. l'Abbé de Polignac. Revenu de Pologne en 1698, il reparut à la Cour en 1702 avec cet éclat que la faveur elle-même ne donne, que lorfqu'elle fuccede à la difgrace & qu'elle femble vouloir l'expier. Le Roi lui conféra deux nouvelles Abbayes; il lui fit avoir la

nomination d'Angleterre au Chapeau de Cardinal:
& pour le mettre plus à portée de faire valoir cette
nomination, il l'envoya en qualité d'Auditeur de
Rote à Rome, où il l'associa au Cardinal de la
Tremoille dans un Ministère que la situation des
affaires d'Italie rendoit extrêmement difficile.

CE N'EST pas tout : aux premiéres espérances
que le Roi conçut de la Paix qu'il étoit déterminé
de donner à ses Peuples à quelque prix que ce pût
être, il fit revenir M. l'Abbé DE POLIGNAC pour
l'envoyer avec M. le Maréchal d'Uxelles à Ger-
truydemberg. Il lui sçut gré de la maniére dont il
y avoit ouvert les conférences, & de la noblesse
avec laquelle il les avoit rompues ; & quand la
Victoire qui s'étoit égarée sous des Drapeaux étrangers, eut fait naître par son retour de plus justes
idées aux ennemis de la France, le Roi choisit
encore M. l'Abbé DE POLIGNAC pour son Pléni-
potentiaire au Congrès d'Utrecht, où se conclut
enfin le Traité qui rendit à la Nation sa premiére
splendeur, & couvrit d'une nouvelle gloire les der-
niéres années du règne de Louis le Grand.

CE FUT pendant la tenue de ce Congrès que
Clément XI. qui avoit connu très-particuliérement
M. l'Abbé DE POLIGNAC pendant son séjour à
Rome, le créa Cardinal *in petto* dans un Consistoire
semi-public. Le Pape eut la délicatesse de ne le
déclarer que huit grands mois après, pour lui laisser
tout le tems de consommer le précieux ouvrage

de la Paix ; & ce fut par une délicatesse à peu-près semblable, qu'avec l'agrément du Roi M. l'Abbé DE POLIGNAC quitta la Hollande sans avoir mis sa derniére signature au Traité, parce que ce Traité achevoit de ruiner les espérances du Prince à qui il devoit sa nomination au Cardinalat, & à qui il ne pouvoit donner d'autres marques de son attachement & de sa reconnoissance.

A son retour, il fut encore comblé des graces du Roi, & des éloges de la Cour ; mais le Roi mourut, & à sa mort la Cour prit une face toute nouvelle. M. le Cardinal DE POLIGNAC n'eut plus de part aux affaires ; sa retraite à Anchin suivit de près la signature du Traité de Londres, & dura jusqu'à la mort du Ministre qui l'avoit conclu. Celle du Pape Innocent XIII. qui arriva peu de tems après, l'obligea d'aller au Conclave, où Benoît XIII. fut élu. Il contribua beaucoup à son exaltation ; & le Roi qui étoit parvenu à sa majorité, honorant alors le Cardinal DE POLIGNAC de la même confiance que son Bisayeul, voulut qu'il restât à Rome en qualité de Ministre de France. On sçait que pendant huit années entiéres, il en a rempli les fonctions avec autant de dignité que d'intelligence, & avec une telle satisfaction des deux Cours, qu'en son absence le Roi le nomma à l'Archevêché d'Aufch, & à une place de Commandeur de ses Ordres ; & que Benoît XIII. & Clément XII. son successeur, non contens de l'employer dans les principales Congrégations, le consultoient sur leurs propres affaires, tandis qu'il traitoit auprès d'eux celles du Roi.

Tel fut l'homme d'État dans M. le Cardinal de Polignac ; & si nous ne l'avons pas repréfenté tout-à-la-fois comme homme de Lettres, lui qui ne fépara jamais l'un de l'autre, c'eft que ce rare affemblage, cet heureux mélange, qui a toujours fait la grandeur de fon caractère & le charme de fa fociété, ne pouvoit fans quelque confufion, paffer à chaque inftant dans le récit abrégé de fa vie.

Il avoit joint à d'excellentes études une conception vive, & cette heureufe avidité de fçavoir, qui allant au-devant des principes, les faifit comme par inftinct, les développe & les enchaîne dans l'ordre qu'ils doivent naturellement avoir pour être plus folides ou plus lumineux.

Son eloquence fimple & naïve en apparence, trouvoit au befoin toutes les richeffes de l'expreffion ; & les graces de la Perfonne ne contribuoient pas peu aux victoires de l'Efprit.

Nous avons déja vû un grand Pape fe plaindre agréablement d'une efpéce de féduction de fa part; un grand Roi avouer qu'il avoit pu le contredire fans lui déplaire : peu s'en fallut qu'en Pologne même, par le feul talent de la parole, il ne renversât les montagnes d'or & d'argent qu'on lui oppofoit.

L'Academie Françoise en jugea ainsi; & elle n'héfita pas à le dire, quand au retour de Pologne & de l'Abbaye de Bon-Port, elle choifit M. l'Abbé de Polignac pour fuccéder au célebre Evêque de Meaux Boffuet, qu'elle venoit de perdre.

Son Difcours de réception, quoiqu'affujetti comme les autres à la formule de certains Eloges confacrés que le tems fait vieillir, & que le nombre même affoiblit, brille d'ailleurs de tant de beautés, qu'on le met encore au rang des chefs-d'œuvre, & qu'on le lit toujours avec un nouveau plaifir.

Mais ce n'étoit pas feulement fa Langue naturelle, qu'il parloit avec élégance & facilité; il poffédoit de même la plûpart des Langues vivantes, & en particulier celles des différentes Cours où il avoit été. Il fçavoit bien la Langue Grecque; & il avoit fi heureufement cultivé la Latine, qu'il en auroit pu donner des préceptes comme Varron, & des exemples comme Ciceron: il n'en faudroit pas d'autre preuve que les Difcours Latins qu'il a prononcés à Rome en différentes occafions, celui furtout qu'il prononça en prenant poffeffion de fa place d'Auditeur de Rote.

C'etoit peu de tems après un tremblement de terre qui avoit fait entr'ouvrir le Dôme de Saint Pierre, & jetté dans Rome une confternation générale: tout s'étoit réfugié dans les jardins ou dans les places publiques; Clément XI. feul profterné au pied des Autels, demandoit tranquillement à Dieu de ne prendre que lui pour victime de sa colère; & à peine eut-il achevé sa priére, que la terre se raffermit, & que le peuple se rassûrant enfin, sembla moins occupé du danger qu'il avoit couru, que du dévouement & de la piété du Saint Pere à qui il croyoit devoir sa conservation. M. l'Abbé DE POLIGNAC peignit cet évenement avec des couleurs si vives & si touchantes, qu'on eût dit qu'il se renouvelloit : on vit la consternation se répandre subitement, le calme y succéder peu à peu, & les transports de joie, de reconnoissance, éclater comme dans le tems même où la chose s'étoit passée.

UN AVANTAGE singulier que M. le Cardinal DE POLIGNAC a eu sur les Orateurs Latins des meilleurs siécles, c'est qu'il excelloit également dans la Poësie; & ce n'est pas une réputation fondée, comme beaucoup d'autres, sur quelques Odes, sur quelques Élégies, quelques Épîtres, & de moindres Piéces encore : elle est établie sur un des plus grands Poëmes qui ayent été entrepris depuis la renaissance des Lettres, un Poëme de dix à douze mille Vers, où sont traitées les plus importantes matiéres de la Religion, de la Physique & de la Morale ; où l'Auteur égal à Lucrece pour la versification, mais bien supérieur pour la Doctrine, après avoir déterminé contre le sentiment de ce Poëte, contre celui d'Épicure & de ses Sectateurs, en quoi consiste le souverain bien ; quelle est la nature de l'Ame, soit dans les hommes, soit dans les animaux;

ce que l'on doit penſer des Atômes, du Mouvement, du Vuide, tire de l'éclairciſſement même
de ces queſtions ſublimes, l'exiſtence réelle &
néceſſaire d'un Dieu Créateur & Conſervateur per-
pétuel de l'Univers.

Les plus grands Ouvrages doivent ſouvent leur
naiſſance au hazard, & telle fut l'origine de celui-
ci. En revenant de Pologne, M. l'Abbé de Polignac s'étoit arrêté quelque tems en Hollande, &
y avoit fait connoiſſance avec le fameux Bayle,
qui étant alors au fort de ſes diſputes contre les Mi-
niſtres Jaquelot & Jurieu, ne parloit d'autre choſe.
M. l'Abbé de Polignac prit cette occaſion de
lui demander ce qu'il penſoit ſur certaines matiéres, & à laquelle des Sectes qui regnoient le plus
en Hollande, il s'étoit particuliérement attaché.
Bayle éluda la queſtion par quelques vers de Lucrece qui paroiſſoient n'y avoir qu'un rapport éloigné. Preſſé de nouveau, il ſe contenta de répondre
qu'il étoit bon Proteſtant, ce qui ne ſignifioit pas
davantage. Plus preſſé encore, il répéta avec une
ſorte d'impatience : *Oui, Monſieur, je ſuis bon Pro-*
teſtant, & dans toute la force du mot; car au fond de
mon ame, je proteſte contre tout ce qui ſe dit & tout ce
qui ſe fait; & cette déclaration ſinguliére fut encore
accompagnée d'un paſſage de Lucrece plus étendu
& plus énergique que le premier. M. l'Abbé de
Polignac frappé du ton & des circonſtances, ſe
remit à la lecture de Lucrece; il conçut que la
réfutation de ſon ſyſtême ſeroit utile à la Religion,

à l'Humanité même, & il l'entreprit dans sa retraite.

QUAND il revint à la Cour, combien de fois ne lui fallut-il pas redire à quoi il s'étoit occupé pendant son séjour à Bon-Port ? Il lui échappa de parler de l'Anti-Lucrece; & quoiqu'il n'en parlât que comme d'une légère ébauche, chacun vouloit voir ce Poëme, & le qualifioit d'avance de merveilleux & de divin. Il ne put se défendre d'en communiquer un peu plus, un peu moins; le moins étoit pour les simples curieux, le plus étoit, ou pour des Personnes d'un rang élevé, à qui il ne pouvoit rien refuser, ou pour des amis dont il espéroit recevoir de nouvelles lumiéres. L'indiscrétion ou l'infidélité multipliérent bien-tôt ces copies, & en les multipliant, elles les rendirent toujours plus défectueuses. Divers Journaux en publiérent des fragmens : le bruit se répandit que deux Princes infiniment respectables en avoient commencé la traduction; & on vit enfin une analyse sommaire de l'Ouvrage entier dans le second volume de la Bibliotheque des Rhéteurs du Pere le Jay.

MAIS si ces copies, tout imparfaites qu'elles étoient, excirerent il y a trente ans l'admiration des Connoisseurs, quel accueil ne feront-ils point au véritable Anti-Lucrece que M. le Cardinal DE POLIGNAC a comme refondu depuis ce tems-là, & qu'il n'a cessé de revoir, de corriger ou d'embellir, jusques dans les derniers instans de sa vie ? Il y ajouta encore quelques Vers trois jours seulement àvant ſa mort, & il les dit; mais ſa voix étoit déja ſi foible, qu'on n'oſa les lui faire répéter, & on n'a retenu que celui par lequel il terminoit la comparaiſon de l'homme voluptueux, toujours agité, toujours inquiet au ſein même des plaiſirs, avec le malade qui dans le lit où il eſt retenu, cherche inutilement une place qui puiſſe le calmer :

Quæſivit ſtrato requiem, ingemuitque negatâ.

Sa derniére attention, & ce n'eſt pas la moindre, a été de remettre ſon Ouvrage entre les mains d'un ami fidéle, d'un illuſtre Académicien, dont le zéle & la capacité ſont ſi connus, que la République des Lettres en corps n'auroit pu faire un meilleur choix.

Il est rare ſans doute de trouver l'Orateur & le Poëte auſſi éminemment réunis dans la même perſonne, qu'ils l'étoient dans M. le Cardinal de Polignac; mais c'eſt une eſpece de prodige que d'y trouver en même tems un Antiquaire conſommé, & il l'étoit.

A des ſuites nombreuſes de Médailles de toutes les grandeurs & de tous les métaux, il avoit ajouté une ſuperbe collection de Statues, de Buſtes, Bas-reliefs, & autres Monumens antiques, qui pour la plûpart étoient le fruit de ſes découvertes. Il en fit une conſidérable pendant ſon dernier ſéjour à Rome. Il ſçut qu'un particulier qui faiſoit bâtir une ferme entre Fraſcati & Grotta Ferrata, s'étoit trouvé arrêté en creufant fes fondations, par des reftes d’anciens murs fort épais, & qu’il étoit comme im- poffible de détruire. M. le Cardinal DE POLIGNAC y alla; & s’étant bien orienté, il fe perfuada qu’il étoit fur l’emplacement même de la Maifon de Campagne de Marius. Il fit fouiller, & la première chofe que l’on découvrit, vérifia fa conjecture; car ce fut un fragment d’Infcription du cinquiéme Confulat de Marius. On continua la fouille, & à l’ouverture du plus gros mur, fe préfenta un ma- gnifique Sallon orné entre autres de dix Statues de grandeur naturelle, du plus beau travail & du plus beau marbre, qui formoient enfemble l’hiftoire d’Achille reconnu par Ulyffe à la Cour du Roi Ly- comede. Ces Statues ne font qu’une partie de fon Recueil.

CE FUT auffi fous fes yeux, que fe fit la décou- verte du Palais des Céfars dans les Jardins de la Vigne Farnèfe fur le Mont Palatin. Il excita M. Bianchini à en faire la defcription, & il l’aida fort dans cet ouvrage qui n’a été publié que depuis quelques années. M. le Duc de Parme qui avoit ordonné les travaux, fit préfent à M. le Cardinal DE POLIGNAC d’un des plus beaux morceaux qui furent trouvés: c’étoit un Bas-relief de quatorze figures, repréfentant une fête d’Ariane & de Bac- chus; il étoit enchaffé dans la plus haute marche de l’Eftrade fur laquelle fe plaçoient les Empereurs, quand ils donnoient des audiences publiques. Il eut encore les prémices, c’eft-à-dire, les plus belles
Urnes

Urnes du Caveau de Livie que l'on découvrit en
1730. & il connoiſſoit ſi parfaitement l'ancienne
Rome, que ſi elle s'étoit tout-à-coup relevée ſur
ſes ruines, il auroit pû y viſiter les plus grands per-
ſonnages de la République, ſans guide comme ſans
interpréte. Il diſoit quelquefois qu'il n'auroit ſou-
haité être le maître de cette capitale du monde, que
pour détourner pendant une quinzaine de jours le
cours ordinaire du Tibre depuis Pontemole juſqu'au
Mont Teſtacio, & en retirer les Statues, les Trophées, & les autres Monumens qui y avoient été
précipités dans le tems des Factions, des Guerres
Civiles, & de l'incurſion des Barbares; & quoique
ce ne fût qu'une idée, il avoit fait niveler le terrain des environs, & pris toutes les notions conve-
nables à l'exécution de ce projet. Il auroit auſſi
voulu faire creuſer les ruines du Temple de la
Paix brûlé ſous l'empire de Commode, dans l'eſpérance d'y trouver le Chandelier, la Mer d'airain,
& tous ces vaſes précieux que l'Empereur Tite y
avoit dépoſés après ſon triomphe de la Judée.

ON NOUS pardonnera de nous être un peu étendus ſur des objets qui ſont particuliérement du
reſſort de cette Académie, où depuis vingt-cinq
ans M. le Cardinal DE POLIGNAC occupoit une
place diſtinguée entre les Honoraires. En échange
nous nous abſtiendrons de parler des connoiſſances
qu'il avoit acquiſes dans les différentes parties de
la Phyſique & des Mathématiques, & qui lui
avoient mérité une ſemblable place à l'Académie

Tome I. B

des Sciences : il y recevra, & c'eſt-là ſeulement qu'il peut recevoir à cet égard un tribut de loüanges véritablement dignes de lui.

Mais ce que les deux Académies célébreront toujours à l'envi, c'eſt ſon amour pour les exercices qui leur ſont propres, ſon aſſiduité aux Aſſemblées, la douceur de ſon commerce, & les charmes de ſa converſation.

Fait pour donner le ton, il ſembloit toujours le prendre. Son génie aiſé, &, pour ainſi dire, maniable, ſe laiſſoit en quelque façon ſaiſir, étendre, rétrécir au gré de ceux qui l'approchoient : s'il ſe plaiſoit quelquefois à diſputer ſur ce qui étoit ſuſceptible de diſpute, ce n'étoit jamais pour faire prévaloir ſon ſentiment ; il ne vouloit y amener que par la force des raiſons : & ſi l'univerſalité de ſes connoiſſances le rendoit inférieur en certaines choſes à ceux qui en avoient fait une étude particuliére, ils étoient eux-mêmes étonnés de le trouver toujours en état d'en parler ſur le champ avec juſteſſe, de leur faire des objections ſolides, & de leur fournir ſouvent de nouvelles preuves.

Il n'étoit ni jaloux, ni vindicatif, quoiqu'il fût tendre & reconnoiſſant à l'excès ; les plus petits ſoins que demande la haine, lui auroient été à charge, & il ſembloit n'être fait que pour aimer & pour être aimé.

QUAND il alla à Anchin, il étoit en procès avec les Religieux de cette Abbaye, qui ne l'avoient jamais vû. A son aspect les inimitiés, les différends cesserent; ils lui rendirent des respects qu'il n'exigeoit pas; ils voulurent absolument se charger de toute la dépense de sa Maison; & M. le Cardinal DE POLIGNAC touché d'un procédé si peu attendu, y répondit par une générosité dont il étoit seul capable : il leur abandonna les revenus de l'Abbaye à moitié moins qu'on ne lui en offroit d'ailleurs : pour les augmenter encore, il fit dessécher une prodigieuse étendue de marais qui devinrent aussi-tôt d'un grand rapport; & tandis que des profits de la Manse Abbatiale ces Peres élevoient pour eux un édifice immense, il fit reconstruire à neuf une partie de leur Église, où dans sa derniére maladie il ordonna que son cœur seroit porté.

Nous passons mille autres traits pour dire enfin, qu'après une vie assez longue pour les hommes ordinaires, mais trop courte & pour lui & pour nous, il en a vû le terme fatal d'un œil tranquille, & que n'ayant d'autres craintes que celles qui sont inséparables de la Religion, il mourut le 20. Novembre dernier, âgé de quatre-vingts ans, un mois & neuf jours.

SOMMAIRE

DU LIVRE PREMIER.

Epicure regarde la Volupté comme le souverain bien ; & ce principe, conséquence nécessaire de sa physique, est la base de sa morale. Le premier Livre de l'Anti-Lucrece a pour objet de prouver que cette doctrine est également fausse & pernicieuse.

I. L'Auteur expose d'abord le sujet de son Ouvrage : il invoque la Sagesse Divine, & conjure Quintius d'apporter à l'examen de cette cause toute l'impartialité qu'elle demande.

II. Il entre ensuite en matiére, & prouve qu'un Philosophe qui nie la Providence, & place le souverain bien dans la Volupté, ouvre la porte à tous les désordres ; que dès lors tout ce qui plaît, est nécessairement permis, & que rien n'est capable de réprimer les passions. Les Epicuriens répondent que l'homme peut être contenu par la honte, le repentir, l'intérêt, la crainte des peines, & sur-tout par la raison. L'Auteur fait voir que de ces motifs les uns sont chimériques, les autres insuffisans. Il montre en particulier que dans l'hypothèse Epicurienne la Raison n'est qu'une chimère.

III. *Il résulte de-là que dans ce systême il n'y a ni Vertu, ni Vérité. Le Poëte, en développant ces deux conséquences, réfute, d'une part, ce que disent quelques Apologistes d'Epicure, & prouve de l'autre, que le Pyrrhonisme est une branche de la doctrine de ce Philosophe.*

IV. *Suit une courte exposition de l'hypothèse de Hobbes, que l'Auteur combat sommairement. De la supposition même de l'Ecrivain Anglois, il conclut la nécessité de la Religion, & compare aux avantages qu'elle procure à la société, les suites affreuses du systême qui la proscrit.*

V. *Il va plus loin, & démontre premiérement, Que l'homme cherche envain son bonheur dans la Volupté. Secondement, Que la Religion seule offre à notre cœur un objet digne de le fixer, & capable de le remplir. Il ajoûte que le sacrifice des passions qu'elle exige, n'est pas un véritable sacrifice; & que l'Athée, sans joüir du tems, risque tout pour l'éternité. Il finit en exhortant Quintius par la vûe de son propre intérêt, à sortir de l'incertitude sur deux points aussi importans que le sont l'existence de Dieu & l'immortalité de l'Ame.*

L'ANTI-LUCRECE.

LIVRE PREMIER.

I. **J**E forme un grand projet, Quintius : je vais parler de Dieu. Quel être dans l'univers eſt comparable au Créateur, au Roi de l'univers ? Quelle étude eſt plus digne de l'homme ? Mais ſi je conſulte mes forces, quoi de plus difficile ? L'ouvrage d'un mortel pourra-t-il em-braſſer l'immenſité de l'Etre infini ? Etre par eſſence, Etre principe, que ſes œuvres préſentent & dérobent en même tems à nos regards : objet qu'un mêlange de lumiére & d'obſcurité nous laiſſe entrevoir, comme on apperçoit le ſoleil à travers les nuages.

De-là cette contrariété de ſentimens qui partagent les hommes. Pluſieurs regardent le monde comme l'ou-vrage d'une Intelligence ; d'autres le ſoumettent aux loix d'une aveugle fatalité. Nous en voyons d'irréſolus, plûtôt par intérêt que par raiſon, ne douter de l'exiſtence d'un Dieu, ſuprême arbitre des humains, que parce

B iiij

qu'ils craignent sa justice : il s'en trouve enfin, qui séduits par le dogme flatteur d'Epicure, abandonnent l'univers au caprice du hazard, & tranquilles sur l'avenir, foulent aux pieds toute espéce de crainte : tant la voix des passions a d'empire sur des cœurs corrompus !

C'est contre les derniers, que je m'éleve : & pour détruire enfin les restes d'une secte superbe, je me propose de confondre le Poëte célebre, que ces partisans d'une liberté chimérique se glorifient d'avoir pour maître ; je veux rappeller les Muses à la défense de la Vérité.

Mais que dis-je les Muses ? C'est vous seule que j'invoque, Sagesse toute-puissante, cause & souveraine de l'univers, Raison éternelle, lumiére de l'esprit, loi du cœur. Inspirez-moi ; soutenez mes pas dans cette longue & pénible carriére. Par vous l'immense assemblage des êtres forme un tout régulier : vous êtes le flambeau dont l'éclat peut seul dissiper les ténébres qui dérobent à nos yeux la nature. Née pour connoître & pour aimer le vrai, notre ame trouve en vous seule de quoi satisfaire des désirs que rien de faux, rien de fini ne peut épuiser. Donnez de la force à mes vers, & vengez vos propres droits.

Est-ce le torrent des plaisirs, Quintius, est-ce la fougue de la jeunesse, qui vous a précipité dans l'erreur? ou seriez-vous entré par choix dans une route si dangereuse ? seroit-ce par une prétendue force d'esprit, que vous auriez secoué le joug? Dédaignant de penser comme le peuple, vous êtes-vous déterminé volontairement à courir le risque affreux d'une éternité ? Mais quelle que soit la source de vos égaremens, cessez de vous y livrer. Modérez une ardeur dont les aveugles transports ferment vos yeux à la lumiére : rendez le calme à cette ame que troublent les passions; servez-vous de votre jugement; faites taire les préjugés, & tenant la balance dans un parfait équilibre, donnez à une cause qui vous touche de si près, toute l'attention qu'elle mérite. Déterminé par l'évidence, embrassez alors le parti le plus conforme à la Raison : la voix de la Raison est celle de la Vérité.

Que ne puis-je répandre sur les routes sacrées que je vous ouvre, tous les agrémens qui embellissent celle où vous marchez ! Que ne puis-je arroser ce terrain aride, & changer ses buissons en bosquets délicieux ! Moins éloquent que votre Poëte, je n'ai ni sa force, ni ses charmes : mes chants n'ont pas l'harmonie des siens. C'est dans sa langue naturelle, qu'il a développé les dogmes d'une séduisante Philosophie : moi j'expose dans un langage étranger les principes de la sévère morale. Il a célébré dans ses vers la Volupté, les Amours & les Graces : je consacre les miens à l'austère Vérité ; les cordes de ma lyre ne rendent qu'un son grave & sérieux. Les fleurs naissent sous les pas de Lucrece ; la Nature lui prodigue tous ses trésors. A sa voix les Aquilons deviennent des Zéphirs : le Soleil brille d'une lumiére pure dans un Ciel sans nuages. Si vous jettez vos regards sur la Terre, il vous offre des forêts qui la couvrent de leur ombre, des ruisseaux qui serpentent en murmurant, de vastes plaines où l'abondance coule avec les fleuves

qui les arrofent. Les oifeaux charment à la fois les oreilles & les yeux : de nombreux troupeaux bondiffent dans
de fertiles prairies , & le fon de la mufette anime les
danfes des bergers. L'univers eft l'empire de Venus ;
Venus rend la terre féconde ; elle peuple les régions de
l'air & les abîmes de l'Océan.

C'eft ainfi que les plus brillantes fleurs couronnent
les bords de cette coupe enchantereffe dans laquelle
il vous offre un poifon préparé par la main des Grecs.
Ulyffe fçut autrefois refufer les breuvages de l'artifi-
cieufe Circé. Si le trifte fort des compagnons de ce
héros vous effraye , vous que captivent les attraits fé-
ducteurs d'une fageffe infenfée , fuyez , à fon exemple ,
des charmes plus redoutables mille fois que ceux de la
perfide Déeffe. Rompez des liens dangereux , & rendez-
vous enfin à vous-même. Tout refpire ici la Divinité :
tout y retentit de fes louanges. Que la Poëfie refufe d'embellir en mes mains un tel fujet : fi mon ftyle eft inférieur
à celui de Lucrece , ma caufe triomphera de la fienne.
Vous applaudirez vous-même à notre triomphe ; daignez
feulement m'écouter.

II. Quel fut le projet d'Epicure , lorfqu'il imagina
des Dieux fans pouvoir & tels pour nous , que s'ils
n'exiftoient pas ; lorfqu'il fuppofa des atomes éternels ,
& que faifant dépendre du mêlange fortuit de ces corpufcules la naiffance , la forme , le fort & la durée de
tous les êtres , il prononça que notre ame eft mortelle ?
Ce projet , il nous l'apprend lui-même fans détour , fut

de rendre les hommes indépendans. Il les voyoit efcla-
ves de la Religion , lever à peine leurs têtes appefanties
fous le joug ; & frémiffans au feul nom du Tartare , combattre leurs plus doux penchans , ou ne s’y livrer qu’avec
une timide réferve : malheureux dans le fein même des
plaifirs , parce qu’ils n’offenfoient qu’en tremblant des
Dieux dont ils redoutoient la vengeance. Un état fi
cruel l’attendrit , & plein de compaffion pour des infor-
tunés , ilréfolut de détruire le culte & jufques-au nom de
la Divinité. Bravant la foudre , il defarma Jupiter , il brifa
les fléches d’Apollon , & d’une main victorieufe affran-
chiffant l’univers , il autorifa les hommes à tout ofer ;
heureux deformais , puifque la mort ne devoit plus leur
infpirer d’horreur.

Il eft vrai que permettre tout à tous , c’étoit profeffer
ouvertement le crime. Epicure fentit ce qu’un tel fyftè-
me avoit d’odieux , & combien il étoit capable de décrier fon Auteur. Auffi n’ôta-t-il pas en apparence aux
paffions toute efpece de frein. On dit même que prenant
la Nature pour guide , il ne fe livroit à la Volupté
qu’avec retenue : non qu’il fût ennemi du vice , ou qu’il
aimât la vertu ; le vice & la vertu n’étoient à fes yeux
que des chimères : mais il craignoit la douleur. Compagne inféparable de l’excès , & fuite prefque néceffaire
des plaifirs , elle auroit pû flétrir fon bonheur en alté-
rant fon repos. Il appréhendoit que la violence d’une
paffion furieufe , que la crainte des fupplices , que les
remords vengeurs du crime , ne troublaffent des jours
confacrés à la tranquillité.

Mais étoit-il le maître de régler à son gré des mou-vemens que lui-même avoit rendus fougueux ? Non : il recouroit inutilement à des rênes rompues de ses pro-pres mains. Que dans une violente tempête le Pilote laisse échapper le gouvernail ; envain il anime les mate-lots à plier les voiles, à lâcher les cordages ; le vaisseau qui n'a plus de route marquée, vôle où l'emportent les vents & les flots. Une forte digue résiste à l'impétuosité d'un torrent : rompez cette digue, l'eau se déborde & tout céde à sa fureur. Epicure avoit donc conçu de vaines espérances : en dépouillant l'Etre suprême de son pouvoir, il a livré la terre à tous les vices. Les hommes qu'il prétendoit affranchir, n'ont fait que changer de maître. La Volupté prenant un libre essor a usurpé l'em-pire où la Raison régnoit avec la Divinité.

Est-il en effet une justice ? les mœurs ont-elles des régles, s'il n'existe pas un Etre souverain qui par des loix équitables mette un frein aux passions des hommes ; qui les pénétrant de sa lumiére, ou leur parlant par l'or-gane des Légiflateurs, les éclaire ou les instruise, ré-pande sur les actions un jour qui en dévoile la nature, & leur attache un caractère invariable qui les distingue ? Le bien & le mal seront confondus ; l'opinion seule en décidera : toutes les actions des hommes considérées en elles-mêmes, ne mériteront aux yeux d'un Philoso-phe, ni louange ni blâme. Nulle différence entre sau-ver son pere, ou lui plonger le poignard dans le sein. Envain consultera-t-on la Nature : aveugle dans vos principes, elle ne peut offrir à ses enfans que de sombres

& fauſſes lueurs. Le crime commis dans les ténébres, & l'action vertueuſe faite dans l'obſcurité auront donc un mérite égal. Le nom les diſtinguera ſeul, & le caprice fixera le prix de l'un & de l'autre.

Quelles ſeront les conſéquences de ces pernicieuſes maximes? Que ne produiront-elles pas dans un homme né féroce & d'un tempérament fougueux? Si mépriſant le Ciel & libre de toute crainte, un tel homme ne connoît de bonheur qu'à vivre dans l'abondance, à ſatisfaire tous ſes déſirs; s'il eſt convaincu que chacun de nous doit rentrer dans le néant, que le hazard fait tout naître & tout périr, que les chagrins & la douleur ſont les ſeuls maux redoutables aux mortels; s'abandonnant par ſyſtême au gré de ſes paſſions, de quoi ne ſera-t-il pas capable? Craignons tout de lui, dès qu'il croira pouvoir enſevelir ſes forfaits. Le vol, le meurtre, le poiſon, la calomnie ne lui couteront rien, pour peu que la violence de ſon caractère l'entraîne vers ces crimes, ou que la Volupté les lui commande. Malgré vos remontrances, à quelqu'excès que le porte ſon impétuoſité naturelle, cet excès eſt la ſeule fin qu'il doive ſe propoſer, eſt le terme unique où doivent tendre ſes vœux. Et de bonne foi, s'il n'y a point de Dieu, eſt-il un motif aſſez puiſſant pour le déterminer à ſe rendre miſérable, en s'armant contre ſes penchans, à renfermer au-dedans de ſoi-même, ſans eſpoir de récompenſe, les feux dont il eſt embraſé?

Sera-ce la honte, ou les reproches de ce témoin clair-voyant qui veille au fond de nos cœurs? Mais il ne ſe croit pas criminel: comment auroit-il de la honte?

pourquoi se repentiroit-il ? Une sécurité que fondent vos principes est à l'épreuve du repentir ; il n'est fait que pour les coupables qui se regardent comme tels. On se livre sans scrupule à des excès qui sont les conséquences d'un système ; & quand on jouit sans scrupule, on doit être insensible aux remords. Le but de vos artificieuses leçons n'étoit-il pas d'imposer silence à la voix intérieure, d'effacer du cœur des hommes les traits sacrés de la loi naturelle ? Vous vouliez que la Volupté offrît à vos disciples des délices pures, des plaisirs inaltérables ; & sans de telles leçons l'inquiétude auroit pu les altérer. Il étoit à craindre que le souvenir importun d'une autre vie ne les empoisonnât. Si donc mon caractère est tel, que l'ardeur de commettre un forfait soit plus forte en moi que la honte ou la crainte ; & que rien désormais ne s'oppose à cette pente de mon cœur, non-seulement je puis enfreindre toutes les loix, mais je le dois : pour moi le crime est un devoir, & le repentir un crime.

Peut-être croyez-vous qu'Aristippe mérite seul de tels reproches : mais Aristippe n'enseigna pas une doctrine plus dangereuse que la vôtre. Plus sincère que vous, il eut la bonne foi de professer ouvertement les horribles conséquences qui naissent en foule de vos principes & de ceux de Démocrite. En effet, lorsqu'une fois le plaisir sera mon unique objet & ma derniére fin, comme je ne puis le trouver dans tout ce qui combat ma passion, pourquoi ne m'abandonnerai-je pas aux vices les plus condamnés, dès qu'ils auront pour moi des attraits ? Si la fraude & la trahison, si ces coupables larcins que l'Amour fait à l'Hymen, si la violence & la fureur, si les transports de l'ivresse me plaisent, pourquoi me refuser à leurs charmes ? La Volupté me défend de résister à mon penchant : si mes désirs ne font remplis, je ressens une vive douleur ; & tant qu'elle dure, je ne puis être heureux. Serai-je arrêté par la crainte de loix qui font l'ouvrage des hommes, par le soin d'une frivole réputation, par les regards sévères d'un censeur jaloux, par l'idée d'une maladie qui peut-être ne m'attaquera jamais ? Dans la saison des plaisirs, à la fleur d'un âge fait pour les jeux, rapprocherai-je par une triste prévoyance les maux qu'une lente vieillesse m'offre à sa suite ? Non, non ; je mettrai le feu à la ville où j'ai reçu la naissance, si j'aime à me repaître de cet affreux spectacle : l'exemple de Néron prouve que les actions les plus inhumaines, font des jeux de la Volupté. Celui-là seul est coupable, celui-là seul mérite, nouvel Orphée, d'être déchiré par les Bacchantes, qui fait, ennemi de lui-même, une guerre éternelle à ses sens ; qui se livrant à d'austères conseils, souffre tout pour se dompter, pour combattre des penchans qu'il ne peut vaincre sans se rendre malheureux.

Ne vous étonnez donc pas que vos disciples se soient presque tous réunis à l'infâme école de Cyrene. S'ils se révolterent contre leur maître, ce fut par un excès de docilité. Pouvoient-ils, en adoptant vos principes, se renfermer dans les bornes que leur prescrivoient vos discours ? Je ne leur conseillois pas de faire mal, dites-vous ; je voulois qu'ils fuſſent modérés, qu'ils écartaſſent avec ſoin de leur eſprit, tout ce qui ſeroit capable d'en troubler le calme. Vous leur recommandiez la modération ! les ames bien nées n'ont pas beſoin de vos conſeils : mais les caractères oppoſés ne peuvent, ſans une violence continuelle, pratiquer la vertu. Or vous ordonnez indifféremment à tous de vivre heureux ; & l'homme vicieux ne peut l'être, en luttant contre ſon naturel, en s'efforçant de ſubjuguer ſon corps & ſon eſprit. Qu'il fuye donc tout ce qui pourroit le contraindre & l'affliger ; qu'il ſe laiſſe entraîner par-tout où le plaiſir s'offre à ſes yeux : il ſe doit ſans réſerve à ſes paſſions, s'il n'a rien à craindre après la mort, quelque choſe qu'il leur accorde, rien à eſpérer, quelque choſe qu'il leur refuſe.

Souvent, repliquez-vous, la Volupté même exige que nous renoncions au plaiſir : on ſe trouve bien quelquefois de s'être abſtenu de ce qu'on déſiroit. Vous dites vrai ; mais vous combattez vos principes. *Le plaiſir eſt le bonheur ſuprême ; la douleur eſt le plus grand des maux.* Voilà vos maximes ; vous en fites autrefois retentir les jardins que vous aviez conſacrés à la Déeſſe de Cythère ; & vos éleves ne ceſſent de les répéter. Mais la privation, la perte de ce qu'on aime, ne cauſe-t-elle pas de la douleur ? Donc plûtôt que d'en reſſentir, il faut, à quelque prix que ce ſoit, poſſéder l'objet de ſes vœux : l'honneur & l'équité s'y oppoſeroient envain ; & la bride eſt lâchée aux paſſions. Mais ſi, de votre aveu, c'eſt quelquefois un bien de s'abſtenir, pourquoi m'appellez-vous malheureux, lorſque je m'abſtiens par un motif de Religion ?

Religion ? Je fuis plus heureux que vous. Si vous parvenez à vaincre vos défirs, cet avantage eft pour vous un
tourment : fi je triomphe des miens, cette victoire a
pour moi des charmes. Aimez-vous mieux fuccomber,
que de vaincre à ce prix ? Je m'en tiens à cet aveu ; vous
ouvrez la porte à tous les crimes, & les vices n'ont
plus de frein.

Plus de frein, vous écriez-vous ! la crainte des fupplices n'en eft-elle pas un ? la vûe des peines qui tôt ou tard
font le prix du crime, fuffit pour contenir les hommes.
Et quoi, des hommes auxquels une Divinité vengereffe
n'infpire plus d'effroi, feront intimidés par des objets
moins terribles ! Je brave la foudre ; je méconnois la loi
fuprême : & je pourrois refpecter des réglemens humains !
le regard d'un Juge me feroit pâlir ! Non, Lucrece ; ou
fi l'idée du fupplice, fi la crainte d'un moment de fouf-
frances eft un frein à mes défirs, vous m'avez trompé :
plus malheureux que jamais, je n'ai fous vos aufpices fe-
coué le joug de la Religion, que pour fubir un joug plus
rude & moins noble. Rebelle, fans ceffer d'être efclave,
cenfeur & tyran de moi-même, je retombe dans de nouveaux fers. Mon ame eft en proie à la douleur, eft trou-
blée par la crainte : je fouffre, & ce qui me fait fouffrir
n'eft pas digne de moi : je tremble, & le motif de mes
frayeurs ne mérite que du mépris. Mortels, puiffiez-vous
jouir d'un fort plus heureux ! Si vous devez immoler
la volupté, c'eft à Dieu feul qu'appartient cette victime. Les biens périffables font trop frivoles pour n'être
pas égaux : fi des biens de cette nature font les feuls faits

pour vous, quelle folie de renoncer au préfent pour l'avenir, de facrifier la poffeffion à l'efpoir ! livrez-vous fans réferve à la paffion qui regne aujourd'hui dans votre cœur. Mais s'il eft un avenir fur lequel la raifon vous permette de porter vos regards, vivez de façon qu'il foit plus avantageux pour vous que le préfent : que vos vûes ne fe bornent pas au vain échange d'un moment contre un autre ; il faut qu'une éternité foit le prix de quelques inftans. Le laboureur traceroit-il de pénibles fillons dans la terre, fi la terre ne devoit lui rendre que ce qu'elle reçoit ? Il efpere que le peu de grains qu'il y feme, lui fournira d'abondantes moiffons, & que fes greniers s'affaifferont fous le poids de fa récolte.

Suppofé même que cette crainte fervile eût fur les hommes l'empire que lui donne Epicure ; peut-être feroit-elle capable d'en réprimer quelques-uns pour un tems : mais elle ne les rendroit jamais vertueux ; jamais elle n'extirperoit le vice de leurs cœurs. Quelle différence entre l'amour de la vertu & la crainte du fupplice ou de l'infamie ! Ce n'eft pas la peine du vice, c'eft le vice même que détefte la vertu. Le fage refuferoit d'être heureux, s'il ne pouvoit le devenir qu'en devenant coupable. La feule volonté de commettre un crime eft un crime à fes yeux : il voit avec une horreur égale & le projet & l'exécution. Que fert en effet de conferver fes mains pures, fi l'ame eft corrompue ; fi la fource de tous les forfaits, la cupidité, regne fouverainement dans le cœur ?

D'ailleurs combien d'actions vraîment condamnables,

que vous-même proſcrivez, & pour leſquelles cependant la ſociété n'a point établi de peines! Combien de fois ſe rend-on criminel, ſans avoir de ſupplice à craindre, ſans eſſuyer même la honte de comparoître devant le Juge! Les loix ne puniſſent ni cet ingrat qui maltraite ſon bienfaiteur; ni ce jaloux ennemi de la vertu, qui frémit lorſqu'il la voit récompenſée; ni ce perfide qui viole ſes engagemens, qui révele un ſecret, qui donne un conſeil pernicieux. L'avare, le menteur, l'infidéle dépoſitaire, l'ambitieux, le médiſant bravent les regards de la juſtice humaine. On peut, ſans crainte d'être puni, ſouhaiter une famine, déſirer la ruine de ſa patrie, la mort de ſon pere, refuſer ſon ſecours au malheureux: on peut, inſenſible aux cris de la veûve & de l'orphelin, accabler les foibles ſoumis à ſon pouvoir, condamner un innocent, vendre la juſtice, la ſacrifier au coupable objet d'un amour criminel; & pour comble de noirceur, ſe parer des dehors d'une ſcrupuleuſe probité. S'il n'eſt pas un Dieu vengeur, que de forfaits dans leſquels vos diſciples, Epicure, pourront ſe plonger ſans crainte comme ſans remords! Et pourquoi ne le feroient-ils pas? Rien n'eſt ſacré pour eux, que leur plaiſir.

Si dans le nombre il s'en trouve un ſeul dont les déſirs connoiſſent & reſpectent des bornes, & qui capable de vaincre une paſſion violente, ne ſacrifie pas les loix & le repos de la ſociété au plaiſir de ſe ſatisfaire, ce n'eſt point à votre doctrine, qu'il faut en ſçavoir gré; elle ne recommande que la volupté; elle veut que les hommes obéiſſent à leurs penchans. Nous devons la douceur

de fa conduite à celle de fon caractere auquel peu fuffit,
& que contentent des plaifirs tranquilles : caractere qui
n'eft pas le fruit de vos leçons, mais l'ouvrage du hazard, l'effet de la rencontre fortuite des atomes. Quel
droit cette innocente brebis qui paît tranquillement
l'herbe tendre fur le penchant d'une colline, quel droit
a-t-elle de fe préférer au loup, de lui reprocher fa rage
& fes fureurs ? Elle eft douce ; il eft cruel, fanguinaire,
vorace : tous deux font également l'ouvrage de la Nature. Les caracteres paifibles ne m'infpirent donc point
de terreur. Mais me répondrez-vous de ces hommes nés
vicieux, pour qui le crime a des délices, & qui font em-
portés par une paffion furieufe qu'irritent les obftacles?
Efpece de malades que dévore une fiévre brûlante, &
dont la foif irritée par la patience, ne peut trouver que
dans l'eau le reméde à fes ardeurs.

Depuis que les charmes de Phédre, plus belle que fa
fœur aux yeux de Théfée, ont enflammé le cœur de ce
Prince, il ne peut gouter de repos, qu'il ne l'enleve, &
ne rompe un hymen qui jufqu'à ce moment fatal avoit
fait fon bonheur. Malheureufe Ariane, envain aurez-
vous par un fil dirigé fes pas dans les détours obfcurs du
labyrinthe ; envain aurez-vous fauvé les jours d'un époux
ingrat : ni la foi qu'il vous a jurée, ni la reconnoiffance
qu'il doit à de tels bienfaits, n'auront le pouvoir d'é-
touffer une flamme inceftueufe. Cependant le Héros
eft en proie à fes remords. Efclave d'une paffion violente, aura-t-il affez de force pour s'armer en gé-
miffant contre un amour plein de charmes ? Non : ce

n'eſt pas en luttant contre ſes déſirs, c'eſt en leur cédant,
qu'on appaiſe leur fureur. A ce prix le calme renaît ; &
ce calme eſt la volupté. Principes affreux, avant qu'E-
picure vous eût réduits en ſyſtême, vous entraînâtes
Théſée dans le crime. Il briſe les liens de l'hymen ; il
viole les droits les plus ſacrés. Perfide , il abandonne ſur
des bords inconnus Ariane mourante, & qui du rivage
étend vers lui les bras inutilement.

Depuis que le ſauvage Hippolyte s'eſt offert aux regards de Phédre, elle ne peut goûter de repos, qu'elle
ne dompte ce cœur farouche, & ne triomphe de ſa vertu.
Tel eſt l'excès de la phrénéſie qui tranſporte la mal-
heureuſe fille de Paſiphaë ! telle eſt la violence du feu
qui la conſume ! Il faudra donc qu'elle meure, & qu'elle
meure accablée de mépris ? Oui : mais elle ne mourra pas
ſans vengeance : le vertueux Hippolyte ſera la victime
de ſa fureur. De quelle foule de crimes un premier crime
eſt-il la ſource ! que d'horreurs raſſemblées dans un
cœur corrompu par la volupté !

Né pour la guerre, Alexandre eſt brûlé de la ſoif des
conquêtes. Il ſe croit malheureux, s'il ne ſubjugue l'u-
nivers ; & l'univers ſubjugué ne ſuffit pas à ſes déſirs.
L'ambition de Céſar remplit la terre de troubles & de
carnage : feu rapide & deſtructeur qui dévora des
nations entiéres, & qu'un fleuve de ſang éteignit à
peine. Que de victimes immolées à la paſſion d'un ſeul
homme ! Que de ruines, que de débris, que de morts
furent les degrés qui porterent ſur le thrône le rival de
Pompée & le tyran de ſes concitoyens ! Vous donc,

ami de la Paix, vous qui déteſtant une gloire homicide préférez la douceur du repos à des lauriers trempés dans le ſang, propoſez au Roi de Macédoine de reſter dans ſa capitale, occupé des ſoins paiſibles du gouvernement, & de voir d'un œil tranquille les Perſes & les Indiens partager l'empire de l'Aſie. Propoſez au vainqueur des Gaules de s'arrêter ſur les rives du Rubicon, & de ſe réduire à mener dans Rome, au milieu d'un peuple d'é-gaux, une vie heureuſe, mais privée. Ils vous répon-dront l'un & l'autre : vivez tranquille, puiſque le repos vous charme : notre plaiſir eſt de combattre ; notre bon-heur eſt de vaincre.

Ne dites donc plus, Quintius : ma ſeule paſſion eſt d'obſerver en tout un juſte milieu. J'aime trop mon re-pos, pour troubler celui des autres. Epris des charmes de l'étude, des chaſtes appas de la vertu, je les préfere aux délices des ſens, & ne fais que ſuivre en ce point les traces du grand homme dont je me glorifie d'être l'éleve. En vous paſſant ici ce que je pourrois vous conteſter, les hommes, vous répondrai-je, n'ont pas tous le même goût. Le vôtre ſera tel que vous le dites ; celui d'un autre eſt différent. Chacun de nous n'eſt entraîné que par le ſien ; & ſi, pour être heureux, on doit s'y livrer ſans remords, tout ce qui plaît devient permis. Parce que le hazard vous a fait naître modéré, votre cœur ne déſire rien que d'honnête : il ſe tourne ſans effort vers le bien. Mais je ſuis né fougueux : une paſſion vio-lente me pouſſe vers le crime ; & je dois céder à ſes im-preſſions, comme vous obéiſſez à celles de votre

penchant : leur force eſt égale ; leurs droits ſont les
mêmes. Envain m'exhorterez-vous à la vertu. Vous
écouterai-je, tant que d'une part l'objet qui me plaît
ſera l'unique bien déſirable pour moi ; & que de l'autre
vous ne me propoſerez rien de meilleur que la vie préſente. L'expérience m'apprend que tout plaiſir qui n'a
pas de rapport à mes déſirs, n'en eſt pas un pour moi.
Or les déſirs dépendent des tempéramens. Ils ſont comme les plantes, qui ne peuvent croître que dans certaines
terres & ſous certains climats. Les principes de votre
maître me conduiſent donc à ſuivre plutôt mes penchans, que ſes leçons.

Pour derniére reſſource vous ferez valoir l'empire de
la raiſon. Plus puiſſante que la crainte des peines, elle
ſçait, direz-vous, en nous éclairant, modérer nos tranſ-
ports. Nous voulons que ſoumiſe à ſes loix, réglée par
ſes conſeils, la volupté redoute les excès ; qu'elle ſçache
ſe maintenir dans un juſte milieu, afin que ſouveraine de
tous les hommes, elle faſſe le bonheur de tous ; que tirés
du néant pour y rentrer, ils puiſſent, pendant le peu de
jours que la nature leur accorde, vivre heureux comme
vivent tant de peuples ſauvages ſans culte & ſans loi.
Mais, Quintius, il s'agit bien de raiſon, quand on parle
de vils ouvrages du hazard. Le hazard eſt, ſelon vous,
le pere de notre ame ; ſeul il en produit, il en dirige
toutes les opérations. Que des êtres gouvernés par une
loi fixe, par une regle invariable, ayent la raiſon pour
guide & pour flambeau : mais ne l'attribuez pas à des
êtres qui ne ſont formés que par la combinaiſon fortuite

des atomes. Fruits d'un caprice aveugle , enfans de la
viciſſitude , ils ſont le jouet de l'un & de l'autre. Se croire
une production du hazard, nier la loi naturelle & les
principes innés, c'eſt ſe reconnoître eſſentiellement incapable de raiſon. Nos idées, dans un tel ſyſtême, ſont
un pur effet du ſort. S'il eſt aujourd'hui pour l'homme
quelques vérités inconteſtables, quelques biens qu'il déſire avec une ardeur vive & conſtante , ces objets de ſa
connoiſſance , ces objets de ſon amour ne ſont tels ,
que parce qu'il eſt compoſé de tels & de tels atomes.
Pour peu que les combinaiſons dont il eſt le réſultat
euſſent été différentes , ce qu'il traite de vérité ſeroit
erreur à ſes yeux ; il fuiroit ce qu'il aime ; il mépriſeroit
ce qu'il eſtime. Ne vous vantez donc plus d'oppoſer une
digue à la volupté , puiſque cette digue vous l'affoiblif-
ſez , vous la détruiſez de vos propres mains.

Je ſçais qu'il eſt aux extrémités de l'Orient un peuple
fameux dont les Philoſophes paſſent pour condamner le
vice & pratiquer la vertu, ſans admettre ni peines, ni
récompenſes. Mais envain prétend-on que l'idée d'un
avenir n'influe point ſur la conduite & ſur les réglemens
de ces ſéveres légiſlateurs. Cette morale en apparence
ſi déſintéreſſée , cet amour de la vertu ſi pur & ſi conforme aux maximes Stoïciennes ſuppoſe, quoi qu'on en
diſe , une Religion quelconque ; ne ſubſiſte pas indépen-
damment de toute crainte & de toute eſpérance. Les
Lettrés de la Chine reconnoiſſent du moins une loi
éternelle, une loi ſouveraine, origine & modéle de ces
idées du bien & du vrai que la nature a gravées dans

nos ames. Ils croyent l'univers gouverné par une juſtice, une raiſon, un ordre immuable, que l'homme doit reſ-pecter, dont il ne s'écarte jamais ſans ſe rendre coupa-ble & malheureux. Pour vous, Epicure, quelle juſtice, quelle loi, quel ordre admettez-vous, qui n'ait pour principe le hazard ou une Intelligence que le hazard a formée ? A vos yeux rien n'eſt réel, rien n'eſt vrai, que la volupté : ſyſtême en conſéquence duquel la volupté ſeule a le droit de donner des loix à notre ame, & d'im-primer aux différentes inclinations le caractère de vice ou de vertu : ſyſtême qui faiſant de la paſſion qui tyran-niſe chacun de nous, le Dieu de notre cœur, renouvelle en quelque ſorte le Paganiſme, peuple l'univers de gé-nies particuliers, mais de génies qui ne ſont, comme nous, que des productions du ſort. L'objet que nous aimons, eſt notre divinité : nos déſirs ſont nos loix ; & nous devons d'autant moins leur réſiſter, qu'ils ſont plus ardens. Ces flots dont l'orgueil menace ſans ceſſe le Batave, l'inon-deroient, ſi l'art n'avoit oppoſé de fortes digues à leur fureur : que l'effort des vagues ébranle ces remparts & les détruiſe, les campagnes ne ſont plus qu'une mer ; tout diſparoît englouti par les ondes. Qu'oppoſerez-vous à la rapide impétuoſité de cet immenſe torrent ? il faut céder à ſa violence, & ſpectateur oiſif de ſes rava-ges, attendre pour les réparer, la retraite des eaux.

Mais je conſens à l'uſage que vous prétendez faire de la raiſon : je vous permets de la préſenter à vos diſci-ples, comme la régle immuable de leur conduite & de leurs jugemens. Ceſſez donc alors, ceſſez de regarder le plaifir comme le terme & l'arbitre de nos actions. Un principe fupérieur, principe inné, principe commun à tous les agens libres, aura feul le droit de diriger leurs pas. L'amour-propre dépouillé des titres & du pouvoir qu'il ufurpoit, ne fera plus, à vos yeux comme aux miens, qu'un ennemi redoutable du bonheur des hommes, tyran dès qu'il n'eft plus efclave; mais qui fous le joug de la raifon peut être un efclave utile. Quel fecours la prudence & l'induftrie ne tirent-elles pas du plus dangereux des élémens? Le feu chaffe un froid nuifible à nos corps; il nous rend le jour au milieu de la nuit; il prépare nos alimens; il tire le fuc des plantes; il calcine les pierres & les vitrifie; il triomphe de la dureté du fer; il met l'or en fufion. Mais que fes effets font terribles, lorfqu'il eft confié à des mains imprudentes! C'eft une flamme rapide qui vole, qui s'élance de toutes parts, & dont les vents redoublent la fureur; un torrent, un noir tourbillon qui porte dans fon fein le trouble, l'horreur & la mort. Il embrafe, il confume, il engloutit: les temples, les palais s'écroulent & difparoiffent: la plus grande ville n'eft plus qu'un monceau de cendres; & le trifte habitant verfe des larmes fur les lieux où fut fa patrie. Tel eft l'amour-propre: refferré dans des bornes étroites, il peut devenir un des liens de la fociété; libre, & laiffé à toute fa fougue, il en eft le fléau. Pere de tous nos vices, il ravage l'univers, il en fait un cahos. Si vous prétendez le fubordonner aux loix de la raifon, que devient votre fyftême? & de plus, qu'apprenez-vous aux hommes? Rien dont n'aient retenti mille fois l'Académie, le Portique

& le Lycée. Si vous l'affranchiffez du joug auftere de la raifon, dès lors maîtreffe abfolue d'elle-même & de notre fort, la cupidité n'a plus de frein. Cette raifon que vous qualifiez de regle de nos mœurs, de principe de toutes les vertus, n'eft plus la fouveraine, n'eft pas même l'égale de la volupté : elle en eft devenue l'efclave. Que votre fyftême paroiffe enfin ce qu'il eft; qu'il fe dépouille de ces dehors qui le déguifent aux yeux du vulgaire.

III. Ir.s ont féduit même des Philofophes. Gaffendi & quelques modernes après lui fe font attachés à le juftifier. Ils prétendent que le plaifir regardé par Epicure comme le bien fuprême, eft celui qui naît de la vertu. Partifans aveugles d'un impofteur, ils n'ont pas connu le poifon caché fous un nom fpécieux. En effet, qu'eft-ce que la vertu, qu'eft-ce que la probité dans le fens de ce fameux Grec, qu'ils comblent d'éloges fi peu mérités ; que leurs écrits élevent jufqu'aux cieux ? Eft-ce l'amour de la regle ? Eft-ce une conftance invincible dans le bien ; un attachement à fes devoirs affez fort pour triompher des menaces d'un tyran, des horreurs du trépas, & de la féduction des plaifirs ? Non : c'eft la poffeffion de ce qui plaît, fans douleur, fans crainte, fans inquiétude. Que l'orgueilleufe gravité de Caton fe pare de cette vertu farouche : la vôtre, Epicure, la vôtre eft riante, flatteufe, capable de fe prêter à tout. Elle confifte à cueillir d'une main légere & circonfpecte les fleurs de la volupté ; à jouir d'une vie molle & tranquille.

Ce n'eſt pas l'honnête, qui vous plaît : ſi vous l'aimiez, votre morale ſeroit celle de Socrates, celle de Pythagore, celle, en un mot, de la Religion. Mais tout ce qui flate vos déſirs, tout ce qui vous offre un plaiſir pur & ſans mêlange, eſt permis à vos yeux. Vous ne placez donc pas la volupté dans la vertu, mais la vertu dans la volupté. Elle eſt, ſelon vous, l'art d'écouter & de ſuivre en tout la voix de la nature, non celui d'en rectifier les penchans par les préceptes de la raiſon. Mais il n'eſt de vertu réelle, que lorſque la volonté ſoumiſe à l'empire de la raiſon arrête les mouvemens déréglés du cœur, calme le tumulte des paſſions, étouffe leur révolte & les ſubjugue. Victoire pénible, & ſouvent le prix des plus grands efforts. Mais plus elle coute à l'homme, plus la vertu eſt grande, plus elle eſt ſublime.

Sur quoi donc ſont fondés les éloges que ſe prodigue Epicure ? Si nous l'en croyons, il eſt le maître & le bienfaiteur des mortels : par de ſages préceptes, il leur a frayé la route du bonheur : le but de ſes leçons étoit de régler leur conduite, de leur inſpirer l'amour du devoir. Sous le titre impoſant de réformateur de ſes citoyens & d'ami de la Vertu, reconnoîtroit-on l'auteur de pernicieuſes maximes qui renverſent les bornes qu'elles ſemblent reſpecter ? Après avoir rompu les liens ſacrés qui retiennent les hommes, il les exhorte à ne point abuſer de leur liberté : il les livre à toute la fougue des plaiſirs, & leur preſcrit de gouter les plaiſirs avec réſerve. Ce n'eſt pas le vice, qu'Epicure déteſte ; ce ſont les malheurs dont le vice eſt la ſource. Diſons mieux, il l'aime ; il en fait une loi ; il recommande à ſes éleves de s'y plonger, dès qu'ils le peuvent ſans inquiétude & ſans péril. Donner de tels préceptes, c'eſt lâcher les rênes à des courſiers furieux ; c'eſt enflammer leur ardeur. La cupidité des hommes n'étoit-elle pas aſſez vive ? Falloit-il donc s'attacher à redoubler ſes feux ? Falloit-il l'autoriſer par des princi-pes à fuir ce qu'elle déteſte, à rechercher ce qu'elle aime ? Vous craignez néanmoins ſes excès ; vous avez cru devoir oppoſer des conſeils à la violence de ſes em-portemens. Pourquoi donc, Epicure, pourquoi tentez-vous d'affoiblir, de détruire même, des motifs infiniment ſupérieurs à ceux que vous préſentez aux hommes ? Ils redoutent la colere du Ciel ; la foudre les intimide ; ils tremblent à la ſeule idée de ſupplices éternels : & mal-gré de ſi juſtes terreurs, l'univers eſt inondé d'un déluge de crimes. Que ſeroit-ce s'ils ceſſoient de craindre un Dieu vengeur ? On ne verroit de toutes parts, que tra-hiſons, que meurtres, qu'horreurs : s'il reſtoit un mortel vertueux, il rougiroit d'être homme.

Si vous aviez tant de zéle pour la vertu, quels inté-rêts ont donc armé votre bras contre la Religion ? Elle vous a paru trop ſévere : elle l'eſt en effet, mais c'eſt aux yeux du vice que ſes loix proſcrivent, qu'effraient ſes menaces. Quelle eſt douce au contraire, quelle eſt conſo-lante pour un ami de la vertu ! Traîtres, meurtriers, rebelles, enfans ingrats, peres dénaturés, voilà les hom-mes dont vous ſoutenez la cauſe, dont vous êtes le légiſlateur, à qui votre école ouvre un aſile. Eleves dignes de vous ; troupe criminelle dont vous méritez d'être le chef, le héros & l'idole : vous avez droit à leur reconnoissance, à leurs hommages : soyez à jamais détesté du reste des mortels ; qu'ils ne voient qu'un défenseur du crime, qu'un Panégyriste odieux des forfaits, dans le pere d'un système ennemi des loix & des hommes. Ne pensez pas en effet que cette indigne terreur dont vous prétendez nous affranchir, affecte des ames vertueuses. Pourquoi désireroient-elles que les crimes fussent impunis ? Dans le sein d'une paix profonde dont les douceurs sont dès cette vie même le prix de l'innocence & les prémices d'une félicité parfaite, elles laissent aux coupables cette crainte affreuse, l'avant-coureur & le présage des supplices éternels. Une conduite égale, des mœurs pures, la pratique constante des devoirs leur inspirent une juste confiance pour l'avenir. Loin d'elles habitent le désespoir & les remords : ce n'est pas pour elles, qu'est allumé le feu vengeur.

Ce ne sont point ici de vaines déclamations, Quintius : si je soutiens que le but d'Epicure étoit d'anéantir tout sentiment, toute idée de justice ; si je m'éleve avec force contre l'abus qu'il fait du nom sacré de la vertu ; si je m'attache à flétrir pour jamais un système qui favorise les passions, je n'impute rien à votre maître. Je ne fais que dévoiler l'horreur d'une doctrine qui n'admet ni loi, ni législateur, & ne donne à la raison d'autre principe, que des atomes réunis par l'aveugle main du hazard. Qu'est-ce que le droit naturel ? tout ce qui est conforme à une régle immuable. Que présente l'idée de juste ? tout ce que prescrit une loi suprême. Donc rien de droit, si la regle n'est qu'une chimère : rien de juste, si la loi n'existe pas ; & dès lors plus de raison, plus de vertu. Or point de régle sans principe : point de loi sans légistateur ; & quel sera le principe, le légistateur de l'univers, si l'on en bannit la Divinité ? Dans cette hypothèse, la raison est un ouvrage du hazard ; la vertu n'a rien de réel ; elle est fausse, imaginaire & sans objet. Epicure, paroissez enfin tel que vous êtes : levez le masque qui cachoit vos véritables traits.

Développons une autre conséquence de sa doctrine. En proscrivant toute justice, il anéantit toute vérité. Si les principes qui reglent nos mœurs, ne sont point innés, les idées qui fondent nos jugemens le seront-elles ? Non : leur nature est la même. Cette raison qui nous fait agir, dont la voix parle à notre cœur, est en même tems ce qui pense, ce qui conçoit en nous. Elle est l'œil de notre esprit. Sa vûe claire & rapide se porte sur les objets, les pénetre avec sagacité, les démêle avec précision, en juge sans se tromper jamais, parce que jamais elle ne décide sans examen. Capable de douter, quand il le faut, elle sçait attendre dans le silence, que l'obscurité se dissipe. Dès que le jour brille, elle voit, prononce ; & ce qu'elle prononce, est un oracle. Que feroit en effet l'évidence, si ce qu'elle offre à la raison dans un point de vûe net & distinct, étoit autre qu'il ne paroît ? que seroit-elle, sinon la source d'erreurs inévitables ? Plongé dans les ténebres, ou séduit par l'éclat trompeur d'une fausse lumiére, inutilement possédé de l'amour du vrai que l'ignorance ou le mensonge lui déroberoient

fans ceffe, l'homme n'embrafferoit que des phantômes;
La pénétration, la force, l'étendue de fon efprit, feroient des qualités vaines ; fes idées, des chimères ; fes
raifonnemens, des fophifmes, & fes difcours, des fons.
Tout ce que la raifon apperçoit diftinctement & fans
nuages eft donc inconteftable. Mais fi vous ne donnez
à la raifon, fi vous ne donnez à l'ame, d'autre principe
que la réunion fortuite des atomes, comment me prou-
verez-vous que ce qui vous paroît certain, l'eft en effet?
vous le voyez ainfi par hazard. Peut-être les atomes
dont votre ame eft le réfultat, font-ils combinés de maniére que tout ce qui fe préfente à fes yeux, s'y préfente
fous une forme qui le déguife ; & telle eft peut-être
l'illufion, que plus l'image qu'elle apperçoit a de netteté,
moins elle eft conforme à l'objet même ; que vos idées
font fauffes à proportion de l'évidence qui les accom-
pagne. Que de vérités deviennent en ce cas des problêmes ! les différens rapports des nombres font-ils bien
certains ? le tout eft-il plus grand que fa partie ? Je penfe,
donc je fuis ; ce raifonnement eft-il jufte ? Telles font
les incertitudes qui naiffent en foule de votre fyftême.
Détruire la loi de la raifon, c'eft en éteindre le flambeau : point de vérité, s'il n'y a point de juftice. Vous
êtes, fans le vouloir, difciple de Pyrrhon : vos principes
font néceffairement liés aux fiens ; & dès lors les coups
que vous lui portez, retombent fur vous avec la même
force.

IV. Le fiécle dernier vit un Philofophe célebre,

adoptant

adoptant cette partie du fyſtême Epicurien , nier l'exiſtence de la loi naturelle. La diſtinction du juſte & de l'injuſte eſt , ſelon lui, un établiſſement humain : c'eſt un
rempart que la Politique ſçût oppoſer aux ravages de l'a-
mour propre. Hobbes ſuppoſe que les hommes n'avoient
originairement aucun lien qui les unît ; que chacun d'eux
né avec un droit égal à tout, rapportoit tout à ſon intérêt ; & que de cette diſpoſition nâquit la diſcorde.
La Terre , ajoûte-t-il , fut bientôt le Théâtre des plus
affreuſes diſſenſions : elles auroient détruit ſes habitans ,
ſi l'inſtitution des loix n'en eût réprimé la violence.
Quelques Sages propoſerent ces loix auſſi néceſſaires au
repos des particuliers , qu'à la tranquillité publique , &
le reſte des hommes les reçut par différens motifs. La
vûe de l'intérêt général , & l'horreur du paſſé détermi-
nerent les uns ; la crainte força les autres à s'y ſoûmet-
tre. Telle eſt , ſi nous conſultons Hobbes , l'origine de
la Juſtice & de la Religion.

Ce qu'il faut conclure de ce ſyſtême , c'eſt que l'Auteur étoit ennemi déclaré de l'une & de l'autre : voilà
tout ce qu'il prouve. Cependant je ne puis l'entendre
ériger en principes de vaines ſuppoſitions. L'origine
qu'il donne à la Vertu la dégrade : elle eſt fauſſe & mé-
priſable , ſi elle doit ſa naiſſance à l'intérêt. Toutefois le
croiroit-on ? cette hypothèſe qui ne tend qu'à renver-
ſer la Religion , à détruire la Juſtice, en démontre la néceſſité. Hobbes avoue que ſans elles on eût tenté vainement de rendre l'homme ſociable. Profitons d'un tel
aveu : c'eſt un hommage qu'il eſt forcé de leur rendre :

c'eſt à mes yeux une victoire pour elles, un prélude, un gage du Triomphe. Il en réſulte au moins, que ſi elles étoient bannies de l'Univers, la ſociété retomberoit dans le cahos.

Si l'ordre que je me ſuis preſcrit le permettoit, je prouverois dès-à-préſent, qu'il eſt une loi gravée dans nos cœurs, & dont les caractères ineffaçables offrent aux yeux de la raiſon un droit primitif, plus ancien que toutes les ordonnances humaines; qu'il eſt une juſtice, une vérité dont la voix de la Nature eſt l'interpréte. Mais ce ſujet me meneroit trop loin; je dois le traiter ailleurs. Je dirai ſeulement, que ſi le bien & le mal n'exiſtoient pas avant la naiſſance des loix, s'ils ne différent point eſſentiellement l'un de l'autre, le droit n'a rien de fondé, rien de juſte. Les loix ſont le fruit de l'aveugle caprice; elles ſont des attentats contre la liberté de l'homme : ſe ſoumettre à la Juſtice, c'eſt ſubir le joug d'un Tyran. En ce cas elle n'eſt qu'arbitraire, & dès-lors la loi pouvoit ordonner ce qu'elle défend, & défendre ce qu'elle ordonne. Mais le principe du bien général, dont le Philoſophe Anglois a fait la baſe de ſes dangereuſes ſuppoſitions, ſuffit pour les détruire. Hobbes n'a pas ſenti qu'en admettant ce principe, il ſe contrediſoit lui-même. En effet, ſi le bien général eſt le pere des loix; avant les loix, il exiſtoit donc un bien quelconque : tout n'eſt donc pas indifférent. Enfin, une derniere réflexion acheve de mettre dans tout ſon jour l'abſurdité de ce ſyſtême. Le juſte & l'injuſte originairement confondus, ne ſont-ils diſtingués que depuis l'inſtitution

des loix , dès-lors il eſt moins criminel de percer de
ſang-froid le cœur d'un ami, que de manquer à ſa parole ; puiſque le meurtre n'eſt un crime, que depuis que
les hommes, par un engagement volontaire , ſe ſont
ſoumis à la loi qui le défend.

Au reſte, reconnoître avec Hobbes & ſes partiſans
la néceſſité des loix , regarder leur inſtitution, comme
l'unique moyen de défendre l'homme contre l'homme ,
de préſerver l'Univers des funeſtes effets de l'amour propre ; c'eſt prononcer hautement que la plus dangereuſe
ennemie de notre repos eſt la Volupté ; que ſource de
tous nos crimes, elle eſt la cauſe fatale de tous nos malheurs. Or quel a été juſqu'à préſent l'objet de mes vers ?
de vous prouver que le ſyſtême impie de Lucrece ouvre la porte aux plus noirs forfaits : que ſi l'on adoptoit
ſes principes, les paſſions déformais ſans frein boulever-
ſeroient la face de la terre : que leur fougue, leurs excès , leurs combats exciteroient dans le ſein tumultueux
de la ſociété des orages ſans nombre : affreux orages,
ſemblables à ces tempêtes qui troublent le calme des
eaux , lorſqu'échappés de leurs cavernes , les vents furieux ſe diſputent l'empire de l'Ocean. Luttans les uns
contre les autres, ils parcourent d'un vol rapide la vaſte
étendue des mers; ils ſoulevent les flots ; ils raſſemblent
les nuages ; ils confondent les élémens : partout ils portent la terreur, la foudre, la nuit & la mort. Tels ſous
l'empire de la Volupté qui méconnoît, qui brave un
Dieu vengeur, les vices dégagés de leurs chaînes ty-
ranniſeroient l'Univers.

D ij

Parlez de bonne-foi : fi dans quelque partie de la terre, on découvroit une région fans loix, fans Magiftrats, fans Chef, libre, en un mot, comme feroit le monde, fi le monde n'étoit pas l'ouvrage & l'empire d'une Divinité ; une région où la vertu n'efpérât point de récompenfe, où le crime ne craignît point de fupplice, où l'on ignorât même jufques aux noms de vice & de vertu ; enfin, dont chaque habitant n'eût d'autre Roi, d'autre Dieu que foi-même, confentiriez-vous à vivre dans cette contrée ? en feriez-vous votre Patrie ? Que les Spinofa, que les Epicures y fixent leur féjour : voilà cependant le genre de bonheur que le Philofophe Grec promet à l'univers, en l'invitant à rompre les liens facrés de la Religion : voilà le préfent qu'il offre aux mortels, la paix dont il les flatte : fauffe paix ; préfent funefte ; vain phantôme de bonheur. Eft-ce donc-là l'ouvrage de cette fageffe fi vantée ? eft-ce là ce génie prefque divin, héros de Lucrece, & favori de la Renommée ; ce bienfaiteur des hommes, plus digne de leur reconnoiffance que les deftructeurs des monftres, les peres de la Médecine, des Arts & des Loix ? Rare bienfait, preuve éclatante d'un amour fincere pour les hommes, que de raffûrer le vice contre la crainte des peines, & d'arracher à la vertu tout efpoir de récompenfe !

Epicure eft donc l'ennemi de la fociété : nul avantage réel n'eft le fruit de fa doctrine. Les magnifiques promeffes dont il repaît l'avide crédulité de fes difciples, fe réduifent à la pompeufe exagération d'un vain plaifir, que les hommes ne recherchent que trop d'eux-mêmes. Vous méprisez avec raison cet imposteur qui se vante de convertir tout en or ; vous plaignez la foule aveugle que l'espérance entraîne à sa suite, qui, prodigue par avarice, & se ruinant pour s'enrichir, verse ses trésors dans un feu qui ne lui rend que de la fumée. Ah ! Quintius, dans ce fourbe, dans ceux qui le suivent, reconnoissez Epicure & les partisans de sa doctrine. Aux attraits d'un frivole plaisir, ils sacrifient les véritables richesses de l'ame, la Religion, l'humanité, la justice, l'innocence, l'amour de la Patrie, tous les sentimens, toutes les vertus dont le germe précieux étoit dans leur cœur. Ignorent-ils donc qu'en achetant à ce prix une satisfaction passagere, ils font peu pour eux, & rien pour les autres ? Lucrece vous avertit sans cesse de n'être occupé que de vous, & de mépriser tout le reste : conseils qu'Epicure donnoit lui-même à ses éléves. Il craignoit, ce Philosophe voluptueux, que les inquiétudes attachées aux fonctions civiles, ne troublassent le cours d'une vie trop peu durable, pour n'être pas un sommeil paisible. Se charger des intérêts d'autrui, c'étoit subir volontairement le joug ; l'administration des affaires publiques lui paroissoit un dur esclavage : ses yeux ne versoient point de larmes sur le sort d'un malheureux, sur la perte d'un ami : l'indifférence en avoit tari la source. Un homme plongé dans la mollesse, paresseux par goût, fuyant au sein de l'oisiveté jusqu'à l'ombre du chagrin, incapable de rien desirer avec ardeur, de s'intéresser même aux auteurs de ses jours, concentré dans lui seul, & ne prenant à la société d'autre part, que celle qui peut augmenter ou varier ses

D iij

plaifirs, occupé fans ceffe à défendre fon repos contre tout ce qui fembleroit y donner atteinte, ne fe livrant à rien, vivant pour foi, inutile, en un mot, à fa famille, à fa patrie, à l'univers ; voilà le Sage d'Epicure. La réferve que prefcrit votre maître, s'étend même à la Volupté. Il étoit fi conféquent, fi jaloux de cette liberté, fans laquelle il ne concevoit pas de véritable bonheur, qu'il ne fe laffoit point de répéter à fes éléves, que les plaifirs, comme les fleurs, peuvent bleffer quelquefois, & qu'ils ont des épines pour la main qui les cueille avec trop de vivacité. Auffi le voyoit-on, ennemi de toute efpéce de lien, préférer à la douceur d'un amour mutuel, de groffiéres paffions, fans attachement, fans choix, fans durée. Telles font les maximes d'une fecte volupteufe, qui s'arroge le titre d'Ecole de la fageffe.

Quelle différence entre ce faux fage & le vrai Philofophe, qui refpecte, qui chérit la Religion ! Homme & citoyen, loin de fuir le travail, de rejetter le fardeau des affaires publiques, de lutter contre des fentimens vertueux, il fe confacre à fa Patrie, à fa famille, à fes amis, fouvent même à des inconnus. Il partage la douleur de l'affligé : mais ce n'eft pas affez pour lui de mêler fes larmes à celles qu'il voit répandre, fa main libérale prodigue à l'indigent des fecours réels ; fon crédit, fes richeffes font le bien des malheureux. Liens facrés, dont la Nature unit tous les hommes, vous êtes vraîment chers à fon coeur ; vous faites fa gloire & fa félicité. Combat-il pour l'Etat, ou défend-il la caufe d'un Citoyen ? c'eft avec une inquiétude proportionnée à la grandeur de l'objet, mais qui n'altére pas la tranquillité dont il jouit intérieurement. Et pourroit-il ne pas goûter les charmes de la paix ? Ennemi fincére de l'injuftice, il fut toujours fidéle à la voix de la raifon : jamais il ne refufa de faire une action vertueufe. Il fçait ce qu'il doit à Dieu, ce qu'il fe doit à lui-même, ce qu'exige de lui la fociété, dont tous les membres, felon la force & la nature des nœuds qui les uniffent, ont l'un fur l'autre des droits plus ou moins étendus, mais toujours dignes de refpect. N'en doutez pas, Quintius, la Religion a fes héros : mais les motifs dont elle les anime, ne font pas l'efpérance d'une gloire incertaine, l'amour des richeffes, la foif des honneurs. De tels biens font des maux réels : ils portent le trouble dans le cœur lorfqu'on les defire, & ne le rempliffent pas lorfqu'on les pofféde. Souvent ils précipitent vers le crime ; fouvent ils en font le fruit. Mais la Religion n'infpire rien que de jufte. Ses loix font celles de la plus févére équité ; fon régne eft celui de la vertu. Jugez à préfent, lequel eft plus ami des hommes, ou de ce Grec fameux qui n'eut d'autre loi, d'autre Dieu, que le plaifir, ou de celui qui adore la Divinité.

Cette ardeur avec laquelle chacun de nous fe porte à ce qui lui eft utile, n'a pour principe, ni l'habitude, ni le hazard, ni les préjugés de l'éducation ; moins encore la contrainte ou l'autorité. C'eft, j'en appelle à vous-même, un fentiment effentiel à l'homme, & puifé dans la Nature. Ce fentiment eft donc pour la Raifon une loi fouveraine ; c'eft un arbitre intérieur qui doit régler notre choix, & qui ne jugeant point des objets, par ce qu'ils ont d'agréable ou de rebutant, ne se décide que par leur utilité. Or rien de plus utile à l'homme que la Religion ; rien de plus dangereux pour lui, que la doctrine d'Epicure. L'une est mere de la paix ; de l'autre naîtroient les plus affreux désordres : ce sont deux points également démontrés. Puisse donc la Religion triompher à jamais ; qu'elle soit la régle de notre vie. Source précieuse du respect des enfans pour leurs peres, de l'obéissance des sujets, de la subordination entre les différens états, elle inspire aux Souverains pour leurs peuples une tendresse paternelle : elle fait naître, elle fonde, elle consacre ces devoirs mutuels dont l'observation est l'appui du trône, & le gage de la tranquillité publique. Quiconque se regarde comme l'ouvrage d'une Divinité, sent qu'il fait partie d'un corps dont tous les membres sont liés entr'eux par des obligations réciproques ; & conséquemment ce qu'il doit aux autres, est à ses yeux le seul titre des prétentions qu'il a sur eux. Mais dans votre systême l'équité n'est qu'un nom : le Caprice est le Dieu de l'univers ; on ne respecte ni sentimens, ni vertus, ni devoirs ; on traite la Religion de préjugé ; on est sourd à la voix de la Nature, à cette voix que l'homme ne peut cesser d'entendre, sans cesser d'être homme. Rapportant tout à soi, l'infracteur de la loi naturelle, au milieu d'une foule d'Etres semblables, se regarde comme le seul Etre. Il s'établit centre de l'univers ; il s'en fait le tyran : souverain imaginaire, il ose s'arroger le droit de commander à tout : orgueilleuse prétention, qui joint l'erreur au crime ; double attentat & contre la Raison & contre la Divinité. De-là sont émanées ces maximes infernales , que toujours prêt à s'accommoder aux circonstances , le sage n'est lié ni par le serment, ni par le devoir ; que tout est permis, pour se frayer une route au Trône ; que l'offenseur ne doit jamais pardonner. Quels fruits naissent dans les jardins d'Epicure ! quels excès sont les conséquences de son systême ! Dès qu'un coursier ne connoît plus de frein, il s'élance comme un trait, & franchit tous les obstacles. Que le son d'une trompette, ou le sifflement d'un fouet frappe ses oreilles , son impétuosité redouble, sa course devient plus rapide ; il fuit plus vîte que les vents, & fait vôler autour de lui des nuages de poussière. Si le Cavalier raccourcit les rênes, c'en est fait , il ne sent ni les rênes , ni le Cavalier : sa fougue l'emporte, jusqu'à ce qu'outré de fatigue , hors d'haleine, il s'abatte enfin, dompté par ses propres fureurs. Tel est le sort de l'Impie, dont le cœur esclave d'une passion violente, s'est souftrait au joug de la Religion. Envain, la Nature, organe de la Justice & fidéle interpréte de la vérité, lui parle intérieurement ; il est sourd à sa voix ; il méprise & ses leçons & ses reproches. Epuisé par ses excès mêmes, il tombe enfin, ayant à peine la force de pousser d'inutils soupirs.

Puisque l'univers n'est ni le séjour, ni l'héritage d'un seul homme ; que tous ont également droit d'en jouir ; l'utilité publique est préférable au bien particulier, & le bonheur de tous à celui d'un seul. Ce principe lumineux régle nos décisions dans ce qui regarde les autres.

Jugeons-nous donc , comme nous jugeons nos pareils ;
que nos propres intérêts foient à nos yeux , comme les
intérêts d'autrui ; c'eft une régle que la Nature prefcrit ,
& qu'enfeigne la Raifon. J'exifte & je vis : rien ne m'eft
plus cher que moi-même ; je dois donc faire tous mes
efforts pour me conferver la vie, & me la conferver heureufe. Si je le dois , ces efforts font juftes. Mais les autres vivent : ils n'ont rien de plus cher qu'eux-mêmes ;
ils doivent par conféquent, comme moi , travailler à
leur confervation , à leur bonheur. Leur titre eft égal au
mien. Vous faites ce qu'ils font ; quel droit auriez-vous
de les condamner ? Tout homme équitable , s'il eft juge
dans fa propre caufe , prononcera donc entre un autre
& lui, comme feroit , entre deux inconnus , un Arbitre
intégre & judicieux. Cet Arbitre ne fouffriroit pas que
l'un des deux ravît à l'autre ou le jour , ou les biens. Il
reconnoît donc que de telles actions ne lui font pas permifes à lui-même. Il fent qu'il n'eft qu'une portion de
l'univers, & que , comme le tout eft plus grand que fa
partie , la fociété a des droits plus étendus que les fiens.
Le même rayon l'éclaire à la fois fur ces deux vérités.
C'eft un point que je ne fais qu'effleurer ici.

Ceffez donc ceffez, Lucrece, d'imputer à la Religion
le malheur des hommes. Elle réprime le vice par la crainte ; elle encourage la vertu par l'efpoir : elle arme nos
cœurs contre ces paffions qui nous dégradent & nous
aviliffent. L'impiété feule eft le principe de tous nos
maux. Ce fut , dites-vous , la Religion, qui par la main
des Grecs, plongea le poignard dans le fein de la trifte

Iphigénie. Non , Lucrece ; ce fut la fuperftition : fur la foi d'un impofteur, elle leur fit croire que par cet affreux facrifice , ils achéteroient là faveur des vents , & défarmeroient la vengeance de Diane. Mais , que dis-je ? Iphigénie , conduite à la mort par les ordres inhumains d'un pere ambitieux , fut moins la victime de la fuperftition , que du crime d'Héléne. Cherchons dans la Volupté la premiere caufe de cet odieux facrilége. Oui , jamais un fi noble fang n'auroit fouillé les autels , fi la vûe d'une beauté coupable n'eût allumé dans le cœur de Paris une flamme adultére ; fi violateur des droits de l'hofpitalité, ce perfide amant , n'eût , avec le criminel objet de fes feux , porté dans fa patrie le flambeau qui la confuma.

V. Mais vous , éléve d'Epicure , vous, qui cherchant le bonheur fous les enfeignes de la Volupté, croyez que la fageffe eft l'art de s'affranchir de toute efpéce de lien , de ne fe prêter qu'à des impreffions agréables, de rendre inacceffible au chagrin un cœur fans ceffe avide de nouveaux plaifirs ; parlez de bonne - foi, vos efpérances font-elles parfaitement remplies ? ne formez-vous jamais de vœux , que le fuccès ne couronne ? Si tout répond à vos defirs , vous êtes le feul homme heureux dans le monde. Mais cet avantage fi précieux , vous ne le devez pas à vous-même. Il n'eft le fruit ni de vos efforts, ni des principes de votre Maître. La Philofophie n'a pas le droit de créer les événemens : elle ne fçait qu'en jouir , ou les fupporter. Elle ne donne pas des loix à la fortune, mais des leçons à notre efprit. Si le fort, au contraire, ne vous a préparé que des orages, je vois en vous le plus infortuné des mortels. Quel état que celui d'un homme qu'enchante la Volupté, qu'effraye la plus légere idée de chagrin, & qui fruftré des plaifirs qu'il aime, ne vit que pour être la proye de ces maux, dont la feule image le fait frémir! Incapable de réfifter au moindre affaut, vous n'aurez pas la force de foutenir une difgrace imprévûe. Envain ce cœur amolli par le luxe, & déja vaincu par les délices, implorera-t-il le fecours de la conftance. Elle n'habite que dans ces ames fupérieures aux événemens, qui d'un œil tranquille envifageroient la chûte du monde. Renverfé par des coups fubits, vous n'aurez pas, en tombant, la confolation d'adorer la main qui vous les porte. De tous les hommes le plus malheureux, c'eft celui dont la crainte empoifonne tous les momens ; qui fans ceffe épris des charmes d'un chimérique bonheur, n'a pas cherché dans le fein de la vraie Philofophie un azile contre les maux. Voluptueux enfans de la molleffe, voyez cette fleur qui vient de s'épanouir : de douces rofées humectent fes feuilles ; une chaleur tempérée l'anime ; Zéphir entretient fa fraîcheur ; elle embellit le printems ; elle reléve l'éclat du jour le plus pur. Que le Ciel fe couvre de nuages, que les noirs aquilons refroidiffent l'air de la nuit ; c'en eft fait ; un trait mortel a frappé cette fleur naiffante. Sa tige s'affaiffe, fes nuances s'effacent : elle fe flétrit, elle tombe féche & décolorée.

Vous ne manquerez pas de répondre : Mes vœux ont

des bornes ; je me contente de peu ; ces honneurs, dont le faſte en impoſe aux ames vulgaires , ſont pour moi ſans attraits : je vois ſans envie la grandeur & la magnificence des Rois ; les noirs ſoucis inſéparables du trône en obſcurciſſent à mes yeux l'éclat : je croirois trop acheter un triomphe au prix de mon repos. Mais la nature eſt une mere bienfaiſante : elle prodigue à ſes enfans de quoi ſatisfaire leurs beſoins, de quoi combler leurs déſirs. Je jouis de ſes dons; je cueille avec empreſſement les fruits délicieux qu'elle m'offre : mon ame ſe livre ſans remords à ces plaiſirs purs & faciles qui coulent de ſon ſein. L'exemple d'autrui ne me touche point : je vois la plûpart des hommes , artiſans de leurs propres malheurs, ſe forger tour-à-tour de chimériques objets de terreur & d'eſpérance : je les vois, je les plains ; mais je ne les imite pas. Que l'illuſion ſe joue du reſte des mortels ; qu'un aveugle courage leur faſſe affronter mille morts; qu'ils ſe condamnent à des travaux ſans nombre ; qu'ils conſument en laborieuſes bagatelles un tems court & précieux. Pour moi , je connois le prix du tems, & mon bonheur eſt d'en jouir. Enveloppé dans ma propre vertu, j'aime à vivre pour moi ſeul à paſſer dans les douceurs d'un innocent loiſir , des jours qui ne ſoient ni ſouillés par le crime, ni flétris par le chagrin.

Voilà vos diſcours : examinons-en la valeur. Je vous crois tel que vous le dites : votre bonheur ne s'eſt point encore démenti : mais quelle preuve avez-vous que jamais il ne ſe démente ? Vous avez évité bien des écueils : ce n'étoit pas ceux où vous deviez échouer. Peut-être

vous rcfte-t-il une vafte étendue de mer à parcourir; &
dans ce long trajet que de gouffres, que de rochers! De
tous les états vous avez choifi le moins fujet aux revers: ce choix vous préfervera de quelques périls qui feront funeftes à d'autres; mais ne croyez pas échapper à
ceux que le fort vous réferve. Sauvé d'un premier orage,
vous périrez dans un fecond. Mortels n'efpérons point
ici de repos folide. Sur les flots d'une profonde mer,
nous roulons tous enfemble expofés à de communes
tempêtes; & chacun de nous eft le jouet d'une tempête
qui ne menace que lui feul.

Vous n'êtes, je le fuppofe, ni de ces avares que brûle
la foif de l'or, ni de ces lâches & perfides courtifans qui
rampent pour s'élever, ni de ces héros que l'amour de
la gloire précipite au milieu des feux. Ainfi je ne crains
pour vous, ni les dégoûts d'un noble efclavage, ni les
inquiétudes que produit une riche indigence; & je crois
votre bonheur à l'épreuve des atteintes que ces tour-
mens portent à celui de tant d'autres. Mais ce bonheur
furvivroit-il à la perte de votre fanté? furvivroit-il à
celle des agrémens qui parent votre jeuneffe, à ce loifir
dont vous faites vos délices, à cette douce aifance qui
fatisfait vos défirs? De tels biens ont l'éclat & la durée
des fleurs; le fort étend fur eux fon empire. Si cette ame
voluptueufe, à qui la douleur eft inconnue, qui s'endort
dans une molle fécurité, étoit tout-à-coup affaillie par
tous les maux qu'entraînent l'incendie, la difcorde, ou
la guerre; fi par les ordres d'un Tyran vos mains étoient
chargées de chaînes; fi un ami perfide abufoit de votre

confiance ; si la mort arrachoit de vos bras des enfans chéris, une épouse aimable ; si le mensonge attaquoit votre innocence ; si votre réputation se soutenoit à peine contre les traits de l'envie, quel seroit alors, quel seroit l'état de votre cœur ? que vous serviroit de n'avoir jamais versé de larmes ? Donneriez-vous encore à la Nature le nom de Mere ? ce seroit une marâtre, sourde à vos gémissemens. Ces coups affreux vous perceroient le cœur ; & le souvenir amer de vos plaisirs passés empoisonneroit une playe déja mortelle. Confus, inconsolable, vous succomberiez enfin sous le poids des maux & des regrets. Et quelle seroit la mesure de ces regrets ? quel en seroit le reméde ? La ciguë ou le poignard. Ce sont-là, je le sçais, les ressources de la Philosophie d'Epicure. Mais quelle étrange ressource, que de chercher dans la douleur un terme à la douleur ! Tel fut le sort de ce Roi, dont la mollesse deshonora le trône de Belus. Au sein d'une oisiveté profonde, il avoit épuisé tous les plaisirs. Un revers le tira de cet assoupissement : mais incapable de soutenir les rigueurs de la fortune, Sardanapale fit dresser un bucher dans son palais, & se précipita dans les flammes avec tous ses trésors. Bel exemple pour les disciples d'Epicure ; fin digne de terminer leur carriere !

Heureux, au contraire, heureux celui dont la Religion fonde l'espérance & régle la conduite ! Tout ce qui passe, est à ses yeux comme s'il n'étoit plus, comme une illusion du sommeil. Il foule d'un pied tranquille & les biens & les maux ; il méprise également les faveurs

& les outrages de la fortune. Rien de fini n'eſt capable de l'ébranler : l'adverſité ne peut abattre ce cœur que les délices tenterent envain d'amollir. Il vogue, avec le reſte des hommes, emporté par le tourbillon général ; &, comme chacun d'eux, il eſt le jouet d'un tourbillon particulier. Mais immobile au centre de l'agitation même, il conſerve une paix inaltérable. Environné de gouffres & d'abîmes, il ſemble être déja dans le port : il jouit de ce qu'il eſpére. L'avenir préſent à ſon eſprit verſe mille douceurs ſur des ſouffrances dont le prix doit être une couronne immortelle. Connoiſſant ſes véritables intérêts, il ſacrifie le tems à l'éternité.

Ne le regardez pas toutefois comme un vil mercenaire qui ne s'abſtient du mal, que par la crainte des peines ou le déſir des récompenſes. Ces motifs ne ſont pas les ſeuls principes de ſa vertu : mais quand ils le ſeroient, on peut, ſans baſſeſſe, ſe livrer à de tels ſentimens. La nature inſpire à l'homme une ardeur vive, conſtante, invincible pour ſa propre félicité. Il ne peut ſouhaiter d'être, ſans ſouhaiter d'être heureux. Oui, je l'avouerai ſans peine ; le ſouverain bien, c'eſt le plaiſir ; mais le plaiſir puiſé dans ſa véritable ſource, le plaiſir pur, ſolide, immenſe, inaltérable. Quel ſera l'objet de mes vœux, ſi ce n'eſt mon bonheur ? & que puis-je aimer, ſinon ce que je crois m'y devoir conduire ? Le bonheur eſt le terme commun, auquel tendent tous les hommes par mille routes contraires. Vous y tendez, éléves d'Epicure, en fuyant la douleur, en cherchant le plaiſir que promet la Volupté. Mais qu'eſt-ce que ce

plaiſir ?

plaifir ? Un fouffle, une ombre, une eau fugitive, un fable leger dont les flots fe jouent, un feu qui brille & s'éteint. L'inftant qui le voit éclore, le voit difparoître : il eft indigne d'un cœur qui n'aime que le vrai. Le fage méprife les chimeres dont l'éclat éblouit vos yeux ; & c'eft en les méprifant, c'eft en s'élévant au-deffus des biens que le tems moiffonne, & de tout ce qui n'eft pas Dieu, qu'il parvient au terme. Par ce mépris de tout ce qui l'environne, il ne prétend pas, Cynique orgueilleux, étonner le peuple & laiffer un nom. Ce n'eft pas un Stoïcien idolâtre de foi-même, qui des farouches vertus dont il fe charge, fe fait un droit à l'hommage des mortels. Dieu feul eft l'objet des vertus du fage ; Dieu feul eft le prix qu'il veut mériter.

Chercheriez-vous une fource d'eau pure dans un terrain marécageux, dans ces humides vallons que couvrent la fange & le bitume ? C'eft dans le creux d'un rocher couronné de gafon, dans l'intérieur d'une verte colline, que font renfermées ces ondes limpides, qui n'attendent qu'une iffue pour couler dans vos prairies. Cherchez donc en Dieu, le fuprême bonheur; ce bonheur inépuifable, que le chagrin ne peut altérer, que le tems ne peut flétrir. Du fein de la Divinité découle un fleuve de délices : il inonde les poffeffeurs de ce bien immuable; & l'amour qu'infpire un tel objet a des charmes dont vous n'avez pas même l'idée, voluptueux Mortels. Dûffiez-vous jouir cent ans de la plus brillante jeuneffe, dûffiez-vous la paffer toute entiére dans les ris & dans les jeux, vous ne pourriez atteindre à la félicité

des Juftes : vos fiécles ne vaudroient pas leurs momens.
Ce qu'ils aiment , ils le poffédent & le pofféderont toujours : plus ils l'aiment , plus ils en font aimés. Les fleurs
qu'ils cueillent n'ont point d'épines ; l'amertume ne cor-
rompra jamais la pureté d'une fource dans laquelle ils
puiferont éternellement. Ils jouiffent fans dégoût ; ils
aiment fans remords , parce que les motifs qu'ils ont d'aimer croiffent en même-tems que leur amour.

Si la mort , fi cet objet de terreur pour tout ce qui
refpire , vous caufe peu d'effroi , doutez-vous qu'ils ne
l'attendent avec un courage infiniment fupérieur au vôtre ? La mort eft le point fatal où tout finit pour vous :
elle fera pour eux le premier inftant d'une vie qui ne
finira plus. Votre efpérance eft de mourir tout entier ,
de rentrer à jamais dans l'abîme du néant. L'avenir offre
à leurs yeux un point de vûe plus flatteur ; la vertu ré-
compenfée par une félicité fans bornes. Idée confolan-
te , qùi même ici-bas eft une récompenfe anticipée , un
gage précieux des biens qu'elle annonce : doux efpoir
qui leur fait goûter fur la terre les prémices d'un bonheur
éternel. Avouez-le donc , Quintius ; il eft , dès cette
vie même , des plaifirs préférables à ceux que préfente
la Nature. Sous le joug de la Religion l'homme eft plus
heureux , que fous l'empire de la Volupté.

Mais quel doit être un jour votre fort , fi ce que je
crois , fe trouve véritable ; s'il exifte , en effet, un Dieu
vengeur que vous n'aurez pas connu ; difons mieux ,
que votre cœur fourd à la voix de l'univers aura refufé
de connoître ? Cette idée me pénétre d'horreur : vous

rifquez tout : quel que foit l’avenir qui nous attend , votre état eft plus trifte que le mien. Si je me trompe , c’eft
une erreur dont je ne crains pas d’être puni ; nos deftins
feront les mêmes ; nous ferons l’un & l’autre engloutis
dans le néant. Mais vous, fi votre fyftême eft faux , vous
ferez malheureux à jamais. Peut-on s’aimer , & s’expofer volontairement à un pareil danger ?

Mes difcours vous femblent à peine intelligibles, ils
vous rebutent. Pour une félicité qui vous paroît dou-
teufe rejetter des biens réels , des biens à votre portée,
& qui tels qu’ils font, vous fuffifent ; quels confeils !
Quoi, dites-vous, l’idée d’un avenir chimérique m’em-
pêcheroit de goûter le préfent ! au frivole efpoir d’une
récompenfe incertaine, je facrifierois des plaifirs dont
le charme fait la douceur de ma vie ! Non, non : ce feroit à chaque inftant mourir dans les horreurs d’un fupplice lent & cruel : ce feroit entrer tout vivant dans le
tombeau. Je ne fuis pas homme à me laiffer éblouir par
la peinture d’un bonheur dont je n’ai pas même l’idée.
Le plus beau fonge n’eft qu’un fonge.

Que vous ai-je donc propofé , Quintius ? de rompre
des chaînes ; de fecouer le joug odieux de ces paffions ,
qui vous afferviffent à ce que vous aimez. A quoi vou-
drois-je vous faire renoncer ? à des plaifirs frivoles dont
la jouiffance vous a dégoûté mille fois. Oui , mille fois
je vous ai vû chercher dans de nouvelles fources, un
bonheur qui s’étoit refufé jufqu’alors à toute l’ardeur de
vos vœux. De tant d’objets qui vous ont paru les mériter , un feul a-t-il rempli vos efpérances ? un feul a-t-il

pû vous fixer? Que d'épreuves n'a pas faites,& ne fait pas
fans ceffe ce cœur toujours avide & jamais raffafié ! Un
malade accablé de douleurs, roule fes membres lan-
guiffans fur le lit qui le porte fans le foulager. Dans un
changement continuel de fituation, il cherche le repos
qui le fuit. Celle qui fembloit le lui promettre, lui devient infupportable. Las fans être défabufé, il léve en
foupirant les yeux vers le Ciel : il s'agite, il s'épuife, &
fon impatience, fans diminuer fes maux, augmente fon
ennui. Trifte, mais véritable image d'un voluptueux.
L'erreur qui fruftre fes defirs, les irrite & ne les guérit
pas. C'eft un hydropique, dont la foif brûlante cherche
un reméde dans l'eau, & n'y trouve qu'un feu qui la redouble. Vainement opiniâtre, il confie une onde fugitive à des vafes qui ne peuvent la retenir. Au milieu de
ces laborieufes inutilités le torrent de fes jours s'écoule;
& dénué de tout, il meurt fans avoir vécu. L'amour eft
un tourment. Si vos defirs font vifs, leur violence vous
confume : fi vous defirez fans ardeur, vous jouiffez fans
délices. Que dirai-je des chagrins, dont le mélange empoifonne les plaifirs ? mélange que Lucrece eft forcé de
reconnoître, & qu'il a fçu déplorer dans fes vers avec
tant de force & de vérité. Si vous craignez l'inquiétude,
fuyez le plaifir : leur fource eft commune ; ils font l'un
& l'autre des rejettons de la même tige. La Volupté
par un chemin de fleurs nous conduit au précipice. Ses
préfens ne font que de trompeufes amorces : feux brillans, dont la perfide lueur nous égare. Semblables à
ces vapeurs bitumineufes qui s'enflamment pendant la

nuit au-deſſus des étangs ; le voyageur, trompé par leur éclat, croit, en les ſuivant, trouver un azyle, & tombe dans la fange d'un marais.

Ce n'eſt donc pas renoncer à des avantages réels ; c'eſt éviter des piéges dangereux, que d'obéir aux loix de la Religion : nul ſacrifice à faire pour pratiquer ſous ſes auſpices toutes les vertus dont elle eſt la ſource ; en un mot pour être homme. Faut-il donc de ſi grands efforts pour le devenir ? Je vais plus loin : quand il ſeroit impoſſible de démontrer ces dogmes, que je crois inconteſtables, & que vous traitez de chiméres, n'eſt-il pas infiniment plus flatteur d'aſpirer à la poſſeſſion d'un bien immenſe, éternel, inaltérable, que de pourſuivre vainement une fauſſe image de bonheur ? Oui, Quintius, un Dieu dont la puiſſance & la bonté ſouveraines, mettent les hommes en droit de ne borner ni leurs eſpérances, ni leurs deſirs, eſt un objet plus conſolant pour leur cœur, une fin plus digne de leurs actions, que d'aveugles atomes errans dans le vuide, que l'inconſtante & capricieuſe Volupté, dont les faveurs ont la durée d'un jour.

Ce parti coûte à la Nature, je le ſçais : mais quel eſt le bien que l'on n'achéte pas ? vous ne jouiſſez ſouvent du plaiſir, qu'au prix de votre repos. Dieu vous eſt inconnu : mais de quelle conſéquence n'eſt-il pas pour vous de le connoître ? De quels intérêts s'agit-il ? de ceux de Dieu, ou des vôtres ? La réalité d'une vie future ne vous paroît pas clairement démontrée : mais vous paroît-il plus certain que notre ame ſoit un jour anéantie. Si vous en êtes aſſûré, prouvez-le moi. Quand on attaque des idées généralement reçues, on doit un compte de ses motifs. Si vous n'avez que de l'incertitude, soyez donc moins tranquille sur l'avenir. Vous ne craignez rien ; & le doute a sur votre esprit toute l'autorité que l'évidence seule auroit droit d'exercer : il vous détermine à nier ce que vous ne voyez pas clairement. Vous fermez les yeux aux rayons de l'Aurore, parce qu'ils n'ont pas l'éclat de ceux du Soleil ; vous leur préférez d'épaisses ténébres. Elles vous plaisent, je le sçais ; elles ont pour vous des charmes. Mais quoi ! peut-on aimer à se perdre ? Une sécurité telle que la vôtre, est un assoupissement léthargique : c'est le sommeil de la mort. Il faut, Quintius, vous arracher à ce repos funeste ; il faut par une salutaire violence réveiller cette ame insensible : l'inquiéter, c'est lui rendre la vie. Ou mon sentiment est véritable, ou le vôtre : point de milieu. Or dans les cas douteux, la raison nous ordonne d'embrasser le parti le plus sûr. Si le bruit se répandoit que des brigands infestent une forêt, ce bruit même vague, ne vous causeroit-il pas de l'inquiétude ? oseriez-vous, avant que d'avoir éclairci le fait, traverser ce bois sans précaution ? Ah ! Quintius, l'avenir est un sujet de terreur plus important. Puissent mes discours contribuer à dissiper les nuages qui vous dérobent le vrai ! Mais en attendant qu'il se montre à vos yeux, reconnoissez avec moi, que le systême qui proscrit la Divinité se fonde uniquement sur des sophismes ; que les suites en sont affreuses ; enfin que les espérances de ceux dont un bonheur éternel est l'objet & la fin, sont également solides & consolantes.

SOMMAIRE
DU LIVRE SECOND.

I. *APRE'S avoir détruit dans le premier Livre la Morale des Epicuriens, l'Auteur combat leur Physique dans les suivans. Cette Physique est le pur matérialisme. Dans le sein d'un Vuide immense, nécessaire, immuable, Epicure place une multitude infinie d'Atomes éternels, & forme tous les êtres du concours fortuit de ces corpuscules indivisibles. Le second Livre de l'Anti-Lucrece débute par l'exposition de ce système.*

II. *Pour le réfuter avec ordre, le Poëte en attaque séparément les deux parties. Il commence par le Vuide, qui fait proprement le sujet de ce second Livre, & lui oppose d'abord des raisonnemens métaphysiques.*

1erement. Si le vuide étoit réel, & qu'il eût toutes les propriétés que lui donnent les Epicuriens, il seroit Dieu.

2ement. C'est une contradiction grossiére de le croire immense, & d'y supposer des points d'où partent les atomes, & des points vers lesquels ils tendent.

3ement. S'il existoit, il auroit des parties, & conséquemment il seroit corps; mais au fonds ce n'est qu'une chimére.

E iiij

4.^{ement}. *Cette chimére doit son existence à l'imagina-*
tion, qui confondant le vuide avec l'espace, se repré-
sente l'espace comme détaché de la matiére, quoiqu'il en
soit inséparable.

III. *L'Auteur passe ensuite à ce qu'on peut alléguer*
en faveur du vuide. Il répond en particulier aux ob-
jections de quelques Modernes, qui supposent avec Gas-
sendi l'existence du vuide, mais en lui donnant Dieu
pour Auteur. Il retorque contr'eux l'argument que sem-
ble leur fournir l'hypothèse de la destruction subite de
tous les corps renfermés dans un lieu déterminé.

IV. *Ce qui donne un grand nombre de partisans au*
vuide, c'est qu'on le croit essentiel au mouvement des
corps. L'Auteur combat cette idée. Il explique la na-
ture du fluide dans lequel tout se meût, selon Descar-
tes dont il adopte en ce point le système; & par des rai-
sons qu'il appuye de faits, il établit : Premiérement, que
tout est plein dans l'univers. Secondement, que le plein,
au lieu de nuire au mouvement, est seul capable de le
transmettre & de le perpétuer.

V. *De-là retombant sur le vuide, il le combat une*
seconde fois, mais par un genre de preuves différent;
par des preuves tirées de la Physique. Il les développe

en répondant à *Newton*, qui a cru devoir adopter cette partie du *fyftême Epicurien*. Il prouve que dans l'hypothèfe du vuide,

1erement. *Les Planetes ne décriroient point d'orbites*.

2ement. *La maffe de chaque corps n'étant pas com-primée, feroit détruite par une prompte diffolution*.

3ement. *Les corps denfes n'auroient point de péfan-teur*.

4ement. *Enfin cette force qui, fuivant Newton, attire tous les globes vers un centre, ne pourroit agir fur eux, faute d'un milieu capable d'en tranfmettre l'impreffion*.

VI. *A ces preuves indirectes de l'exiftence du Plein, il joint des argumens directs que lui fourniffent diverfes expériences. Il montre que la fluidité des corps, leur tranfparence, leur molleffe & d'autres qualités du même genre, ne font point, comme le croit Epicure, des effets du Vuide, & finit en exhortant Quintius à reconnoître la fauffeté de cette hypothèfe*.

L'ANTI-LUCRECE.

LIVRE SECOND.

I. RENDEZ juſtice à mes vûes, Quintius. Ce n'eſt pas pour troubler votre repos, que j'ai rappellé dans votre ame de ſalutaires frayeurs, qu'un Poëte trop éloquent avoit ſçû vous ravir par ſes charmes. Votre bonheur eſt l'objet de mes efforts ; je gémiſſois de vous voir ſéduit par l'apparence, voler à votre perte ſur les aîles du plaiſir. Pour vous tirer du péril, il falloit vous arracher à cette dangereuſe ſécurité, que produiſent l'erreur & l'imprudence. Défiez-vous des dehors. Souvent l'aſpic eſt caché ſous les fleurs : ſouvent d'une plante dont le goût déplaît, on tire des ſucs bienfaiſans. Icibas tout ſubit les loix du tems & de la viciſſitude : liés l'un à l'autre, la douleur & le plaiſir forment une chaîne indiſſoluble. Dans la ſaiſon des frimats, le ſouffle glacé de l'Aquilon dépouille les arbres de leurs feuilles. Ils revivent au printems, couronnés de fleurs & de verdure.

J'ai vû des vaiſſeaux pouſſés par de favorables Zéphirs, ſe jouer légerement ſur la ſurface des ondes : je les ai vû ſe briſer enſuite contre des rochers, & s'enſevelir dans un gouffre profond.

Au reſte, je n'ai pas prétendu qu'une aveugle docilité vous ſoumît à des principes, dont l'évidence ne vous ſeroit pas encore démontrée. Je n'eus jamais pour objet, que d'empêcher qu'une doctrine qui flatte les paſſions, ne s'emparât de votre eſprit, en ſéduiſant votre cœur; que vous ne fuſſiez prévenu par ſes attraits, avant que d'en avoir examiné les fondemens.

« L'univers n'eſt point l'ouvrage d'une Divinité. Deux
» cauſes éternelles & ſubſiſtantes par elles - mêmes, les
» Atomes & le Vuide ont produit tous les Etres » : voilà
le précis du ſyſtême d'Epicure. Selon lui, « le Vuide
» eſt le lieu des Atomes, & les Atomes ſont les princi-
» pes des corps. Sans le vuide, il n'y auroit point de
» mouvement, parce que les corps déplacés n'auroient
» pas de retraite. La réſiſtance ſeroit toujours égale à
» l'impulſion, & dès-lors la Nature reſteroit éternelle-
» ment plongée dans un ſtérile repos. Le vuide remplit
» tout plus ou moins; & de cette différence réſulte celle
» qui ſe trouve entre les différens corps. Les uns ſont
» liquides ou rares; c'eſt que leur tiſſu offre au Vuide
» un grand nombre de cellules : les autres ſont ſolides
» ou denſes; c'eſt qu'ils n'en ont que très-peu. Sa durée
» n'a point de bornes; ſon étendue point de limites :
» immenſe ſans être corporel, immobile, immuable, il
» ſeroit Dieu s'il joignoit l'intelligence à de tels attributs.

» Dans son sein habite & se meût avec rapidité , une
» multitude d'atomes qui s'entrechoquent de toutes
» parts : multitude infinie , mais privée d'intelligence.
» Sans cela, comme le vuide, elle auroit droit à nos
» hommages : elle seroit Dieu comme lui.

» Epicure suppose, en effet, ces corpuscules éternels :
» & dans l'idée que rien ne sort du néant, que rien n'y
» rentre, il prononce que tout est formé par la réunion
» des atomes ; que tout est détruit par leur séparation.
» Comme principes de tous les êtres , les atomes sont
» simples & solides : car , quel que soit le principe des
» corps , il doit avoir l'unité pour essence. En tant que
» simples, ils sont indestructibles : car la destruction d'un
» être, c'est sa décomposition ; c'est la désunion des par-
» ties dont il étoit l'assemblage. Or les atomes sont les
» parties des corps ; mais parties, dont chacune ne for-
» me point elle-même un tout : ou du moins, si l'atome
» est un tout, c'en est un sans parties & sans vuide. Il
» est conséquemment impénétrable, & toute division
» cesse dès qu'elle arrive jusqu'à lui. On ne peut enfin
» concevoir rien de si délié. Pour peu qu'on lui donnât
» de volume, il auroit des parties ; & dès-lors, il ne se-
» roit pas simple. Cette petitesse le rend imperceptible ;
» & ce n'est que par leur réunion, que ces corpuscules
» parviennent à frapper nos sens.

» Tels sont, si l'on en croit Epicure, les germes de
» la matiere : tel est le fonds primitif de tous les êtres ,
» & le principe de leur réproduction. Ainsi, dans ce systê-
» me , les corps, enfans du hazard, naissent & subsistent

» fans le fecours d'une intelligence fupérieure ; jufqu'à
» ce qu'ils perdent par la féparation des atomes, une
» forme qu'ils devoient à leur affemblage.

» Pour opérer ces effets merveilleux, les atomes n'ont
» befoin que de mouvement & de figures. Le mouve-
» ment leur fait parcourir le vafte empire du Vuide : &
» dans cet immenfe trajet, la variété de leurs figures
» produit entr'eux une multitude de chocs diverfifiés à
» l'infini, d'où réfultent des combinaifons de toute ef-
» péce. Vous avez vû fouvent, lorfque le Soleil dardoit
» fes rayons par une étroite ouverture, un tourbillon de
» pouffiére fe mouvoir avec rapidité dans cette colomne
» lumineufe : fes molecules s'élévent & s'abaiffent, s'ap-
» prochent & fe repouffent tour-à-tour ; elles femblent
» en voltigeant fe jouer entr'elles, jufqu'à ce que l'agi-
» tation qui les foutenoit venant à s'affoiblir, leur poids
» les entraîne vers la terre. Leur choc eft une image de
» celui des corpufcules d'Epicure.

» La quantité d'atomes renfermés fous chaque figure,
» eft infinie ; celle des figures mêmes ne l'eft pas. Il y a,
» par exemple, une infinité d'atomes ronds, cubiques,
» triangulaires ; mais on compte à peine trois ou quatre
» mille figures. Quel qu'en foit le nombre, il n'importe ;
» l'effentiel eft de remarquer qu'il eft fini. On peut fous
» ce point de vûe comparer les atomes aux Plantes. Di-
» verfifiées fuivant la faifon, le terrain, le climat, elles
» peuplent les jardins, les prairies, les montagnes ; elles
» couvrent la face de la terre. Mais, quoique les indivi-
» dus de chaque efpéce foient innombrables, le nombre

» des efpéces a des bornes. Peu de fons forment tous
» les mots des langues connus ; ils fuffiroient pour en
» compofer une infinité de nouvelles. Avec un petit nom-
» bre de tons, l'inftrument le plus fimple rendra des airs
» de toute efpéce. Que ne peuvent, en effet, les cóm-
» binaifons ! un exemple auffi frappant de leur fécondité,
» c'eft celui que nous offre ce fecret admirable, qui fait
» fervir l'art à multiplier les productions de l'efprit. Le
» Compofiteur a fous les yeux divers alphabets, diftri-
» bués en autant de cafetins : fa main légere, auffi sûre
» que rapide, faifit les caractères en voltigeant : elle les
» arrange & forme une planche dont le papier reçoit
» l'empreinte. De la même lettre fouvent répétée, mais
» arrangée différemment, naiffent des mots fans nom-
» bre ; ainfi par mille & mille combinaifons, par des en-
» chaînemens variés à l'infini, peu de figures produifent
» une multitude innombrable de corps.

» Rien ne réfulte du concours des atomes, lorfqu'ils
» rejailliffent au premier choc, & qu'au lieu de s'unir, ils
» fe repouffent mutuellement. Cette antipathie des prin-
» cipes eft la fource de l'invincible oppofition que la
» Phyfique découvre entre certains corps. Si ces corpuf-
» cules s'allient dès qu'ils fe touchent, un nouvel être,
» fruit de leur amour, brille auffi-tôt dans l'univers. Mais
» entre la difcorde & l'étroite alliance, il eft un milieu :
» les atomes peuvent ne s'unir qu'en partie ; ils peuvent,
» en s'attachant l'un à l'autre, laiffer entr'eux plus ou
» moins d'efpace ; & de ces différences réfultent diverfes
» qualités des corps, la fluidité, la molleffe, la pefanteur,

» & les attributs contraires. Les corps roides, & ceux
» dont la flexibilité se prête à l'impression la plus foible,
» sont composés d'atomes de même espéce : mais le
» tissu des premiers est aussi serré, que celui des seconds
» l'est peu. Enfin, c'est à la figure même de ces élémens,
» qu'Epicure attribue d'autres qualités sensibles. Les
» corps acides, par exemple, sont des amas de petits
» traits : l'assemblage d'atomes ronds & polis forme ceux
» dont la douceur flatte le goût.

» Mais par quelle espéce de mouvement les atomes
» produisent-ils tant d'effets si variés ? Par un mouvement
» naturel. La pesanteur, qualité qui fait partie de leur
» essence, les précipite des régions supérieures. Ils des-
» cendent tous d'un pas égal, mais rapide : parce que
» la chûte des corps pesans ne peut être retardée, que
» par les obstacles qu'ils rencontrent, & que nul obsta-
» cle ne se rencontre dans le vuide. C'est dans cette des-
» cente, que se fait leur mélange ; que ceux de différen-
» tes figures s'unissent ou se repoussent. L'atome repoussé,
» remonte ; son poids le rechasse ; il se reléve ; il retom-
» be : & cette alternative dure, tant qu'il ne trouve point
» d'atome avec lequel il puisse s'allier. »

Ainsi se sont formés tous les êtres, ouvrages du hazard, & jouets d'une éternelle vicissitude. Astre du jour ;
flambeau de la nuit ; feux brillans, que je contemple attachés à la voûte céleste ; globes immenses, qui roulant
autour du Soleil dans de vastes orbites, réfléchissez à
mes yeux une partie de son éclat ; telle est l'origine, que
vous donne l'Auteur d'un systême fameux. Telle est celle

qu'il

qu'il affigne aux élémens, à la terre, à toutes fes productions, aux animaux, aux hommes, aux Dieux mêmes. Je dis, aux Dieux : Epicure en reconnoît; mais quels
Dieux ? fans pouvoir, fans bonté, fans juftice, indifé-
rens à tout ce qui fe paffe ici; troupeau d'immortels ! Il
foutient que nos ames font de la même efpéce, ont la
même deftinée que les corps; qu'elles naiffent & périffent
comme eux; & que ni la matiére, ni le mouvement ne dépendent d'une caufe puiffante, qui doive intimider les
hommes.

Approfondiffons, s'il eft poffible, de fi grands myftères; développons la nature de ces principes créateurs,
dont l'exiftence, en cas qu'elle foit néceffaire, anéantit
la Divinité. Si ce qu'avance Epicure eft véritable, point
de crimes; point de Dieu qui les puniffe : fi fa doctrine
n'eft que menfonge, il faut croire un Dieu, Quintius,
& le craindre.

Mais avant que d'entrer en matiére, arrêtons-nous un
moment à confidérer la mauvaife-foi d'Epicure, à l'é-
gard de ces Dieux aufquels il feint de rendre hommage.
Quelle honte pour des Athéniens ! une illufion fi groffiére devoit-elle leur en impofer ? Effrayé, fans doute, par
l'exil de Protagore & par le fupplice de Socrate, il n'ofa
profcrire ouvertement les objets du culte public. Mais
pour détruire en effet ces Dieux qu'il reconnoiffoit en
apparence, il les rendit méprifables & ridicules. Loin de
toutes les parties de l'univers il les relégua dans je ne
fçais quels efpaces qu'il fuppofoit entre les Mondes différens : & ne leur laiffant aucun foin, aucune connoiffance

de ce qui peut intéreſſer les mortels, il leur permit d'y vivre heureux dans une inaction profonde ; d'y jouir, au ſein de la molleſſe, des tranquilles plaiſirs d'une oiſive éternité : inutiles, ou plûtôt imaginaires habitans, d'une chimérique région. Il parloit ainſi pour le peuple ; mais de peur que d'autres ne s'y trompaſſent, quelle foule de contradictions ne raſſemble-t-il pas ſur cette troupe de bannis ? Je lui paſſe ce ſommeil léthargique auquel il condamne des Divinités : je ne l'arrêterai que ſur un point. Les ſeuls principes, les ſeuls êtres qu'il admette dans l'univers, ce ſont le vuide & les atomes : tout ſe forme, tout ſe détruit par le concours & la ſéparation de ces corpuſcules. Répondez, Epicure : vos Dieux ſont-ils formés d'atomes ? Oui, ſans doute. Ils ne ſont donc pas immortels : vous voilà forcé de reconnoître que votre deſſein fut de ſubſtituer des chiméres aux Dieux : & quand vous leur donniez un corps que vous n'oſiez appeller un corps, une forme image de la nôtre, des membres ſans force & ſans vigueur ; lorſqu'au lieu de ſang, vous faiſiez couler dans leurs veines je ne ſçais quelle vapeur divine, vous flattiez-vous d'abuſer les hommes par de ſemblables fictions ? Mais quelle que fût l'idée qu'Epicure avoit de ſes Dieux mêmes ; ou leurs ames ſont de pures intelligences ; & dès-lors, pourquoi notre ame n'auroit-elle pas la même nature ? ou elles ſont corporelles, & cependant aſſûrées de vivre éternellement ; notre ame, même en la ſuppoſant une portion de matiére, pourroit donc être immortelle. Vous voyez que le Philoſophe Grec ſçait mal déguiſer le fonds de

ſa doctrine, & qu'il renverſe de ſa propre main les fondemens de ſon édifice.

II. EXAMINONS à préſent le vuide : ce lieu des corps ;
eſſentiel à leur mouvement, & qui ſeroit le berceau de
la matiere, ſi la matiere n'étoit pas éternelle. Inaltérable, incorporel, infini, néceſſaire ce vuide, Epicure,
eſt Dieu, ou il n'eſt *Rien*. En effet, de tout ce qui conſ-
titue la Divinité, vous ne lui refuſez que l'intelligence
& le pouvoir ; mais pourquoi le priver de ces attributs ?
Tout ce qui exiſte par ſoi-même, eſt néceſſairement ce
qu'il eſt. Par conféquent ſoutenir que le vuide ne doit
qu'à ſoi-même ſon exiſtence, c'eſt prétendre qu'il eſt
par ſoi - même immuable, éternel, illimité ; par ſoi-
même dénué d'intelligence & de force. Expliquez donc
pourquoi une ſubſtance immortelle, invariable, infinie,
ne peut à de ſi grandes propriétés joindre l'intelligence
& le pouvoir ? L'union de ces deux attributs avec les
précédens répugne - t - elle à la nature de l'être par
eſſence ?

Loin d'être incompatibles, ces différentes qualités
ne peuvent être ſéparées. Sous quelque rapport que j'en-
viſage un être exiſtant par ſoi-même, il doit offrir à mes
yeux l'infini. C'eſt peu que ſon étendue, que ſa durée le
ſoient, ſi tout ne l'eſt en lui. Centre de toutes les perfections poſſibles, il doit les réunir ; il doit poſſéder éminemment chacune d'elles : ſa nature eſt d'être ; tout ce
qui exiſte dans l'univers, eſt lui ou dérive de lui. Quelle
cauſe peut donc limiter ſon eſſence, & donner des bornes

à fes attributs ? Ne reconnoiffez-vous pas dans l'homme un certain degré de pouvoir & d'intelligence ? Cependant l'homme n'exifte pas par lui-même : & vous prétendez qu'un être infini, un être néceffaire eft fans intelligence & fans pouvoir. Choififfez : fi le vuide exifte par foi-même, il eft Dieu : ne peut-il être Dieu, il n'eft *Rien*, ou il eft corps. Vous niez qu'il foit un corps ; donc il n'eft *Rien*. Tout ce que vous direz du néant pourra s'appliquer au vuide : fupprimez les atomes & laiffez le vuide, il ne reftera rien : faites de vos atomes ce qu'il vous plaira dans le vuide, vous en ferez la même chofe dans le néant. Le vuide n'eft point créé, je l'avoue ; car le néant eft néant par lui-même. Le vuide eft immobile & pénétrable à tous les êtres ; ce qui n'eft pas pourroit-il fe mouvoir, ou s'oppofer au mouvement ? Il eft immortel ; comment pourroit finir ce qui n'a jamais commencé ? Il eft immenfe ; on ne mefure point le néant.

Mais prêtons-nous pour un inftant aux idées de Lucrece ; prenons le terme d'immenfe dans le même fens que lui : ce ne fera que pour lui montrer qu'il tombe dans des contradictions groffiéres. Il foutient que les atomes précipités des parties fupérieures du vuide traverfent rapidement ce gouffre ténébreux, & courent en chercher le fond ; quel eft le fond d'un efpace immenfe ? que repouffés enfuite, ils retournent fur leurs pas & regagnent le haut ; quel eft le haut d'un efpace immenfe ? Philofophe inconféquent, vous n'admettez dans le vuide ni centre, ni droite, ni gauche : vous riez de ceux qui bornent l'univers, qui lui donnent en quelque forte

une enceinte ; & vous ſuppoſez dans un eſpace immenſe des parties ſupérieures & des parties inférieures ? Ne
prétendez plus que le vuide n'a ni fond ni ſommet ;
vous qui le meſurez, vous qui diſtinguez en lui tant de
différentes hauteurs. Ces traits ſont perçans, ce me ſemble ; mais dérobez-vous à celui que je vais lancer. Un
atome arrive à telle hauteur, précipité d'une diſtance
infinie : arrêtez-le dans ſa route & forcez-le de retourner ſur ſes pas. Quel tems lui faudra-t-il pour remonter au point d'où il eſt parti ? Jamais il n'y parviendra,
dites-vous ; parce qu'aucun tems ne peut ſuffire pour traverſer des eſpaces infinis. Il ne peut les traverſer ! donc
il ne les a jamais traverſés : ou plûtôt, puiſqu'il ſe trouvoit au point où vous l'avez arrêté, les eſpaces qu'il
avoit parcourus n'étoient pas infinis.

De plus, ce vuide que renferment entr'eux des atomes écartés les uns des autres, eſt une partie de la totalité du vuide, comme l'air contenu dans un antre eſt
une portion de l'Atmoſphére. Cette partie ſe trouve
réellement ſéparée de celles que renferment d'autres atomes. Le vuide eſt donc un aſſemblage de parties ſituées
les unes hors des autres : par conféquent il eſt en tout
ſemblable à la matiére ; & s'il exiſte, c'eſt un corps, puiſque c'eſt être corps que d'avoir des parties. Si vous
ſoutenez que le vuide n'en a point, ne ſoutenez donc
plus que le vuide eſt l'eſpace. L'eſpace ſe diviſe : la Géométrie s'occupe à le meſurer, à diſtinguer ſes parties, à
les comparer enſemble ; & par cette comparaiſon elle
découvre les rapports des différentes figures. C'eſt donc

F iij

anéantir le vuide que de prétendre qu'il eſt ſans parties. Si vous convenez qu'il en a, convenez donc auſſi
que ſéparées les unes des autres elles gardent entr'elles
un ordre diſtinct. La portion dans laquelle nâge le Soleil n'eſt pas celle qui renferme ou Saturne, ou Mars,
ou la Terre. Ma droite & ma gauche ne répondent pas
au même point. Chaque point a ſon poſte marqué par une
cauſe quelconque : le lieu même occupe par quelque raiſon un lieu certain & déterminé. Quelle eſt donc cette
cauſe qui a ſçû fixer la poſition de tant de parties, aſſi-
gner à chacune d'elles une place qui lui fût propre, les
diſtribuer en un mot de façon que telles ou telles ſe
touchaſſent, au lieu d'être ſéparées. Le même arrangement ſe retrouve dans la matiére ; & je dois auſſi vous
en demander la raiſon dans la ſuite.

Me répondrez-vous que les parties du vuide, quelle
que ſoit leur ſituation, la doivent à leur nature ? Voyez,
vous dirai-je alors, où vous conduit un tel principe : la
ſituation n'eſt donc plus une qualité accidentelle des
êtres ; vous en faites un attribut eſſentiel, immuable :
les déplacer, ce ſeroit les anéantir. Paradoxe qui choque & la raiſon & l'expérience. Pour en démontrer la
fauſſeté, je puis recourir à tous les corps ; je pourrois
vous oppoſer vos atomes : quelques lieux qu'ils rem-
pliſſent, ils ſont évidemment les mêmes. Or ſi aucune
partie de matiére n'exige telle ou telle ſituation par préférence, pourquoi les parties de l'eſpace occuperoient-
elles néceſſairement une place plûtôt qu'une autre ? Je
ſçais que votre maître leur donne une immobilité qu'il

refuſe à celles de la matiére. Suivant Epicure, l’eſpace eſt
par lui-même tel qu’il eſt ; au lieu que les corps, aſſemblages fortuits d’atomes, doivent leur naiſſance au mouvement. Mais une telle différence, il ne l’établit point ;
il la ſuppoſe ; & ce n’eſt pas la ſeule ſuppoſition qu’il
érige en principe. Quoiqu’il connût la valeur de pareils
axiomes, il les avançoit hardiment : c’eſt qu’ils étoient
eſſentiels à ſon ſyſtême ; & ce ſyſtême, en proſcrivant
la Divinité, flattoit trop ſes deſirs, pour qu’il ne ſaisît
pas tout ce qui pouvoit en déguiſer la foibleſſe. Mais j’ai
prouvé que l’eſpace n’avoit pas une exiſtence néceſſaire,
par la raiſon même qu’il n’eſt pas néceſſairement tout ce
qu’il eſt. Apprenez-moi donc pourquoi ſes parties ont
été dans l’origine diſpoſées, comme elles le ſont aujourd’hui ; pourquoi celle que touche ma droite ne répond point à ma gauche. Si l’univers n’a pas un Dieu
pour auteur, cet effet n’a point de cauſe. L’eſpace n’en
auroit pas moins ſubſiſté, quand l’ordre de ſes parties
eût été différent. Leur ſituation n’eſt qu’un mode : par-
tout où vous admettez un mode, vous devez reconnoître un modérateur. Concluez donc avec moi que le
vuide, s’il exiſte, eſt créé ; que c’eſt l’ouvrage d’une
cauſe ſupérieure, d’un Etre tout-puiſſant.

Mais, me direz-vous, les élémens du nombre ſont
fixes & immuables : on ne peut ni retrancher, ni déplacer aucun d’eux : *ſept* doit néceſſairement ſe trouver entre *ſix* & *huit*. Les parties du tems ne ſont-elles pas auſſi
diſtinguées les unes des autres par un ordre invariable,
qui leur eſt eſſentiel ? Le préſent, le futur pouvoient-ils

précéder le paſſé ? Telle eſt la nature du vuide. Son immobilité conſerve à toutes ſes parties leur ſituation primitive : il eſt par eſſence arrangé, comme nous le voyons.

Je ſouſcris à votre comparaiſon, Quintius. L'eſpace
eſt en effet de la même nature que le nombre & le tems :
ce ſont des modes ; de ſimples noms, plûtôt que des
êtres. Mais vous, que de propriétés n'attribuez-vous
point à l'eſpace ? vous le diſtinguez de la matiére : vous
en faites une ſubſtance réelle, néceſſaire, éternelle, immobile, dans le ſein de laquelle ſont plongés tous les
corps, & dont ils parcourent l'étendue par toutes ſortes de mouvemens. Que ne dites-vous la même choſe,
& du tems & du nombre ?

Qu'eſt-ce que le nombre ? un aſſemblage idéal, auquel nous donnons des parties indiviſibles & diſpoſées
ſuivant un ordre fixe, afin d'avoir une régle ſûre, pour
connoître d'un coup d'œil le réſultat de pluſieurs unités, de pluſieurs ſommes ajoûtées les unes aux autres.
Mais comme cette méthode s'applique ſans exception à
toutes ſortes d'objets, réels ou poſſibles, on la réaliſe
elle-même. Notre eſprit ſe porte naturellement à regarder comme un être, la meſure commune de tous les êtres.
C'eſt auſſi parce que vous appercevez l'eſpace dans tous
les corps, que votre imagination le détache de chacun
d'eux, & s'en forme un être immenſe.

Le tems ſemble périr & renaître : ſa ſucceſſion rapide ouvre ſans ceſſe à de nouveaux regards des ſcenes nouvelles:
nous le voyons, toujours le même, ne vieilliſſant jamais,
faire tout éclore & ſurvivre à tout, détruire les monumens

anéantir les peuples, les villes, les empires. Pouvions-
nous ne pas nous livrer à l'illusion qui le réalise à nos
yeux, qui le peignit à ceux de nos ancêtres sous l'emblême de Saturne armé d'une faulx meurtriere, & dé-
vorant ses propres enfans ? Toutefois, séparé des êtres
mêmes qu'est-il en effet, quoiqu'on le mesure, qu'on
le partage en heures, en jours, en années, en siécles.
Le tems n'est rien : ce n'est pas la durée des êtres que
nous divisons ; ce sont les êtres mêmes, en tant qu'ils
durent, soit en mouvement, soit en repos. Quelle est
donc la source de l'erreur ? c'est que chaque objet envi-
sagé séparément a sa durée particuliere, & que toutes
ces durées prises ensemble paroissent se confondre dans
une masse commune. Cette masse devient un tout immense, que notre esprit aime à se représenter ; auquel il
attribue une existence propre, indépendante, éternelle.
Nous le voyons sous l'image d'un fleuve, qui roule avec
une impétuosité toujours égale, & fertilise un côté de
ses bords, pendant qu'il mine l'autre insensiblement ;
sous celle d'une grande roue, qui tournant sur elle-même, éleve & précipite des grains de sable attachés à sa
circonférence. Mais si le tems étoit un être réel, puisque
toutes ses parties ne subsistent point ensemble ; qu'elles
périssent en naissant ; que tour-à-tour elles se chassent &
se détruisent, cet être sortiroit donc sans cesse du néant,
& sans cesse il y rentreroit : théorie peu favorable à votre systême, quand elle seroit aussi vraie, qu'elle est absurde. Tenez donc pour certain que le tems & le lieu
ne sont précisément rien en eux-mêmes ; qu'ils n'existent

que dans nos idées ; objets phantaſtiques , fruits de l'i-
magination , que déſavoue la nature. Si l'Univers n'é-
toit pas , il n'y auroit ni tems ni lieu. L'un eſt la durée
de tout ce qui change ou périt , l'autre eſt la diſtance
des corps. Or la durée des êtres , non plus que leur diſtance , ne forme point un être différent d'eux-mêmes.

Mais , répliquerez - vous , la place occupée par un
corps n'eſt pas le corps même : je puis l'en chaſſer , elle
demeurera toujours. Non, Quintius : il eſt vrai qu'elle
paroît demeurer , parce que les corps qui environnoient
celui que vous avez déplacé n'ont pas , en même-tems
que lui , changé de ſituation : mais ſon lieu proprement
dit , qui n'eſt autre que ſon étendue , ne ſubſiſte plus
où ce corps a ceſſé d'être. Inſéparables l'un de l'autre ,
ils ont été tranſportés à la fois. La penſée diſtingue ſouvent le lieu, d'avec le corps qui le remplit : c'eſt qu'a-
lors elle s'arrête à conſidérer les corps environnans.
Ainſi le lit d'un fleuve , ce ſont les rives immobiles le
long deſquelles il roule ſes eaux : un fourreau dans le
langage commun eſt le lieu d'une épée ; un vaſe , celui
d'une liqueur. C'eſt un terme que nous employons pour
exprimer la ſituation d'un corps , & faire entendre que
la place qu'il occupe n'eſt pas en même - tems remplie
par un autre. Au reſte , en vain demande-t-on ſi le lieu
eſt le contour du corps même , ou la ſurface exterieure
de ceux qui le touchent immédiatement , ou je ne ſçais
quel intervalle imaginaire auquel on ne peut donner
de nom. Le lieu n'eſt autre que le corps lui-même ,
borné par ſa propre figure.

Toutes les fois que vous féparez le vuide de la matiére, cette opération en fait un corps ; je pourrois
même dire un corps folide, quoique vous le fouteniez
pénétrable & fans confiftence. D'un nombre d'atomes
pris à votre gré, compofez un globe dont l'intérieur
foit creux : pareil à ces globules que forme la pluie fur
la furface de l'eau. La figure du vuide que renferme cette
enceinte d'atomes eft fphérique : on peut donc de
tous les points tirer des lignes droites, aux points dia-
métralement oppofés. Toutes ces lignes pafferont par
le centre, & il en réfultera des angles fans nombre.
Ainfi vous mefurerez le vuide ; il vous offrira l'étendue
fuivant les trois dimenfions ; & la figure de fes parties
dépendra de la maniere dont les atomes feront arrangés
autour d'elles ; comme l'aire d'un quarré eft quarrée ;
comme une liqueur verfée dans un vafe rond, en reçoit
la forme. Le vuide fera donc un corps. En effet, de
quelque côté, fous quelque face qu'on l'envifage, on le
trouvera divifible & revêtu de toutes les propriétés des
corps. Vous pourrez y décrire des cercles, des trian-
gles ; y trouver le rapport de la fphere avec le cylindre.
Tout ce que les Eléves d'Euclide, Defcartes, Leibnits
& Bernoulli nous ont découvert de théorèmes, tous
ceux que démontra le Géometre de Syracufe, vous les
vérifierez en opérant fur le vuide. Quelle foule de différentes figures un bloc de marbre ne renferme-t-il pas
confondues à la fois ! pour fe rendre vifibles, elles n'attendent que le cifeau d'un habile ouvrier, qui fache, en
retranchant toute partie fuperflue, enlever le voile épais

qui les dérobe à nos regards. Ainsi l'espace que vous
soutenez vuide, rassemble dans son sein les figures de
tous les êtres possibles : elles se refusent aux sens ; mais
l'esprit les découvre.

Je vais plus loin ; si la matiere est divisible à l'infini,
ce que j'espere prouver dans la suite, l'espace a la même
propriété. Dans l'espace, on ne peut supposer de partie
si petite, qui ne tienne à toutes les parties dont elle est
environnée. Elle en touche une à sa droite, une à sa
gauche, occupe entre elles un point & les sépare. Par
conséquent, à moins qu'on ne veuille les confondre,
elle offre à chacune un côté différent : elle en présente
d'autres aux parties qui sont au-dessus, à celles qui sont
au-dessous. Elle a donc autant de faces, que l'on pourroit compter autour d'elles de particules. Mais ce qui
vous étonnera davantage, combien vous figurez-vous
de parties dans la plus petite de l'espace ? elle en contient d'innombrables. Imaginez un fil conduit du centre
de la terre au firmament, à travers le soleil. Supposez
ce fil en mouvement, de maniere que son extrémité
supérieure ne parcoure pas une étendue plus grande que
celle d'un atome ; j'appelle atome le point le plus imperceptible de l'espace : le mouvement se communique à
toutes les parties du fil, dans toute sa longueur ; mais
la vîtesse de chacune d'elles n'est pas la même ; les arcs
qu'elles décrivent ne sont point égaux entr'eux. Plus
ces parties sont voisines du centre de la terre, qui est
aussi le centre de leur mouvement, moins elles ont de
vîtesse. Au-dessous du soleil les arcs sont beaucoup

plus petits qu'au-deſſus : ils décroiſſent à meſure qu'ils s'approchent du centre : enfin ils ſont infiniment petits dans les régions inférieures de la terre. Cet atome que parcourt le point le plus élevé du fil, a donc autant de parties, qu'il y a de différences proportionnelles dans la grandeur des arcs décrits depuis une extrémité juſqu'à l'autre. Que ſera-ce, ſi vous percez dans l'infini ; ſi vous prolongez le fil autant que l'eſpace a, ſelon vous, d'étendue ? quelles feront les bornes, quel ſera le terme de la diviſion ? Qui pourra diſtinguer à préſent la matiere & l'eſpace ?

L'impénétrabilité, dites-vous, attribut eſſentiel aux corps, n'eſt point une qualité du vuide. Je répons que c'en eſt une, & qu'elle eſt préciſément la même dans le vuide que dans les corps. Vous avouez que les parties du vuide ne peuvent ſe confondre ; qu'en ſe confondant elles ſe réduiroient à un ſeul point, & que dès-lors il n'en réſulteroit aucune étendue : elles ne peuvent donc ſe pénétrer réciproquement. Elles ſont pénétrées par les corps, il eſt vrai ; mais les corps ſont pénétrés par le vuide : direz-vous que la matiere eſt pénétrable ? Toute ſubſtance compoſée de parties diſtinctes, & qu'un ordre marqué ſépare les unes des autres, quelque pénétrable qu'elle ſoit à des êtres d'une autre eſpéce, eſt formée d'élémens impénétrables. Convenez donc que le vuide n'eſt rien, ou qu'il eſt corps.

Qu'eſt-ce que l'eſpace en effet ? c'eſt la matiere même entant que meſurable. Selon vos principes elle pourroit ſubſiſter, quand le vuide n'exiſteroit pas, puiſ-

que ce font deux natures différentes , & toutes deux néceſſaires. Mais la matiere ne peut ſubſiſter ſans eſpace ;
parce qu'elle eſt étendue par ſon eſſence , & que tout
ce qui eſt étendu occupe néceſſairement un eſpace. Ce
n'eſt point au vuide que la matiere doit d'être , auſſi-
bien que lui , compoſée de parties qui ne peuvent ſe
pénétrer : elle poſſede donc comme une de ſes propriétés eſſentielles , un eſpace indépendant du vuide , &
qu'elle conſerveroit par ſa nature , quand le vuide n'e-
xiſteroit point. Or ſi , à cet eſpace inſéparable de la matiere , vous en joignez un autre ſous le nom de vuide ,
dès-lors il y aura deux eſpaces. Il faut néceſſairement
exclure l'un ou l'autre. L'un des deux vient après coup,
c'eſt un être inutile & ſuperflu : être ſi peu réel à vos
yeux , que vous regarderiez la matiere comme ſortie du
néant , ſi elle tiroit ſon origine du vuide.

Voulez-vous par un exemple connoître ce que c'eſt
que le vuide ? Jettez les yeux ſur ce cadran vertical, où
les heures ſont marquées par des lignes dont les intervalles ont été réglés par le compas. Vous voyez l'ombre du ſtile parcourir par une marche inſenſible cette
muraille , que frappe la lumiere oppoſée. On croiroit
qu'il ſort du fer je ne ſçais quoi d'obſcur & de noir , qui
lui reſſemble. L'ombre cependant n'eſt rien : ce n'eſt
que l'abſence de la lumiere , qui venant en ligne droite,
eſt interceptée par le ſtile placé entre elle & le cadran,
& ne peut dès-lors éclairer les points de la muraille, auxquels le ſtile répond : d'où réſulte une petite éclipſe qui
ſuit le progrès de la révolution diurne , & l'indique en
le ſuivant.

III. Mais si l'espace n'est point un être distingué de la matiere, je ne vois plus, direz-vous, de régle pour mesurer les corps, pour déterminer avec certitude aucune grandeur. S'il n'est pas fixe & immobile, plus de modéle du vrai repos, avec lequel je puisse comparer le mouvement, & par ce moyen le connoître. Les lieux mêmes changeront continuellement de situation, & dès-lors rien de précis dans l'évaluation de leurs distances : on ne pourra fixer ni le terme d'où s'éloignent les corps, ni celui vers lequel ils tendent. Vous croyez ce raisonnement invincible : deux mots vont le réfuter. En vain tenteriez-vous d'assigner à tous les corps une grandeur absolue : ceux que nous croyons petits nous paroîtront grands, si nous les regardons au travers d'une simple lunette. Vûs dans un microscope ils croissent prodigieusement : la ligne devient un pouce, ou même un pied, selon la grosseur & la forme du verre. Souvent nous n'appercevons qu'une seule étoile, où le telescope nous en montre deux, écartées l'une de l'autre par une distance sensible. L'éloignement avoit confondu les deux astres ; il avoit anéanti l'intervalle qui les sépare. Tout dépend du point de vûe : il dilate ou retrecit l'espace, comme il étend ou resserre l'image des corps. Non, Quintius, l'espace n'offre point de mesure fixe que vous puissiez appliquer aux corps, pour connoître leur étendue : on chercheroit en vain dans la matiere même une pareille mesure. La grandeur & la petitesse sont des qualités relatives. Ce n'est qu'en comparant un espace avec un espace, un corps avec un corps, que

vous découvrirez & leur différence, & la mesure de chacun d'eux. Principe qui n'est pas moins vrai pour le
mouvement. On peut déterminer avec précision les degrés de vîtesse de plusieurs corps, sans qu'il y ait dans
l'Univers des points fixes & immobiles. C'est assez que
l'esprit en suppose, & que les corps environnans ne changent point de situation entr'eux ; quoiqu'ils en changent tous ensemble. Un Pilote se proméne dans son vaisseau, en allant de la poupe à la proue. Ses pas sont les
mêmes & en aussi grand nombre , soit que le navire
fende les eaux , poussé par des vents favorables , soit
qu'il reste immobile , soit enfin qu'il tourne sur lui-
même. Rapportez les pas au vaisseau , ils sont tous d'une
égale mesure ; tous suivent également la ligne droite.
Rapportez-les à la mer, vous les trouverez tantôt droits,
tantôt courbes ; les uns seront directs, les autres retro-
grades. Nouvelles mesures, nouveaux calculs, si vous
admettez le mouvement de la terre. Sans combiner néanmoins tant de rapports, on peut aisément connoître la
nature de la ligne que décrit le Pilote. Quelle est donc
la nécessité de supposer un espace immobile ?

Vous sçavez à présent ce que signifie le mot de vuide.
Le vuide n'est que l'absence de tout corps ; absence que
notre imagination se représente comme quelque chose
de réel , toutes les fois que contemplant , non les êtres ,
mais leurs modes , elle s'arrête à la seule idée de l'étendue , sans considérer le corps dont cette étendue est une
propriété. La même erreur nous fait réaliser le nombre
& le tems , simples modifications des êtres. Ainsi l'esprit

se

se figure un lieu commun à tous les corps, parce qu'il apperçoit diſtinctement, que la place occupée par un d'eux auroit pû l'être par un autre. C'eſt ce lieu également acceſſible à tout, qu'il ſe peint comme ſéparé de la matiere ; comme immobile, pendant que tout ſe meut dans ſon ſein. L'Auteur de l'univers ne pouvoit-il donc créer les corps, ſans créer auparavant un eſpace qui les reçût ? Etoit-il aſtreint à commencer par leur préparer une enceinte capable de les contenir ? Non, non : cette opération préliminaire, notre eſprit la ſuppoſe, & c'eſt lui ſeul qui l'exécute. La place des corps n'en diffère pas plus que leur volume : eux-mêmes ſont leur propre lieu ; l'eſpace n'eſt qu'un pur rapport. Toute circonférence renferme un centre, toujours le même & qui, quelque part qu'on la tranſporte, en occupe toujours le milieu. Mais ce centre, eſt-ce un être réel, un être fixe ? c'eſt uniquement un point idéal, d'où l'on peut tirer des rayons à l'extrémité du cercle ; & c'eſt de ſemblables points que vous compoſez un eſpace immobile, éternel : voilà quelles ſont les parties du vuide ; chimériques parties d'un tout imaginaire. Oui, Quintius, ce vuide que vous adoptez, n'eſt qu'une fiction. Epicure ne croyoit pas qu'on pût former de rien aucun être : mais s'il refuſe de tirer les corps du néant, il les y place au moins, en les ſemant dans le vuide. Le mêler aux atomes, c'étoit ne leur mêler rien ; c'étoit, ſans le vouloir, introduire le plein dans l'univers.

Quelques Phyſiciens s'opiniâtrent à diſtinguer l'eſpace de la matiere, quoiqu'ils reconnoiſſent ſincérement

Dieu pour auteur de l'un & de l'autre. Comment n'ont-ils pas soupçonné le véritable dessein d'Epicure ? Ce Philosophe n'a soutenu le vuide, qu'afin d'établir un être auquel on ne pût assigner de cause ; & si les raisons qu'il allégue en prouvent l'existence, elles en prouvent en même-tems la nécessité. Entendons-le s'expliquer lui-même. Supposé, dit-il, que Dieu eût créé l'espace, Dieu pourroit en détruire une partie ; ce qui seroit un vuide dans le vuide, & le perceroit en quelque sorte. Mais la portion de l'espace que l'on regarde comme anéantie, ne l'est pas, puisque la distance entre les parties conservées est encore ce qu'elle étoit auparavant : donc l'espace reste toujours le même, & puisqu'il ne peut rentrer dans le néant, il n'a pû en être tiré. C'est ainsi, trompeur Epicure, qu'en paroissant ne soutenir que l'existence du vuide, vous avez principalement pour but de prouver qu'il est sans auteur ; & qu'en ne laissant rien à faire aux Dieux, vous les anéantissez. Ennemi mortel de l'Etre suprême, étiez-vous digne de compter au nombre de vos disciples l'ingénieux Gassendi, & tant d'autres modernes, adorateurs sincéres de la Divinité ?

Si Dieu vouloit, disent ces Philosophes, anéantir l'air renfermé dans une chambre, en la conservant telle qu'elle est, l'intérieur n'en seroit-il pas vuide ? Je répons à leur question par une autre : Vous reconnoissez que Dieu est auteur du vuide comme de la matiere. Il peut donc le faire rentrer, comme elle, dans le néant. Qu'il le détruise ; que deviennent les murs de la chambre?

Tout ce qui doit arriver après la deſtruction de l'air, ſuivra celle du vuide. Si donc l'air qui ſépare les quatre murs périt tout entier, ſans être remplacé, l'eſpace n'eſt plus, quoique vous le ſuppoſiez encore ſubſiſtant : il a ceſſé d'être, en même-tems que le corps dont il dépendoit ; comme un nombre périt, dès que périſſent les individus dont il eſt l'aſſemblage. Que reſtera-t-il donc entre les murs de la chambre ? Rien ; de même qu'il n'y reſteroit rien, ſi Dieu anéantiſſoit le vuide que vous ſubſtituez à l'air. Les murs ne ſe toucheront point, reprend Locke ; la diſtance qui régnoit entr'eux, les ſéparera toujours, puiſque dans l'hypothèſe ils reſtent ſans altération. Mais Locke eſt convenu que l'eſpace peut être détruit. S'il ne reſte point d'eſpace entre les murs, il n'y reſtera donc abſolument rien. Vous direz ſans doute que ce rien eſt le vuide. En ce cas, de votre propre aveu, le vuide n'eſt rien ; ou s'il exiſte, c'eſt un être néceſſaire. Par conſéquent, ou Locke ſoutient que l'eſpace ne peut être détruit par la volonté divine ; & dèslors, partiſan d'Epicure, il s'offre aux traits que le Philoſophe Grec n'a pû repouſſer ; ou s'il s'accorde avec nous ſur ce point, il ne devoit pas nous faire une pareille objection.

IV. Ne croyez pas cependant que ce vain phantôme une fois banni de l'Univers, les corps s'en meuvent avec moins de facilité. Si vous parvenez à connoître les propriétés du fluide dans lequel ils nagent, le méchaniſme du mouvement ſe développera bien-tôt à vos yeux. En effet, tout liquide eſt compoſé de parties très-mobiles,

& dont les différentes faces font extrêmement polies. Aucun lien, ou prefqu'aucun n'unit ces parties entr'elles. Gliffantes par leur nature, elles roulent rapidement les unes fur les autres, parce que leurs côtés font liffes & arrondis. Une autre matiere plus déliée que les liquides mêmes, en remplit exactement tous les intervalles. C'eft l'éther, fluide imperceptible, toujours agité, répandu par tout. Je ne fais que vous nommer ici; vous recevrez dans la fuite mes hommages, ô vous dont mes Vers doivent parler tant de fois, matiere fans ceffe agiffante, inftrument invifible de toutes les opérations de la Nature. L'éther, en pénétrant tous les corps les rend plus flexibles, plus maniables, & toujours prêts à obéir au moindre choc. De-là vient la foupleffe & la mobilité de leurs parties. Un corps eft-il déplacé? dès qu'il quitte le lieu qu'il rempliffoit, il en occupe un autre, & cette tranfpofition fe fait en un inftant.

Vous demandez où fe retire un corps pouffé par un autre; c'eft dans la place qu'occupoit le corps voifin, qu'il chaffe à fon tour : celui-ci fe rejette fur le fuivant, & ainfi de fuite, jufqu'à ce que la place du premier fe trouve enfin remplie. Lorfqu'une roue tourne avec rapidité autour d'un axe immobile, ou que l'on tire les cordes attachées à la roulette d'une poulie, ne voyez-vous pas que les parties fe fuccedent, fans laiffer entre elles le moindre intervalle, que chacune eft ferrée de près & pourfuivie, pour ainfi dire, par celle qui la touche immédiatement? C'eft par une femblable circulation que le mouvement fe perpétue dans les liquides.

Quoique leurs particules n'ayent ni la même confiftan-
ce, ni le même enchaînement que celles des folides,
qu'elles ne foient pas dans le même repos refpectif, cependant il n'en eft aucune qui n'ait une partie voifine.
Le mouvement paffe fans interruption de l'une à l'autre,
& comme toutes font ébranlées à la fois, elles ne ceffent
de fe toucher. Dans les folides, la fituation des parties
élémentaires eft fixe & toujours la même ; elle varie dans
les liquides : c'eft la feule différence qui diftingue ces
deux efpéces de corps.

Ouvrez la foupape qui retient une colomne d'eau
dans un tuyau perpendiculaire fermé par le bas : qu'arri-
ve-t-il ? l'eau tombe fur le champ par fon propre poids.
A mefure qu'elle fort de la partie inférieure du tuyau,
elle quitte d'autant la partie fupérieure : c'eft un cylindre liquide, qui defcend tout d'une piéce. Mais la colomne d'air, qui touche immédiatement l'eau, foulevée
par la liqueur qui l'oblige de lui céder la place, remonte fur une ligne paralléle & va remplir l'efpace que l'eau
vient d'abandonner. Tout cela fe fait fans que ces deux
fluides ceffent de fe toucher : ils fe remplacent réciproquement. L'eau defcend & l'air monte dans la même
proportion.

Ainfi le liquide déplacé trouve toujours une retraite ;
& le lieu qu'il vient de quitter ne refte pas vuide un
feul inftant, parce que les parties qui fe touchoient
avant le choc, recevant toutes enfemble une égale impreffion, ne ceffent point de former une chaîne. Pouffez
un bâton par une de fes extrémités ; il avance d'autant

par l'autre. Cette corde que vous voyez s'étendre au loin, fecouée par un bout, treffaillira dans toute fa longueur, en traçant une efpéce de courbe. Ainfi toutes les piéces d'une Montre obéiffent à l'action d'un feul reffort, parce que toutes font étroitement unies & engrenées les unes dans les autres. Ce reffort comprimé dans le tambour, l'ébranle par les efforts qu'il fait pour fe rétablir, & l'oblige à tourner fur fes pivots. De ce mouvement réfulte le jeu de la machine entiere. Au refte, ce que je viens de dire du corps même des fluides, doit s'appliquer aux parties qui les compofent, aux élémens dont ils font formés.

Je fçais qu'en adoptant les idées de Lucrece fur la nature des principes de la matiére, on ne peut, fans recourir au vuide, concevoir ni le mouvement des corps dans un fluide, ni l'action des particules de ce fluide les unes fur les autres. Dans l'hypothèfe qu'il foutient, tous les corps font des affemblages de corpufcules fimples par eux-mêmes, incapables de divifion, & revêtus de figures indeftructibles, quoique différentes. Ces atomes ne pouvant fe rompre, ni même affujettir leurs figures à celles des places qu'il s'agit de remplir, ont befoin d'un efpace, pour fe mouvoir. Ils laiffent néceffairement entr'eux des interftices diverfifiés, fuivant la variété de leurs formes : interftices, qui, felon les partifans de ce fyftême, ne renferment aucun corps. Qu'on donne, ajoûtent-ils, à ces intervalles le nom de *Lieu*, le nom d'*Efpace*, ou même celui de *Rien*, nous ne difputons pas fur les termes ; c'eft affez pour nous, qu'ils foient abfolument vuides.

Faut-il s'étonner que d'un faux principe, il naisse une multitude de fausses conséquences ? C'est uniquement sur ce que les Epicuriens débitent de l'essence & des figures de leurs atomes, qu'est fondée leur hypothèse du vuide : mais cette théorie, je la rejette ; elle est à mes yeux l'ouvrage de l'artifice ; & vous en jugerez, comme moi, lorsque nous aurons examiné la nature des atomes & la formation des corps. En attendant, écoutez ce que c'est que la matiére céleste, & comment elle s'insinue dans l'intérieur des fluides. Ses particules ne font pas simples, comme les élémens d'Epicure ; elles n'ont ni dureté, ni roideur ; elles ne conservent pas toujours la même figure ou la même masse. Extrêmement déliées par elles-mêmes, & susceptibles d'une division sans bornes, elles font en effet divisées presqu'à l'infini, par l'action du mouvement continuel qui les agite. Toujours prêtes à se rompre, toujours prêtes à se réunir, elles peuvent, quoiqu'aucun vuide ne les pénétre, prendre toutes sortes de formes, en toutes sortes de lieux. Pénétrant tout, elles remplissent le moindre vuide ; ou plûtôt, elles empêchent qu'il n'y en ait dans l'univers.

Entre des boules d'yvoire, dans un amas de grains, ou de limaille, on apperçoit de petits espaces, où la dureté des solides ne leur permet pas d'entrer. Versez-y quelque liqueur que ce soit ; elle y pénétrera sans peine & remplira tous les vuides. Mais pourroit-elle s'insinuer dans les angles que font entr'eux ces corpuscules, si les élémens dont elle est composée, conservoient toujours une forme sphérique. Ils quittent cette forme, s'allongent

& deviennent autant de traits; ils fçavent en un mot, s'ajuſter à toutes ſortes de moules ; auſſi flexibles que la cire, qui reçoit l'empreinte du cachet avec lequel on la comprime. Ainſi, lorſque nos Sculpteurs, éléves & rivaux de la Gréce, veulent fondre des ſtatues de bronze, ils en font le modéle en plâtre, l'enduiſent de cire & le couvrent d'une couche épaiſſe d'argile détrempée, en y laiſſant pluſieurs conduits, par leſquels ils verſent le métal mis en fuſion. La cire fuit, le métal coule après elle, & prend la forme d'Alcide.

Le vuide ne ſeroit donc pas plus favorable aux mouvemens, que l'eſt en effet la matiére ſubtile. Il ne réſiſteroit point, je l'avoue ; mais combien peu réſiſte un fluide qui ſe prête à tous les interſtices, à toutes les figures & céde au premier choc? Ce qui eſt infiniment petit, doit être compté pour rien. Quoiqu'une pierre éprouve quelque réſiſtance de la part de l'eau, elle ne laiſſe pas d'enfoncer, parce que cette réſiſtance eſt moindre que ſon effort: l'air n'oppoſe à la chûte de l'eau qu'un foible obſtacle, & la matiére ſubtile n'empêche pas l'air d'être agité, ni de tendre vers le bas.

Ne me dites pas que, ſi tout eſt plein, un pied cubique d'éther réſiſte autant, qu'un pareil volume de plomb, d'or ou de marbre. Votre objection ſeroit ſans réplique, ſi la réſiſtance étoit un attribut eſſentiel à la matiére. Mais détrompez-vous : ce n'eſt pas en vertu d'une qualité propre à tous les corps, & qui agiſſe à proportion de leur maſſe, que réſiſtent ceux dont nous parlons. Leur réſiſtance eſt l'effet de leur tiſſu. La matiére

n'eſt que paſſive, & ne peut, dès-lors, s'oppoſer par
elle-même au mouvement. Des cauſes accidentelles l'en
rendent capable. C'eſt quelquefois une direction contraire qu'elle aura reçue; ſouvent ce ſont les différens
mêlanges de ſes parties : mêlanges diverſifiés à l'infini,
& de chacun deſquels réſulte une cohérence, qui combat plus ou moins l'effet du choc. En effet, il ne réſide
point en elle de force active, qui puiſſe lutter contre une
force étrangere. Suſceptible & de mouvement & de
repos, elle n'eſt pas déterminée par ſa nature à l'un de
ces états, plûtôt qu'à l'autre.

Quelques corps ſont pénétrables, & d'autres ne le
ſont pas : on en voit pluſieurs dérober à ceux qui les
frappent, une partie de leur mouvement; il en eſt, qui
ne ſe bornent pas à le diminuer, mais qui l'abſorbent
tout entier, & par-là le détruiſent ſur le champ. Une
telle diverſité d'effets, ne l'attribuons ni au nombre, ni
à la nature des particules élémentaires de ces corps, mais
à la configuration de ces particules; à leur enchaînement plus ou moins fort, à la différence de leur ſurface
hériſſée, raboteuſe, ou polie. L'eau renferme plus de
matiére, qu'un pareil volume de bois. Cependant vous
enfoncez le doigt dans l'eau; vous ne pouvez l'enfoncer
dans le bois. L'intérieur des métaux devient acceſſible,
lorſque la chaleur les a mis en fuſion : leur poids montre
néanmoins ce qu'ils contiennent de matiére propre.
Ainſi l'air eſt plus ſubtil que le mercure; la matiére éthérée l'eſt ſans comparaiſon plus que l'air; & les parcelles de cette matiére ne conſervent pas conſtamment le

même volume : elles peuvent se briser de plus en plus. Représentez-vous donc partout, des fluides plongés les uns dans les autres, & coulant tous ensemble ; fluides plus ou moins déliés ; mais dont le plus délié peut, au moindre choc, le devenir infiniment davantage.

Le plein peut donc retarder quelquefois la rapidité du mouvement ; il peut le détourner par une réfraction plus ou moins forte, quelquefois même en changer la direction, le diviser & le transporter d'un corps à un autre ; mais il ne l'arrête pas absolument. Que dis-je ? il le conserve, il le dirige ; j'ajoûterai qu'il contribue à la formation, & à la durée des corps, en liant étroitement leurs parties entr'elles ; effets auxquels le vuide seroit un obstacle. Que les corps y nâgent séparés les uns des autres, les particules qui composent chacun d'eux ne conserveront pas leur union. Bientôt rompant leurs chaînes & fuyant par des routes différentes, comme ces grains de poussiére que le vent disperse, elles reprendront leur premier état d'élément. Oui, Quintius, à moins que les corps ne soient pressés par des corps qui les environnent, ces liens qui unissent les corpuscules dont ils font l'assemblage, n'auront pas assez de forces. Tout se défunira, s'écoulera, se dissipera. De ce que le vuide est banni de l'univers, naît la dureté des corps. Ceux qui par l'étroite union de leurs parcelles, forment une masse solide, ne la forment ainsi, que parce qu'ils font comprimés de toutes parts. L'univers est un vase immense, absolument plein. C'est ce que démontrent une foule d'expériences. Joignez exactement enfemble deux hémifphéres de marbre bien poli , en les faifant couler l'un fur l'autre , pour empêcher que l'air ne fe gliffe entre-deux : effayez enfuite de les féparer , en tirant de bas en haut; quels que foient vos efforts , vous n'y parviendrez jamais. La matiére condenfée qui les environne , les comprime fortement & les retient unis par des chaînes indiffolubles. De-là vient auffi la difficulté que les nâgeurs éprouvent à fendre l'eau , qui cédant avec peine , femble lutter contre leurs bras & les fatigue par une continuelle réfiftance : on diroit qu'elle craint la défunion de fes parties. Secouez une baguette d'ofier , vous la voyez fe courber & décrire un arc : un fiflement aigu frappe en même - tems votre oreille. Cette baguette eft donc repouffée par l'air, qui la preffe de toutes parts. Ainfi lorfque le Tonnerre ébranle & fend les nuées , l'éclair prévient le bruit, parce que les vibrations de la matiére ignée ont plus de rapidité , que n'en peuvent avoir dans le plein les ondulations de l'air, qui nous apportent le fon.

Enfin, pourquoi les rayons du Soleil fouffrent-ils une légere réfraction qui les écarte de la ligne droite, felon laquelle ils tendent à fe mouvoir ? Cette déclinaifon eft caufée par l'obftacle que leur fait l'immenfe océan de matiere célefte. Agité fans ceffe , & compofé de molécules dont la figure, la grandeur, & par conféquent la réfiftance font différentes , il arrête les rayons dans leur cours : il force la lumiere de fe rompre par un pli prefqu'imperceptible , & de quitter fa premiere route. Seroit-elle ainfi détournée dans un milieu vuide , où rien ne s'opposeroit à son passage ? En effet, les fluides quoiqu'ils ayent peu de consistance, ne laissent pas de détourner, & même de retarder le corps qui les traverse, à cause du cercle que leurs parties font obligées de faire, pour prendre la place les unes des autres. Ce léger écart, ce retardement, ne seroient produits ni par le vuide, ni même par une matiere qui ne rempliroit pas exactement l'espace : au moindre effort, on la verroit céder, & s'entr'ouvrir sans résister. Tout est donc plein ; & dans ce plein les corps nagent sans contrainte : dans le vuide au contraire, ils se détruiroient bien-tôt par la désunion de leurs parties : ils ne pourroient ni recevoir, ni communiquer le mouvement.

V. C'EST POURQUOI je ne puis comprendre que Newton, ce génie sublime, ait regardé le vuide comme nécessaire aux mouvemens célestes. D'un côté, les révolutions réguliéres & constantes des astres ne lui parurent pas se concilier avec un fluide, dont il supposoit la résistance invincible : de l'autre, il vouloit assujettir les cométes aux loix communes de la pesanteur, & suivant ces loix déterminer l'espéce de courbe qu'elles décrivent, en coupant les orbites planetaires. Plein de ces idées, il crut devoir supprimer la matiere céleste & faire rouler dans le vuide tous les globes forcés par une attraction mutuelle à tourner autour d'un centre commun. Rendons justice à ce grand homme. De tous les Philosophes, Newton a le mieux assorti les loix du mouvement à la nature des corps : sa main sçavante a pesé toutes les

parties de l'univers dans une juſte balancé : nous l'a-
vons vû décompoſer un rayon du Soleil, & par une analyſe ſçavante découvrir à l'aide du priſme les ſept couleurs primitives. Oſons néanmoins, quoiqu'il adopte
le vuide, répéter que le vuide n'eſt qu'une chimere.
Comment a-t-il pû s'en repaître ? Comment a-t-il conçu
que des corps formés de tant de parties, pourroient y
rouler ; qu'ils pourroient, en y roulant, conſerver leur
maſſe dans ſon intégrité ? Je ne parle ni des différentes
eſpéces d'attraction qu'il eſt contraint de ſuppoſer, ni
même de la gravitation : phénomene inexplicable, ſi le
mouvement ne ſe tranſmet par le contact ; ſi les corps
ébranlés ne conſervent pas, autant qu'il eſt en eux, la
direction que leur impriment ceux qui les frappent.
J'examinerai ces queſtions dans la ſuite. Cependant,
l'amour de la vérité me preſſe : je crains que cette branche du ſyſtême Epicurien, relevée de nos jours par Gaſ-
ſendi, ne reprenne ſous de nouveaux auſpices une nouvelle vigueur, qu'elle ne refleuriſſe à l'ombre d'un grand
nom. Qu'il me ſoit donc permis d'oppoſer la Phyſique
à l'autorité.

Tout corps mû circulairement s'éloigne du centre de
ſa révolution, lorſqu'il ne rencontre point d'obſtacles :
s'il en rencontre, il fait pour les vaincre, des efforts
continuels. Appliquons ce principe aux ſphéres céleſtes. Elles ne ceſſent de tourner, ſoit autour de leur
axe, ſoit autour d'un centre immobile. Si donc le vuide
les environne, elles doivent s'échapper promptement
de leur orbite : elles s'éloigneront en ligne droite, &

de leur centre, & de la route qu'elles ont commen-
cée. Voyez cette pierre, au fortir d'une fronde traverfer les airs : plus rapide que les vents, elle frappe le
but dans un clin d'œil. Le mouvement de rotation
donne au coup qu'elle porte plus de force, & une direction plus sûre. Mais elle s'échapperoit dès le premier
tour, fi le fond de la fronde ne la retenoit. Ainfi les
corps céleftes fuiront par des routes où le rien ne peut
leur faire obftacle ; & confervant toute leur rapidité,
ils traverferont l'empire du vuide : jufqu'à ce que par
hazard ils rencontrent quelque corps qui les arrête, ou
qu'ils atteignent les bornes de l'univers.

Ajoûtons que la maffe de chaque corps fe détruira
bien-tôt. Par la violence de fa rotation, il ébranlera lui-
même toutes fes parties, & les difperfera dans les vaftes
folitudes du vuide ; comme une roue fait voler le fable,
en tournant fur fon effieu. L'atmofphère, dont il eft
environné, fe réduira d'abord en atomes imperceptibles ; enfuite fa furface ; enfin les parties mêmes les plus
voifines du centre. Le Soleil, prodigue de fes feux, lan-
cera des rayons qui ne fe répareront point ; & les planè-
tes verront tarir la fource de leur lumiere. Les corps denfes n'auront aucune pefanteur ; que dis-je ? ils feront plus
légers, ils s'éloigneront du centre avec plus de vîteffe
que les corps rares, puifqu'ils auront plus de mouvement qu'eux. Vous me répondrez que la force centripete
les retient : mais qu'entendez-vous par ce terme? Quand
ma main fait tourner rapidement une fronde, ce n'eft pas

la force centripete, c'eſt la fronde qui retient la pierre. Je conçois ſans peine une cauſe agiſſante par impulſion ; mais je ne puis concevoir des forces occultes, dont la puiſſance en quelque ſorte magique, eſt ſupérieure à celle des forces centrifuges, & ſi ſupérieure que la gravitation s'accroît, à meſure que les corps approchent du centre. La Phyſique rentreroit-elle aujourd'hui dans le ſein des ténébres, dont l'avoit autrefois enveloppée le Précepteur d'Alexandre ? ce Philoſophe qui donnoit ſi ſouvent des noms pour des cauſes, croyoit réſoudre par un mot les plus difficiles problêmes.

Cette force émanée du centre, qui ſans ceſſe y pouſſe les corps, & dont le pouvoir s'étend aux extrémités du monde, doit néceſſairement agir dans un milieu, qui liant toutes les parties entr'elles, ſoumette à ſon action tout ce que renferme la vaſte circonférence de l'univers. Ce milieu ne peut être qu'une matiere répandue par tout. Vous donc qui ne reconnoiſſez pas un tel fluide, placez au centre de chaque ſphére une intelligence qui combatte contre les forces centrifuges ; ou plutôt, qui triomphant de leurs efforts, retienne les corps céleſtes par des freins qu'ils ne puiſſent rompre, les arrête dans leur fuite, raméne ceux qui ſe feront échappés, & les contraigne de rouler dans de vaſtes ellipſes. Toute courbe eſt un aſſemblage de tangentes infiniment petites, que le corps s'efforce à chaque inſtant de ſuivre. Cette intelligence fera donc à chaque inſtant rentrer les globes dans la courbe, dont ils tendent à s'écarter : par intervalles elle les tiendra moins

affujettis , & fçaura leur lâcher à propos les rênes : gou-
vernant les corps céleftes , comme un enfant conduit
un cerfvolant, qu'il abandonne à l'inconftance des airs ,
& dont il régle le vol avec une longue ficelle ; ou
comme on voit dans les places publiques des joueurs
de marionnétes faire agir tous les membres de ces gro-
tefques figures , à l'aide d'un grand nombre de fils.

De combien de refforts doit pareillement dépendre
un fyftême tel que celui de Newton , qui ne craint pas
de varier les loix , fuivant la différence des cas qu'il doit
réfoudre. Ce défaut de fimplicité peut feul montrer
évidemment combien fes idées font chimériques. En
effet , fi l'attraction eft une qualité néceffaire & inhérente à la matiere ; fi c'eft un attribut dont elle ne puiffe
être privée fans rentrer dans le néant , cette force que
poffédent également toutes fes parties , doit être la
même dans toutes , doit agir dans toutes avec une parfaite uniformité. Le genre ne peut avoir de propriété
que fes efpéces ne partagent. Tous les corps attireront
donc ; tous feront attirés de la même maniere : & la
Nature , invariable dans fes opérations , fuivra conftam-
ment les mêmes loix. Mais du fein tumultueux d'une
République où régne la difcorde , il ne fortit jamais tant
de loix contraires , que votre doctrine en raffemble , illuftre Newton. Chaque fois que dans le vafte océan de
l'Univers s'offre à vos yeux quelque nouveau Phénoméne , chaque fois vous êtes obligé de changer de route , & d'imaginer de nouvelles efpéces d'attractions.
L'attraction qui meut les planétes dans le vuide n'eft pas

la même que celle de l'aiman ; celle des corps électriques différe de l'une & de l'autre. Ainsi, peu d'accord avec vous-même, vous flottez au gré de tous les vents ; ainsi vos pas errans se croisent dans des détours sans nombre. Votre syftême n'a rien de suivi, rien de général, rien en un mot qui soit également applicable à tout : & ne peut-on pas le comparer avec affez de juftesse à ces inftrumens ftériles & groffiers, dont un seul air épuife les organes ? Montés d'une façon, ils ne donnent jamais que le même ; pour en tirer un fecond, il faut les remonter, & renouveller ce changement dans l'intérieur de la machine, toutes les fois qu'on veut changer de ton.

Laiffez donc, Quintius, les Partifans de l'attraction fe repaître de leur chimére, & concevoir, s'ils peuvent, des forces agiffantes, fans un milieu qui en communique l'impreffion. Pour vous, reconnoiffez que la tendance des corps vers un centre eft produite par l'effort d'une matiere qui les y pouffe, en même-tems qu'elle s'en éloigne. Renoncez à ce vuide, dans lequel ni le mouvement, ni l'Univers même ne pourroient fubfifter. Epicure prétend que les atomes s'y meuvent. En réfutant cette partie de fon syftême, j'expliquerai la caufe de la pefanteur. Je vous ai repréfenté la matiere fubtile dans une agitation continuelle, & cédant à la plus foible impulfion, fans diminuer le mouvement des corps qui l'ébranlent. Ces propriétés du fluide éthéré feront développées dans le Livre, où je dois parler des corps céleftes & de leurs révolutions. J'y renvoye auffi ce qui

concerne les cométes : vous y verrez comment & pourquoi ces aſtres étrangers entrent quelquefois dans notre
tourbillon.

VI. Toutes les parties de ce vaſte Univers ſe com-
priment donc réciproquement ; & cette preſſion, qu'é-
prouvent les corps, eſt l'unique cauſe de pluſieurs effets
qui nous ſurprennent. Le vin ſe tient ſuſpendu dans une
bouteille renverſée ; il refuſe de ſortir d'un tonneau
percé vers le bas , ſi l'air introduit par le haut ne le
force de deſcendre : n'en cherchez point d'autre raiſon.
Par-là vous expliquerez encore un Phénoméne beaucoup plus étonnant. Il arrive dans quelques mers, que
des vents oppoſés forment un rapide tourbillon , qui
ſaiſiſſant de toutes parts un nuage , l'enveloppe , arrête
ſa marche , & le fixe ſur la partie des ondes au-deſſus
de laquelle il paſſoit. Tout ce qui ſe trouve d'air entre
deux , eſt pompé dans un inſtant. Du ſein de la mer s'é-
léve alors une colonne liquide , dont la tête va ſe perdre dans les cieux. Ce fleuve perpendiculaire ſe proméne ſur les flots agités , & menace d'un naufrage preſ-
qu'inévitable les vaiſſeaux qui ſe rencontrent ſur ſa route.
Il n'eſt pour eux qu'une reſſource. C'eſt d'entr'ouvir
cette colonne , & d'y faire entrer promptement de l'air.
Le canal étant rompu , les eaux ceſſent de s'élever &
la maſſe énorme s'écroule avec un horrible fracas.

De-là vient auſſi que malgré tous vos efforts vous ne
parviendrez jamais à comprimer l'eau, du moins d'une
maniere ſenſible. Rempliſſez-en une boule de plomb , &

frappez deſſus à coups redoublés : vous verrez cette
boule invulnérable réſiſter au marteau le plus lourd, le
repouſſer même & le forcer de rebondir ſans effet. Si
vous continuez de frapper avec violence, l'eau ſortira
comme une roſée : elle s'échappera par les pores imperceptibles du plomb, plûtôt que de ſe comprimer, plûtôt que de perdre, en ſe reſſerrant, la moindre partie de
ſon volume. S'il ſe trouve dans l'eau un auſſi grand nombre de vuides que vous le ſuppoſez, ce ſont autant d'a-
ziles, où ſes particules pourroient ſe réfugier. Pourquoi
ne le font-elles pas ? vous direz peut-être que la différence de leur configuration les en empêche. En ce cas,
de tels eſpaces ſont inutiles ; ils ſont incapables de favo-
riſer le mouvement, puiſqu'ils refuſent une entrée libre
aux parcelles de l'eau.

Il n'en eſt pas ainſi des particules de l'air. Elles ſouf-
frent qu'on les comprime ; elles ſçavent s'accumuler,
s'affaiſſer, juſqu'à ce qu'enfin miſes en action par l'étincelle la plus légére, elles s'écartent avec violence, forcent leur priſon, rompent leurs chaînes, & que déchi-
rant par un effort ſubit tout ce qui s'oppoſoit à leur paſſage, elles ſe faſſent jour avec un bruit horrible. Tel du
fond de ſes entrailles brûlantes, l'Etna vomit des nuées
de ſouffre, des flots de cendre, & des tourbillons
de fumée. Le ciel eſt obſcurci par les noires vapeurs
qu'exhalent ſes profondes cavernes. Souvent de nouveaux abymes ſe creuſent dans ſon vaſte ſein, & de ces
gouffres affreux s'élancent des torrens de flammes.

Une différence ſi ſenſible, l'attribuerez-vous aux

vuides plus nombreux dans l'air, que dans l'eau ? Ce qui
la produit, c'est la différente quantité de matiere subtile
dont ces deux fluides sont pénétrés. Le second en renferme moins que le premier ; & de-là vient qu'il a plus
de consistence, qu'il résiste davantage. Quelle force
n'a pas la poudre enflammée ? Du creux de machines
formidables elle lance des globes d'un poids énorme :
sous leurs coups les tours se renversent, les murs tombent ; la terre ébranlée tremble & fait entendre au
loin d'horribles mugissemens. Mais si l'atmosphere est
percée par un si grand nombre de vuides, pourquoi le
passage d'un corps y cause-t-il tant de fracas ? Ces grains
de poudre devroient traverser en silence des espaces
libres ; la flamme devroit perdre toute sa force, & se
dissipant sans effet, répandre dans les vuides de l'air une
vaine fumée. D'où vient donc une si terrible explosion ?
c'est que le feu dégage les particules d'air enchaînées
dans le salpêtre ; qu'il rompt leurs liens, & que l'air
devenu libre ne peut se dilater, qu'il n'écarte par le
même effort tout ce qui l'environne.

Pour lors il arrive dans l'air, dont toutes les parties
ont le tissu extrêmement souple, ce qu'on voit arriver
dans un arc prêt à décocher une fléche. La corde en
rapprochant les deux extrémités de l'arc, force la partie convexe d'ouvrir ses pores, & la partie concave de
resserrer les siens. La matiere subtile entre dans les pores
élargis, mais sans trouver d'issue. Elle agit donc contre
les fibres qui lui refusent passage, & tâche, autant qu'il
est en elle, de les dilater. Mais la corde s'oppose à ses

efforts. La corde eſt-elle lâchée ? les obſtacles ceſſent ;
l'arc en liberté s'étend , ſe redreſſe ; la corde ſe rétablit
avec force & chaſſe en même-tems la fléche , qui fuit
ſoudain , & fend les airs d'un vol rapide. C'eſt ainſi que
l'arquebuſe à vent tire preſque ſans bruit ; c'eſt ainſi
qu'elle lance des balles ſans le ſecours de la poudre.
Toutes les bulles d'air comprimées dans cette canne de
fer , ſont autant d'arcs prêts à partir.

Vous prétendez auſſi que la tranſparence de certains
corps , le peu de conſiſtence de quelques-uns , la fluidité
de pluſieurs autres ſont les effets du grand nombre de
vuides qui ſe trouve entre les atomes, dont l'union forme ces divers aſſemblages. Si votre explication étoit
véritable , les corps tranſparens , les corps mols , les
corps liquides ſeroient tous plus légers que les corps
opaques , que ceux dont la maſſe eſt denſe & ſolide. Le
Mercure , corps fluide , fournit une preuve du contraire.
Sa mobilité ne le céde point à celle de l'eau : il s'éleve ,
comme elle , dans les airs , lorſqu'il eſt échauffé : réduit
en vapeurs , il s'inſinue dans les pores , & ſa fumée pleine d'eſprits volatils , pénétre dans l'intérieur des plus
petits corpuſcules : ſeulement , il ne mouille pas , comme l'eau , & ne s'attache pas , comme elle , à tout ce qui
le touche. Le mercure eſt néanmoins plus peſant qu'un
grand nombre de corps durs & compacts. L'or devroit
par la même raiſon ſurpaſſer en dureté les pierres & tous
les métaux, comme il les ſurpaſſe en peſanteur. Cependant vous ſçavez combien il eſt ductile & malléable. La
glace nâge ſur l'eau ; la partie ſolide d'un métal eſt plus

légere que celles qui font mifes en fufion ; ne voyons-
nous pas la cire foutenue par l'eau ? elle devroit fe précipiter dans tous les fluides , fi la tranfparence étoit un
effet du grand nombre de vuides. L'huile plus opaque
que l'eau , la pierre-ponce , le liége ne devroient pas fur-
nâger dans votre fyftême. Enfin le plus précieux des
foffiles , le diamant que produifent ces riches contrées
qu'échauffe de plus près l'aftre du jour , le diamant ne
feroit pas à la fois dur & tranfparent. La tranfparence
qui , dans vos principes , eft une fuite du grand nombre
de vuides , exclut néceffairement la dureté , que fait naître , felon vous , leur petit nombre.

Il eft plus naturel de regarder les corps qui donnent
un paffage libre à la lumiére , comme tiffus en forme de
treillage , & compofés d'un grand nombre de réfeaux,
appliqués par couche les uns fur les autres. Si ce font des
fluides , ils reffemblent à ces toiles fines & déliées que
fabriquent quelques infectes. Si ce font des corps durs ,
tels que le criftal, je les compare à ces grilles qui ferment
nos jardins , fans nous en dérober la vûe. Une partie
de la lumiére paffe entre les barreaux : ils en arrêtent
& refléchiffent une partie. Une portion de ces grilles
eft donc éclairée , pendant que l'autre nous permet de
voir les objets qui font au-delà , comme fi rien n'étoit
entre-deux : cependant la matiére fubtile remplit tous
les intervalles. Cette idée que je vous donne du tiffu des
corps diaphanes peut fournir l'explication d'un phénoméne d'optique. Si du rivage vous regardez en vous
penchant l'eau de la mer , fon peu de profondeur vous

laiſſera voir le fond de ſon lit, & des cailloux luiſans mélés avec des coquillages ; c'eſt qu'une partie des rayons lumineux traverſe ce plan liquide. Conſidérez la plaine mer du haut d'un rocher ; vous appercevrez une immenſe étendue de lumiére, dont vos yeux feront éblouis : c'eſt que l'image du Soleil ſe peint ſur la ſurface des eaux, qui dans leur agitation continuelle réfléchiſſent une grande partie de ſes rayons.

D'ailleurs, nous voyons le verre & les métaux mêmes, malgré leur dureté naturelle, mis en fuſion par le feu : effet qu'on doit attribuer, non, comme vous faites, à l'introduction du vuide dans l'intérieur de ces corps, mais à celle d'un corps étranger, qui s'inſinuant dans leurs pores, rompt les liens inviſibles de leurs parties, enforte que du mélange de deux matiéres il ſe forme un tout liquide. Le feu pénétre en effet dans les interſtices du verre & des métaux : ſes traits volatils ſe gliſſent entre les ſouffres, ſéparent les ſels, agiſſent avec force ſur les molecules détachées, & les diviſent en mille maniéres. Souvent même l'action du feu n'eſt pas ſuffiſante. Pour diſſoudre le fer, on ajoûte le nître & l'alun, dont les pointes aiguës ouvrent ce métal, & ſe font jour au travers de ſon tiſſu. On dit auſſi que le diamant, dont la dureté triomphe & du fer & du feu, ſe liquefie, lorſqu'à côté d'une émeraude on l'expoſe aux rayons du Soleil réunis au foyer d'un miroir ardent.

Bien plus : un corps ne ſe raréfie jamais, que parce qu'il reçoit dans ſon ſein des corpuſcules étrangers, dont la fuite lui rend sa premiere densité. Comme l'eau se glace, dès que tout ce qu'elle contient de feu s'évapore, elle s'échauffe, au point de chasser une partie de l'air qui la pénétre, lorsqu'il se joint un grand nombre de particules ignées à celles qui la rendoient déja fluide. Mais une propriété surprenante de cette liqueur, c'est qu'elle ne dissout jamais qu'une certaine quantité du même sel. Rassasiée, pour ainsi dire, elle laisse tomber le reste au fond du vase : ce qui ne l'empêche pas de dissoudre d'autres matiéres, & de se teindre de diverses couleurs. Remarquons aussi qu'il est pour elle un certain degré de chaleur, au-delà duquel le feu le plus vif ne la porteroit pas. Je suis donc bien éloigné, de ne pas reconnoître dans l'eau plusieurs pores de structure différente : seulement je nie qu'ils soient vuides ; je les soutiens remplis d'air & de matiére subtile, dont les parcelles ne s'échappent pas même toujours, à l'arrivée de nouveaux corpuscules. Nous voyons en effet les sels que l'eau dissout, en augmenter le volume : le bois occupe plus d'espace, lorsque l'eau en a pénétré toutes les fibres. Qu'elle s'évapore, il se resserre, se séche & se fend même quelquefois. Tant il s'en faut qu'on doive attribuer au vuide l'augmentation du volume des corps, & que creux au-dedans, ils se dilatent par l'accroissement du rien qui s'y trouve.

Rejettez donc sincérement ce vuide immense, dans lequel vous placiez l'univers ; ce vuide que vous supposiez éternel & sans auteur, afin qu'il y eût un Etre indépendant de la Divinité, & que du moins le lieu des

corps, le berceau de la matiére ne fût pas l'ouvrage du
Créateur. Ce grand efpace eft une chimére : ces petits
vuides, que vous imaginiez dans l'intérieur des corps,
font de pures fictions. Sur quels fondemens, trompé par
une fauffe idée de la nature, éleviez-vous l'édifice du
monde ? vous le voyez, Quintius : bâtir dans le vuide,
c'étoit bâtir dans le néant.

SOMMAIRE
DU LIVRE TROISIEME.

I. *UN début où le Poëte reléve l'étude des merveilles de la Nature est suivi de l'exposition du sujet qu'il doit traiter dans ce Livre, qui roule tout entier sur les atomes. Si dans le système d'Epicure le vuide est le lieu des corps, les atomes en sont les principes. Ce Philosophe soutient qu'ils existent par eux-mêmes; que leur multitude est infinie; qu'ils sont indivisibles, & dès-lors incapables de se détruire; que la pesanteur est un attribut de leur essence; enfin que le mouvement qu'elle leur imprime les réunit, & forme par cette réunion tous les êtres. L'Auteur combat séparément ces cinq assertions : il détruit les trois premieres dans ce Livre, & renvoye au quatriéme la réfutation des deux autres.*

II. Premiérement, les atomes n'existent point par eux-mêmes. Trois raisons le prouvent :

Ils ne sont pas doués de toutes les perfections possibles.

Chacun d'eux pris séparément pourroit ne pas être.

L'existence du vuide, est selon Epicure, indépendante de celle des atomes, & dès-lors il ne doit pas les regarder comme nécessaires, puisqu'il peut concevoir un être réel, sans les supposer existans.

III. Secondement, les atomes ne sont pas innombrables : l'Auteur le montre par plusieurs raisonnemens.

Le vuide dans lequel ils nâgent a plus d'étendue qu'ils n'en occupent.

On peut, sans détruire l'univers, augmenter ou diminuer le nombre de ces corpuscules.

Ce n'est que considérés tous ensemble, qu'ils composent cette somme qu'Epicure croit infinie : mais aucune somme ne peut être infinie, parce que toutes sont des amas de parties, & que tout amas, commençant par l'unité, doit avoir un terme.

Les supposer innombrables, & les distribuer, comme fait Epicure, en différentes classes dont le nombre est limité, c'est se contredire grossiérement. Le Poëte met dans tout son jour l'absurdité de cette inconséquence.

IV. Troisiémement, les atomes ne sont point indivisibles ;

Parce qu'ils sont figurés.

Parce qu'ils ont des parties.

En un mot, parce qu'ils sont pure matiére, &

que la matiére est par essence divisible, même à l'infini. L'Auteur après avoir démontré cette derniére
vérité par tous les argumens qui concourent à l'établir, répond aux objections des Epicuriens : il définit
la matiére, en dévelope la nature, & conclud que
les atomes pouvant se diviser, sont destructibles
comme tous les corps.

V. Cette question le conduit à parler du systême
de Spinosa, qu'il expose & réfute en peu de mots.

VI. De ce que les atomes sont des résultats de parties, l'Auteur infére qu'ils n'ont point cette solidité
qu'Epicure leur attribue, & que dès-lors leur composi-
tion est l'ouvrage d'une cause étrangere ; conséquence
qui résulte aussi de ce que leurs figures, loin d'être nécessaires, sont de simples modifications. Il explique à
ce sujet la nature des modifications & celle des propriétés, en marque la différence, & fait un paralléle
de l'hypothèse d'Anaxagore avec celle d'Epicure.

VII. L'essence des corps qui, nécessairement modifiés, sont incapables de se donner par eux-mêmes une modification plûtôt que l'autre, fournit une preuve invincible de la création de la matiére, & de l'existence d'une
Divinité. L'Auteur termine le troisiéme Livre en développant cette preuve.

L'ANTI-LUCRECE.

LIVRE TROISIE'ME.

I. **H**EUREUX celui dont le génie s'élevant au-
deſſus des ſens, vole, guidé par la Raiſon, à la décou-
verte des véritables principes, & perce le ſombre voile
qui dérobe aux mortels les myſtères de la Nature. La
faveur équivoque des Rois, les faux biens que diſtribue
l'inconſtante Fortune, les malheureux plaiſirs dont repaît la Volupté, rien ne peut faire impreſſion ſur ce
cœur qu'enflamme l'amour du vrai. Quelle eſt l'indifférence des hommes ! Ils s'arrêtent à conſidérer le cours
d'un ruiſſeau : couchés ſur le gaſon, à l'ombre d'un épais
feuillage, ils le voyent rouler, en murmurant, une
onde pure : la fraîcheur de ſes eaux, l'émail des fleurs
qui couronnent ſon lit, la verdure de ſes bords, tout
enchante leurs yeux. Peu ſçavent goûter un plaiſir plus
flatteur, celui de remonter à la ſource même de ces
eaux, d'en ſonder l'origine, de pénétrer juſqu'aux

réfervoirs intariffables qui les produifent. Ainfi nous arrêtons prefque toujours nos regards aux dehors de la matiére. Le fpectacle qu'elle préfente nous ravit, fans attirer notre curiofité. Contens d'admirer fa forme & fa magnificence extérieure, nous effleurons à peine l'écorce des objets. Pénétrons au-delà : ofons nous frayer une route jufqu'au fanctuaire de la Nature. Qu'il eft beau de méditer fur les principes des Etres, de contempler leur effence ! C'eft-là que le Sage eft porté par un noble effor : le refte eft le frivole amufement du Vulgaire. Que la Poëfie célébre à jamais le grand Pythagore, l'illuftre Platon ; ces génies fublimes dont l'étude eut pour objet eux-mêmes, leur Auteur & l'origine de l'univers. Plus touchés de l'attrait des fciences, que des charmes de leur patrie, fupérieurs aux préjugés de l'éducation, ils allérent fe former loin de la Grece, à l'école des peuples que la Raifon éclaira les premiers. Ils parcoururent l'Egypte & les côtes de Syrie, pour converfer avec de fages vieillards, pour étudier les monumens de la fçavante Antiquité. Utiles voyageurs qui, rapportant à leurs citoyens, non des laines teintes de pourpre, non de l'or & des pierreries, mais de précieufes vérités, les enrichirent par un commerce jufqu'alors inconnu.

C'eft dans cet efprit, Quintius, que je m'offre à vous fervir de guide. Je me fais un plaifir de fuivre avec vous la Nature dans fes retraites les moins acceffibles, de porter le flambeau devant vous, de raffûrer vos pas chancelans. Vous aurez à franchir de rudes montagnes, des roches escarpées, des abîmes profonds. Mais ne vous rebutez pas ; songez quel est le terme d'une route si pénible. Je tâcherai d'en charmer l'ennui par la douceur de mes vers : puissent-ils en avoir assez, pour vous soulager, en diminuant la sécheresse du sujet ! Ainsi dans les bois, sous un sombre feuillage le Rossignol remplit les airs de sons mélodieux, tandis que sa compagne échauffe les fruits naissans de leurs amours. Perché sur un arbre, ou voltigeant auprès d'elle, il l'enchante jour & nuit par la tendresse de ses accens. Du fond de son nid elle l'écoute avec transport : les charmes de l'harmonie soutiennent sa constance : elle sent à peine le dégoût de l'assiduité.

Les atomes font la seconde partie du système que vous examinez avec moi. Voyons si cette hypothèse est mieux appuyée que celle du vuide : je ne puis le croire, lorsque je vois les contradictions où tombe Epicure. Peu d'accord avec lui-même, il se perce quelquefois de ses propres armes, comme si l'ivresse de l'erreur eût troublé sa raison.

Il veut que les atomes soient innombrables, & qu'ils nagent dans un vuide sans bornes. Deux principes qu'il osoit substituer à la Divinité, devoient l'un & l'autre être infinis. Quelle main auroit pû renfermer dans les limites d'un nombre des corpuscules éternels & nécessaires ? D'ailleurs, c'est de leur rencontre, de leurs combinaisons fortuites, que naissent les différens corps dans le système d'Epicure. Ses atomes font les élémens de tous les êtres. Or s'ils n'étoient pas innombrables,

ils n'euffent point été propres à fe réunir ; jamais le hazard n'en auroit pû former aucun corps. Ils ne rempli-
roient en ce cas qu'une petite partie de l'étendue ; &
dès-lors épars dans les immenfes folitudes du vuide, fans
qu'il exiftât rien qui fût capable de les raffembler, ils feroient envain les matériaux d'un monde, qui ne pouvoit réfulter que de leur affemblage. La fuppofition d'un
efpace infini entraînoit donc l'infinité des atomes. Toutefois en les y plaçant, il falloit ne les pas gêner : on eût
empêché par-là ce mouvement fi néceffaire à leur union.
Trop entaffés en effet , & n'étant de plus ébranlés par
aucun moteur, ils reftoient oififs à jamais : leur multitude éternellement ftérile étoit plongée dans une profonde léthargie. Il a donc fallu les fuppofer en même-
tems innombrables, voifins les uns des autres, fans fe
toucher, & mûs par une pefanteur qui leur fût propre,
parce que de tous les mouvemens c'eft celui qui paroît
le plus naturel.

Ce fyftême eft plus ingénieux que folide : dénué de
fondement, il ne peut foutenir un examen attentif. Edi-
fice conftruit avec art , mais qu'un fouffle peut renverfer, il a le brillant & le faux de ces magnifiques fpeéta-
cles que donne la perfpeéive. Elle vous offre des fta-
tues de marbre fous de fuperbes portiques , des tours ,
des arcs de triomphe : vous voyez une flotte nombreufe
prête à faire voile : des rochers s'élévent du fond de la
mer , & fes rivages recourbés dans le lointain blan-
chiffent de l'écume des flots : d'épaiffes forêts ombra-
gent de vertes collines : vos yeux parcourent l'Empire

des

des morts ; ils découvrent les abîmes du Tartare , & le paisible séjour de l'Elisée. Cherchez au fond du théâtre, cette foule d'objets qui forment à vos regards une scène si variée ; vous trouvez des peintures grossiéres sur de simples toiles , & le moindre dérangement détruit toute la machine. Ayez la même idée de l'hypothèse d'Epicure. C'est une chimere éblouissante que le jour dissipe : vous le reconnoîtrez lorsqu'une discussion sérieuse vous aura convaincu que la matiére n'est pas composée d'élémens innombrables , existans par eux - mêmes , indivisibles , immortels ; que le mouvement n'est point propre à ces prétendus atomes ; enfin que celui qu'on leur suppose seroit incapable de les réunir.

II. RAPPELLEZ-vous d'abord ce que j'ai dit en examinant la question du vuide ; qu'aucun être ne peut exister par lui-même, sans réunir toutes les perfections. Qu'une seule lui manque , c'est une preuve qu'il reconnoît une cause supérieure. Un être incréé n'a point de bornes : pourroit - il ne pas posséder éminemment toutes les qualités que possédent des êtres créés ? Vos Dieux qu'Epicure condamne à traîner dans des retraites inconnues une vie molle & languissante ; ces Dieux formés, comme tous les corps, par un amas fortuit de corpuscules , n'existent point par eux - mêmes : heureux néanmoins, si je vous en crois , ils jouissent à jamais , dans leur exil , d'une oisiveté voluptueuse : & cet atome qui existe par soi - même ne peut être heureux ! L'homme par la force de son corps , par la vigueur de fon efprit eft capable de tout entreprendre ; cependant l'homme n'eft pas un être néceffaire : fi l'atome fubfifte par effence, pourquoi n'a-t-il aucun pouvoir ? Vous avez puifé, dans l'école de vos Maîtres, une fauffe idée de la Nature. Une fubftance qui ne tient fon éternelle durée que de fes propres forces, qui exifte parce qu'elle ne peut pas ne point exifter, quelque nom qu'on lui donne, poffède néceffairement la plénitude de l'être, la plénitude du pouvoir. C'eft la Divinité même : vous vous faites, fans y penfer, un Dieu d'un atome. Epicure ne foutient fes atomes innombrables, que parce qu'il les fuppofe fans auteur : mais s'ils font fans auteur, pourquoi n'ont-ils d'infini que le nombre ? Pourquoi ne leur donne-t-il pas une connoiffance, un pouvoir fans bornes ? Pourquoi ne fait-il pas de chacun d'eux une divinité ? Des corpufcules dont la nature eft d'être, méritent mieux cet augufte nom, que des dieux formés par le hazard. Cependant les atomes d'Epicure font privés de force, de fentiment, d'intelligence : une raifon parfaite, une félicité fuprême eft le partage de fes Dieux. Avare & prodigue, il refufe tout à des fubftances éternelles ; il accorde tout à des êtres fortuits : quelle contradiction !

Reconnoiffez, Quintius, qu'un perfide conducteur abufoit de votre crédulité : rougiffez d'avoir proftitué l'attribut effentiel de la nature divine à des objets fi méprifables. Avez-vous donc pû croire qu'une mince pouffiere, que de viles molécules, aveugle jouet du hazard, exiftaffent par elles-mêmes ? Mais tout ce qui fubfifte par fa propre nature, eft tellement néceffaire, qu'on ne peut détacher de son idée celle de l'existence : c'est ce qu'on ne dira pas des atomes : faut-il vous le prouver ? Cet atome qui fait aujourd'hui partie de mon être, pouvoit exister sans moi : mais je pouvois exister sans lui. Il a pû, séparé des autres, errer éternellement dans le vuide : il le pourroit encore. Puis donc qu'il est inutile à l'univers, supposons qu'il ne soit pas ; la Nature sera-t-elle anéantie ? Non, sans doute. Il n'est donc pas nécessaire que cet atome existe, & le vuide suffit pour le remplacer. Mais si je puis en supprimer un seul, j'en supprimerai deux, je les supprimerai tous : tous ensemble ne possédent quant à leur essence rien de plus, que le moindre d'entre eux considéré séparément. Les atomes ne forment donc pas un tout existant par soi-même, si l'existence n'est pas un attribut propre à chacun d'eux.

De plus, quiconque admet un vuide sans bornes, & le regarde comme une substance éternelle, n'a pas besoin, pour se former l'idée d'un être, que les atomes existent. Il conçoit un infini distingué de toute matiere. Ainsi loin de prouver la nécessité de la matiere, il est forcé de convenir qu'elle auroit pû ne pas exister. Elle est dans ses principes un être accidentel. Pourquoi donc la croit-il nécessaire, & même infinie ? Elle n'a pas plus droit à ce second titre, qu'au premier. Je vais le prouver, & malgré les sophismes de Lucrece, malgré les nuages que son artificieuse poësie répand sur ces objets, faire luire à vos yeux la vérité.

III. Selon vous le nombre des atomes est infini,

mais le vuide est plus grand que tous les atomes pris ensemble. Comment concevez-vous cet infini borné, qui manque de son attribut essentiel ? Je le vois ; vous avez cru qu'il étoit possible que de deux infinis, l'un fût plus petit que l'autre ; mais de ce que le moindre peut croître, ne s'ensuit-il pas qu'il a des bornes ? & le plus grand ne lui sert-il pas de limites ? Or l'étendue de la matiere n'égale point celle du vuide, puisque la matiere, au lieu de remplir le vuide, y nage librement. Les portions de l'espace qu'elle n'occupe pas, les intervalles qui se trouvent entre ses parties, sont pour elle autant de bornes, sont autant de preuves qu'elle pourroit croître. Si je prétendois que l'océan est un bassin immense, pour me réfuter il suffiroit de me montrer le rivage. Je réfuterai de même l'infinité de la matiere, en vous montrant des parties de l'espace, qu'aucun corps ne remplit. Considérez combien se nuisent ces deux êtres que vous croyiez unis par les liens les plus intimes. Voyez ces deux infinis jumeaux s'enlever réciproquement la moitié de l'empire, où vous les faisiez régner, & le détruire en le partageant. Il faut vous déterminer pour l'un ou pour l'autre ; choisissez : mais si vous supprimez les atomes, tout retombe dans le néant ; si vous rejettez le vuide, les atomes, faute d'espace, ne pourront se mouvoir.

On peut, direz-vous, tirer deux lignes, toutes deux infinies, mais dont l'une parte du centre de la terre, & l'autre de la surface : quoique sans bornes elles seront d'une grandeur différente. Vaine subtilité, Quintius. Ces deux lignes sont égales par le bout qui se perd dans

l'infini : mais il eſt un point où chacune d'elles commence , & ce point n'eſt pas le même pour les deux :
par-là elles ſont inégales , & conſéquemment bornées.
D'ailleurs , votre matiere n'eſt nulle part ſans bornes ,
puiſqu'elle eſt plongée dans un vuide qui déborde de
tous côtés.

L'Auteur de cette hypothèſe ne s'entend pas lui-même , lorſqu'il nous donne pour innombrables des atomes , dont le nombre croîtroit au-delà du double , ſans
remplir le vuide. J'en pourrois ajoûter , je ne dis pas
cent mille , le vuide ſeroit fini , ſi cent mille atomes de
plus ſuffiſoient pour le remplir ; mais des millions de
millions. Le globe que nous habitons pourroit devenir
plus ſolide , l'air plus denſe ; il pourroit ſe placer un
corps dans chaque partie de l'eſpace. Rien n'empêche
en effet qu'un point vuide ne ſe rempliſſe. Convenez
donc que la matiere pourroit croître à l'infini par la mul-
tiplication des atomes. Si elle peut croître , elle eſt
finie.

Mais elle peut auſſi décroître , même à l'infini , ſans
que l'univers ſoit réduit au néant. Ce qu'elle perd alors,
eſt regagné par le vuide ; & dans vos principes , le vuide
peut auſſi-bien remplacer les corps , que les corps le
remplacent. Supprimez donc un atome , vous le pouvez : voilà cette ſomme que vous prétendiez immenſe,
diminuée d'autant: que ſera-ce , ſi vous en ôtez un plus
grand nombre ? Ainſi , ſelon vous , l'infini peut croître
ou diminuer. Pourſuivez , Poëte téméraire : dites que
l'éternité peut durer plus ou moins. Quels paradoxes !

j'ai honte de les réfuter. Il n'eſt point d'addition qui puiſſe augmenter un être infini, point de ſouſtraction qui puiſſe le diminuer.

De plus, comme chaque atome eſt limité, quelque fût le nombre de ces corpuſcules, jamais leur réunion ne formeroit un tout infini. Aucun nombre ne peut l'être, parce que tous ſont des amas d'unités. C'eſt le ſort d'un aſſemblage quelconque, d'avoir de part & d'autre le néant pour bornes : ce qui commence par un, doit avoir un terme. C'eſt donc une abſurdité de prétendre que l'infini ſoit un réſultat de parties, & de ſuppoſer un nombre incapable d'accroiſſement. En effet, ou l'on peut ajoûter à la ſomme totale, & dès-lors elle étoit limitée : ou l'on ne peut l'augmenter ; la puiſſance du nombre eſt en ce cas épuiſée ; il a conſéquemment des bornes : ce qui feroit en même-tems être & n'être pas infini. Avouez donc que nul compoſé de nombres n'eſt innombrable, que toute étendue doit pouvoir ſe meſurer.

Nous diſons, il eſt vrai, dans le langage commun, que le nombre eſt infini, parce qu'il peut toujours croître, & qu'il n'eſt point de ſomme à laquelle on ne puiſſe ajoûter. Mais ce langage eſt impropre. Outre que le nombre, comme je l'ai déja prouvé, n'eſt qu'un mode, une ſimple opération de l'eſprit ; n'eſt-ce pas aſſez qu'on puiſſe ajoûter à quelque ſomme que ce ſoit, pour n'en point reconnoître d'infinie ? Puis donc qu'il eſt évident que tout ce qui ſe nombre eſt fini, & qu'on peut nombrer les parties d'un tout quelconque, il en réſulte que nul affemblage de parties n'eft fans limites. Conféquence d'où j'en tire deux autres : l'une que la matiere, amas de corpufcules, a des bornes fixes ; l'autre que tout infini eft un, fimple, incapable foit d'accroiffement, foit de diminution ; parce que ce n'eft point un compofé de parties dont le nombre puiffe croître ou diminuer.

Nouvel argument qui détruit l'infinité de la matiere : elle n'eft pas immenfe. Je ne veux pour le démontrer, que votre diftribution des atomes en différentes claffes, diftinguées par la différence des figures. De cette diftribution il fuit, même dans vos principes, que l'immenfité ne peut être un de leurs attributs. La preuve en eft fimple. Quiconque fuppofe un efpace immenfe, ne doit appeller immenfe que ce qui peut le remplir ; comme on ne donne le nom d'éternel, qu'à ce qui fubfifte de tout tems. Il faudra donc qu'une claffe d'atomes que vous croirez immenfe, occupe feule le vuide entier : tout ce qu'elle ne peut atteindre lui fervira de bornes. Parlez : eft-ce l'efpéce des cubes, eft-ce celle des cônes, qui feule remplit toute l'étendue ? Mais où feroit la place des globules ? Que deviendroient les pyramides, les cylindres, & tant d'autres efpéces ? Leur affignerez-vous des demeures au-delà du vuide ? Aucune de ces claffes n'en occupe donc feule l'immenfité. Donc, aucune n'eft immenfe, & dès-lors n'eft infinie. Elles fe bornent toutes réciproquement. Mais ce qui n'occupe qu'une étendue limitée, n'eft point un affemblage d'êtres innombrables. Chaque claffe ne renferme donc pas une infinité d'atomes. Or de votre aveu le nombre des claſſes eſt fini ; vous ne reconnoiſſez en effet qu'un certain nombre de figures. C'eſt donc pour vous une néceſſité de convenir que la matiere a des bornes, puiſque des portions finies à tous égards ne peuvent jamais former un tout infini. Mais la partie de l'eſpace qui reſte vuide, eſt infinie, comme celle où vous faites nager la matiere. Vous ne pourrez donc le remplir tout entier, ſans multiplier les atomes à l'infini par une nouvelle création. Quelle proportion entre l'eſpace & le volume de matiere que vous y placez ! Je contemple un de ces immenſes réſervoirs que le Germain conſacre à Bacchus dans des grottes ſouterraines : un homme arrive, & croit le remplir, en y verſant une meſure de vin !

Mais pourquoi, ſuppoſant le nombre des atomes infini, bornez-vous celui des figures qui les diſtinguent ? Je ſçais ce qui vous a réduit à ſoutenir en même-tems deux propoſitions ſi contraires. Les êtres dont le monde eſt peuplé ne forment pas une infinité d'eſpéces : la fécondité de chaque eſpéce a même des bornes, & jamais on n'en vit éclore de nouvelle. Il eſt donc une puiſſance qui par des loix immuables régle le cours vague, le mouvement indéterminé des élémens de la matiere, & réprime leur aveugle rapidité. Vous ſentiez comme nous la juſteſſe d'une telle conclusion, mais ſans vouloir reconnoître avec nous que cette puiſſance eſt l'Etre intelligent. Il n'a dans votre ſyſtême aucune part à la formation de l'univers. Plutôt que de l'admettre, vous avez pris le parti de diminuer le pouvoir des atomes, & d'en compofer un nombre fixe de légions, mais de légions qui ne reconnuffent point de chef. Par-là vous vous ménagiez une réponfe aux objeɛtions que fournit l'état aɛtuel de la Nature. Elle ne produit point de Géans, de Centaures, de monftres tels que Briarée, Gerion, Argus & Scylla : le plus grand des animaux terreftres eft l'Eléphant ; les efpéces fe perpétuent toujours les mêmes : par-tout les enfans naiffent femblables à leurs peres. Si vos corpufcules font innombrables, quelle peut être la raifon d'une fi ftérile uniformité ? Vous avez cru la donner, en répondant que la quantité d'atomes renfermés dans chaque claffe eft infinie, mais que le nombre des claffes eft limité.

Vaine défaite : fi les atomes font fans auteur, fans loix, fans Souverain, quelle caufe plus puiffante que la matiere a réduit à ce petit nombre de claffes une multitude infinie d'élémens éternels ? Il faut me l'apprendre, ou convenir que votre réponfe eft une affertion fans preuve. Au lieu de conformer votre fyftême aux opérations de la Nature, vous prétendez, je le vois, affervir la Nature à vos idées. Mais tous vos efforts ne vous dégageront pas du labyrinthe. En effet, fi chaque claffe renfermoit un nombre infini d'atomes, du moins les êtres de chaque efpéce feroient innombrables. Les plantes, les animaux, les pierres & les hommes naîtroient en foule & confondus enfemble : toute forte de terre produiroit toute forte de fruits. La mer ne fuffiroit pas aux poiffons, l'air aux oifeaux. Les loix de la propagation au lieu d'être semblables pour toutes les espéces, varieroient, même dans chacune, à l'infini. L'accroissement de tous les animaux ne seroit plus le fruit tardif du nombre des années : quelques-uns, enfans de la Nature, sortiroient tout-à-coup de ses mains, remplis de vigueur & parfaitement formés ; les atomes qui les composent s'étant réunis d'eux-mêmes en un instant. C'est ainsi que dans votre système nâquirent les premiers de chaque espéce : & pourquoi ce qui s'est fait autrefois, ne se répéteroit-il pas ? Les fruits s'offriroient avec profusion, sans être portés par des arbres : les bleds croîtroient sans terre & sans semence ; la moisson n'auroit point de tems fixe, & des forêts immenses s'éleveroient du sein de la mer. De nouveaux soleils brilleroient chaque jour : chaque nuit seroit éclairée par de nouvelles constellations. Des comètes sans nombre se feroient remarquer par la variété de leur chevelure ; on les verroit subitement répandre dans les cieux une lueur étrangere, disparoître avec la même vîtesse, & se replonger dans les abîmes du vuide. Le concours d'élémens innombrables doit en effet produire des corps sans nombre ; leur fécondité pourroit-elle avoir des bornes ? L'infini n'en conçoît aucunes.

Quelle multitude de combinaisons vous offre le jeu des échecs ! Sur une table divisée toute entiere en quarrés noirs & blancs, se livre à vos yeux une espéce de combat. Des deux côtés les fantassins forment une premiere ligne ; au centre de la seconde est placé le Roi ; des tours s'élévent sur les deux extrémités. Chaque combattant a fa marche particuliere : tout fe mêle , on pénétre dans les rangs ennemis ; le carnage eft grand de part & d'autre , & la victoire indécife , jufqu'à ce qu'un des deux Rois foit forcé de fe rendre. Mais avant que d'être terminé par cette iffue , combien de fois le combat ne change-t-il pas , & ne peut-il pas changer de face ! Que de mouvemens divers dans les deux armées ; que de manœuvres, que d'évolutions différentes ! La mer roule moins de flots, les forêts ont moins de feuilles. Que feroit-ce fi les échecs de part & d'autre étoient innombrables ; pourroit-on fuppofer fini le nombre de leurs combinaifons ?

Vous ne gagnerez rien à répliquer que la Nature avare pour le monde que nous habitons , en a peuplé des millions d'autres avec une libéralité fans bornes. Quand il feroit vrai que ces mondes exiftaffent , comment prouveriez-vous qu'ils feroient remplis des mêmes efpéces que celui-ci ? Du concours de tant d'atomes, ne pourroit-il réfulter de nouvelles figures, des corps tout différens de ceux que nous connoiffons , des êtres dont nous n'aurions pas même l'idée ? Les combinaifons poffibles de vos corpufcules font infiniment plus nombreufes que ces corpufcules eux-mêmes : quel doit être le nombre des corps, qu'une telle diverfité de mêlanges eft capable de produire ? Qui pourroit arrêter un infini fi puiffant ? Livré à fon inépuifable fécondité, fufceptible de tous les enchaînemens que le hazard peut former , il ne feroit pas quelquefois éclore de nouvelles efpéces ; il ne changeroit jamais la forme des anciennes?

Puis donc que dans la production des êtres la Nature est affujettie de tout tems à des régles fixes, que le nombre des efpéces eft déterminé, leur forme invariable; il faut que la quantité des atomes ne foit pas infinie, qu'ils ayent un frein, qu'ils obéiffent à des loix.

Au refte, fi deux êtres font de la même efpéce, leur conformité n'eft pas uniquement produite, comme vous pourriez le croire, par la reffemblance de leurs parties élémentaires : elle dépend auffi de la combinaifon de ces parties, de l'ordre qu'elles gardent entr'elles. Que les mêmes principes foient différemment arrangés ; il en réfultera des corps d'une forme toute différente. Cette précieufe argile que les feuls habitans de la Chine & du Japon fçurent long-tems compofer, en devenant fous la main du potier auffi blanche que la neige, prend toutes les formes qu'il veut lui donner. C'eft tantôt un vafe, tantôt la figure d'un Bonze : elle offre à nos yeux les monftrueufes divinités des Ifles orientales, leurs animaux divers, & toutes les productions de l'Inde. Cet aliment que la digeftion transforme en notre propre fubftance fe convertiroit en celle d'une aigle ou d'un lion, fi l'aigle ou le lion s'en étoient nourris. La même rofée fait croître l'herbe des champs, épanouir les fleurs de nos jardins, & mûrir nos moiffons. La matiere eft le véritable Protée, dont celui de la Fable n'étoit que l'emblême, ce Dieu que des métamorphofes fubites déroboient aux regards des mortels. Sanglier terrible, redoutable ferpent, rocher immobile, flamme dévorante, il prenoit fucceffivement mille & mille formes, jufqu'à ce qu'en refferrant par des liens ce corps toujours prêt d'échapper, on le contraignît enfin à fe remontrer fous fes véritables traits. S'il étoit donc vrai que le nombre des atomes fût illimité, ces corpufcules, fufceptibles dès-lors d'une multitude infinie d'enchaînemens & de liaifons, pourroient, quelque peu variées que fuffent leurs différentes figures, produire, je ne dis pas, une feule efpéce, mais des efpéces fans nombre d'êtres innombrables & diverfifiés à l'infini. Vous verriez alors une infinité de claffes, & dans chaque claffe une infinité d'individus. La terre feroit peuplée d'animaux d'une grandeur énorme, ou d'un afpect effroyable, de Cyclopes, de Harpies, de Gorgones, de tous les monftres que créa l'imagination des Poëtes. Entremêlez avec art des carreaux feulement de deux couleurs; ils produiront une variété de figures prefqu'incroyable.

L'homme ne peut rien qu'à force de travail ; fon art eft le fruit lent & pénible de la raifon & de l'expérience : les myftères de la compofition des corps échappent à fes recherches. Cependant, rival de la Nature, il fçait du mêlange d'un petit nombre de principes qui lui font connus, former de nouveaux mixtes, & créer, fi je l'ofe dire, des efpéces nouvelles. Il compofe à l'aide du feu des parfums précieux & d'excellens fpécifiques. Le verre, la poudre, les phofphores font l'ouvrage de fes mains. Inventeur de la greffe, il fait adopter aux arbres des fruits étrangers : en forçant deux efpéces d'animaux à contracter entr'elles des alliances qui dégradent la plus noble, il en fait naître une troifiéme, dont la production ne sembloit pas entrer dans le plan de la Nature. Et ce que l'homme exécute, ce que peut un foible émule de la Souveraine puiſſance, le hazard, cet architecte de l'univers, ce créateur de tous les êtres ne le fait pas avec les fonds inépuiſables dont il diſpoſe à ſon gré ! Ce hazard n'eſt donc pas ſi puiſſant, ni ſi riche que vous le ſuppoſez. Les atomes ont un frein, ils ſont renfermés dans des bornes étroites. Mais il n'eſt point de bornes, point de loix pour des êtres néceſſaires : les atomes n'exiſtent donc pas par eux-mêmes ; ils ont une cauſe, & cette cauſe eſt Dieu même ; c'eſt en vain qu'Epicure voudroit le nier.

Mais un nombre limité d'atomes ſemé dans un vuide infini, chercheroit inutilement à ſe réunir. Si quelques vaiſſeaux ſans Pilote erroient diſperſés par les vents ſur la vaſte étendue des mers, croyez-vous que le hazard parvînt à les raſſembler, qu'ils puſſent jamais former une flotte & voguer enſemble. Leur diſtance n'eſt rien au prix de celle qui ſéparera dans l'eſpace une quantité finie d'atomes. Quelle comparaiſon entre les plaines de l'océan, quoiqu'elles s'étendent d'un pole de la terre à l'autre, & l'immenſité d'un vuide ſans bornes ? Vos corpuſcules épars dans les abymes du vague ne pourront jamais ſe rallier. Il leur faudroit une éternité pour traverſer des eſpaces infinis. Que les membres de votre monde ont entr'eux peu de liaiſon !

Je ſçais ce que vous prétendez oppoſer à mes raiſons. Si la matiere eſt bornée de toutes parts, que deviendra, me direz-vous, une fléche tirée du point où commencent ces bornes ? Votre demande, Quintius, eſt une ſuite de vos préjugés ſur le vuide. Au-delà de la matiere eſt le néant : tirerez-vous une fléche dans le néant? Le néant n'occupe point d'eſpace. Elle s'arrêtera donc, & l'arc aura fait d'inutiles efforts pour la chaſſer hors de limites, qu'il eſt impoſſible de franchir. Point de lieu ſans corps, & ſans lieu point de mouvement. Ainſi faute d'eſpace, n'ayant plus de mouvement propre, votre fléche, comme un oiſeau qui perdroit tout-à-coup ſes aîles, au lieu d'aller en avant, ſuivra le cours de l'éther, qui la forcera de prendre une route vers laquelle ſon vol n'avoit pas été dirigé.

IV. J'AI démontré que les atomes n'exiſtent pas par eux-mêmes, & ne ſont pas innombrables : votre maître ne leur avoit donné ces deux attributs, que pour les ſubſtituer à la Divinité qu'il vouloit bannir de l'univers. C'eſt auſſi dans cette vûe qu'il les ſuppoſe indeſtructibles. Il falloit que des corpuſcules chargés des fonctions de l'Etre ſuprême, portaſſent quelqu'un des traits qui le caractériſent ; que ne pouvant offrir toutes ſes perfections, ils euſſent au moins ſon éternelle durée. Mais comme Epicure ſçavoit qu'un corps ne ſe détruit que par la déſunion des élémens qui le compoſent, pour être en droit de ſoutenir ſes atomes immortels, il en a fait des êtres ſimples, ſolides, indiviſibles.

Tout ſe réduit donc à prouver qu'ils peuvent ſe diviſer : la preuve en eſt facile ; elle réſulte de vos propres idées. Vous croyez ces atomes figurés : un corps figuré peut-il être fans parties ? Suppofez-les quarrés, ovales, triangulaires ; faites-en des globules, des cylindres ou des croiffans ; que la furface des uns foit polie, celle des autres inégale, hériffée, raboteufe : diftribuez-leur enfin toutes les figures que vous croirez les plus propres à multiplier, à faciliter leurs liaifons ; faites-en des tiffus de toute efpéce, difpofez d'eux à votre gré ; vous en êtes le créateur ; c'eft vous qui les mettez en œuvre. Mais ne les foutenez pas infiniment petits ; ne me dites point que fimples par leur nature & principes de tous les êtres, ils n'ont eux-mêmes ni principes, ni parties ; & que dès-lors indiffolubles, ils font par conféquent indeftructibles. Tout ce qui eft figuré peut fe rompre : tant qu'il refte un angle, une pointe, une courbure, on a toujours quelque chofe à retrancher.

Quelle eft l'alternative où je vous vois ? ne donnerez-vous aucune figure à vos atomes ? c'eft leur ôter tout moyen de fe lier entr'eux, & par-là de former des corps. Les fuppoferez-vous capables de s'attacher & de s'unir enfemble ? figurés dès-lors, ils font, comme tout le refte, des amas de parties. Ne dites pas que chaque corps a fa bafe, fon principe fondamental ; & que cette bafe, quoique matérielle, eft quelque chofe de fimple, d'éternel, de folide & d'inaltérable. Il ne vous eft plus permis de joindre des attributs qui fe détruifent : vous n'êtes pas en droit de fuppofer vos atomes indivifibles en mê-me-tems & divifibles.

Je vais plus loin : vous ne pourriez ni fans erreur, ni fans inconféquence, dépouiller de toute figure ces

corpufcules

corpuscules que vous regardez comme les principes des
êtres : mais en cet état même ils auroient encore des
parties. En effet, vous les suppoferiez toujours propres
à s'unir entr'eux. Or deux atomes ne s'uniroient pas
tout entiers : ce feroit fe confondre, & n'être plus qu'un ;
mille & dix mille en ce cas ne pourroient former la
moindre maffe ; la matiére feroit pénétrable ; elle pourroit fe réduire à un feul atome. S'ils fe joignent, ce
n'eft donc qu'en partie, & dès-lors ils ne font pas fimples. Ainfi la matiére a toujours des parties : l'en dépouiller ce feroit détruire fon effence, & la replonger
dans le néant. L'efprit eft fimple & vraiment un ; mais
pour le corps il ne peut ceffer d'être étendu : la moindre de fes portions, en même-tems qu'elle eft partie
d'un tout, eft un tout divifible en parties fans nombre.

Pour former un corps, vous commencez, je le fuppofe, par unir enfemble trois atomes. Je vois les colla-
téraux toucher celui du centre par deux côtés différens.
Ajoûtez-en quatre nouveaux qui répondent à quatre autres points ; voilà fix côtés diftincts dans l'atome du
milieu. Si ce n'eft pas un cube, ceux qui lui tiennent
laiffent encore des vuides, que d'autres peuvent remplir.
Ce corpufcule a donc autant de parties, que l'on compte autour de lui d'atomes qui le touchent. Ces parties
ont un centre commun, compofé lui-même d'une infinité de particules, toutes divifibles à l'infini : jamais vous
ne trouverez le terme de ces fractions fans nombre ; &
fi par impoffible vous y parveniez enfin, vous auriez une
fubftance qui ne feroit pas étendue ; qui n'auroit ni

Tome I.   K

centre ni parties; une matiére qui ne feroit plus matiére. Des objets fi petits fe dérobent, même à votre imagination; elle ne peut fuivre des fubdivifions qui fe perdent dans l'infini. Mais confidérez quelle étonnante furface une petite lame d'or acquiert fous le marteau; quels prodigieux amas de fumée s'élevent d'une paille humide, où l'on met le feu; combien il faut peu de couleur pour teindre une grande quantité d'eau, peu de fouffre enflammé pour communiquer au vin un goût défagréable. Les corpufcules groffiers font les feuls qui frappent nos fens; & quel qu'en foit le nombre, il n'eft pas comparable à la quantité de ceux que leur petiteffe nous rend imperceptibles.

Deux lignes, dont l'une eft perpendiculaire à l'horifon, & l'autre horifontale, fe touchent en un feul point: que la premiere devienne oblique; fans toucher la feconde en deux points, elle la couvre un peu plus qu'elle ne faifoit, & dans ce plus je vois différens degrés, fuivant l'inclinaifon de cette oblique. Voilà donc un point plus ou moins couvert, felon que l'angle formé par les deux lignes eft plus ou moins obtus. Confidérons-les à préfent comme paralléles, en fuppofant que l'une plus longue d'un feul point que l'autre, ne déborde pas plus à droite qu'à gauche: voilà deux moitiés d'atomes bien diftinctes. Nouvelle preuve: une pyramide a quatre faces qui fe terminent à un feul point; ce point a donc quatre parties. Si le fommet eft un atome, la ligne qui fuit fera compofée de deux, la troifiéme de trois, & ainfi des autres. Un feul atome eft donc pofé fur deux, &

deux le font fur trois, mais fans les couvrir entiérement, puifque la ligne inférieure croît toujours proportion-nellement jufqu'à la bafe.

Pourquoi trouvez-vous la diagonale d'un quarré in-commenfurable avec un de fes côtés ? Si toutes les li-gnes de ce quarré font formées d'atomes, je ne vois point de raifon qui vous empêche de déterminer le rap-port de la ligne droite avec l'oblique. Leurs parties font égales felon vous : ainfi la plus grande des deux eft celle qui renferme plus de parties ; il ne s'agit que de compter le nombre excédent, & ce calcul me paroît aifé. Cependant vos efforts font inutiles ; il faut donc que vous admettiez l'inégalité des atomes. Ce qui produit cette propriété de la diagonale, eft peut-être auffi ce qui rend impoffible la quadrature du cercle : problême fameux dont la folution échappera toujours à la faga-cité des Géometres. La Géométrie n'a point de vé-rité qui ne combatte votre fyftême. Un cercle renfer-me une infinité de cercles concentriques : or le plus voifin du centre eft compofé d'autant de parties, que celui dont l'orbite embraffe tous les autres. En effet, les circonférences de tous les cercles placés entre deux, plus petites à mefure qu'elles s'approchent du centre, gardent entr'elles une jufte proportion, qui fait exa-ctement quadrer les efpaces moindres avec les plus grands. C'eft la grandeur des particules qui décroît ; ce n'eft pas leur nombre. Que dis-je ? le centre n'eft pas un point fimple, unique, indivifible. La partie de ce point qui regarde un côté de la circonférence, n'eft

K ij

pas celle qui répond au côté oppofé ; il a donc autant de particules, qu'il s'en trouve dans la circonférence qui l'environne, quoique chacune foit proportionnelle-ment plus petite. Le centre eft lui-même un cercle qui contient des cercles fans nombre.

Ne croyez donc pas qu'il y ait jamais un terme où la matiére puiffe ceffer d'être divifible. Elle l'eft à l'infini, comme le poids, le tems, le mouvement. Point de par-tie de mouvement qui ne foit mouvement, point de portion de tems qui ne foit tems, de poids qui ne foit poids ; de même point de partie d'un corps, qui ne foit corps. Nous fuppofons quelquefois dans une étendue quelconque un point indivifible ; c'eft qu'alors nous avons befoin d'un centre fixe, & ce point nous en fert. Ainfi le Géométre envifage une ligne fans largeur, une furface fans profondeur, quoiqu'il fçache qu'un corps eft par fa nature étendu fuivant les trois dimenfions, & que fans toutes les trois enfemble, il ne peut être corps.

Vous me direz qu'une fphére pofée fur un plan ho-rifontal ne le touche qu'en un point, & que ce point eft indivifible. Je fçais qu'on le démontre, mais c'eft en fuppofant une fphére & un plan compofés de véritables atomes. La Géométrie féparant, comme elle fait, l'idée de l'étendue de celle du corps, peut admettre de tels corpufcules ; ils font inconnus à la Phyfique, qui confi-dére fans abftraction la nature même du corps. Ce point de contact eft aux yeux du Phyficien une partie réelle d'un folide ; partie femblable en tout à celles dont j'ai prouvé la divifibilité. Il touche en effet, outre la furface

du plan tous les points contigus de la sphére dont
il est une portion. C'est donc un tout divisible à l'infini,
quoique de ses particules on puisse ne considérer que
celle qui touche le plan.

De cette divisibilité des atomes, il résulte qu'ils peuvent se détruire. Un corps se détruit dès qu'il se dé-
compose, dès que les parties dont il est l'assemblage se
séparent & se désunissent. Et ne me dites pas qu'un atome ne contenant aucun vuide, sa parfaite solidité le rend
impénétrable à tout ce qui pourroit en causer la dissolu-
tion. Tous ces corps qui périssent à nos yeux, ne renferment point de vuide. D'ailleurs si l'atome n'est indisso-
luble, que parce qu'il est parfaitement solide, ce n'est
donc pas sa simplicité, c'est sa dureté naturelle, qui le
conserve : mais ce dernier attribut ne peut pas même le
défendre contre la mort. En effet, lorsque deux de ces
corpuscules s'unissent, les points par lesquels ils se touchent ne laissent aucun vuide entr'eux ; cependant de votre aveu ils peuvent être séparés l'un de l'autre. Les atomes ne sont donc point indestructibles ; & comme tout
être qui finit a commencé, vous en devez conclure qu'ils
n'existent pas de toute éternité. Tout ce qui peut se détruire, est un assemblage qui n'a pas toujours été, qui
ne seroit point encore, s'il n'avoit une cause quelconque. Puis donc que telle est la nature & la destinée de
vos atomes, reconnoissez qu'ils ont un Auteur.

N'allez pas me répondre que si la matiére est divisible
à l'infini, tous les corps sont d'une grandeur égale ; que
des masses composées toutes d'une infinité de parties

ne doivent point être différentes ; ce feroit d'un principe inconteftable tirer une fauffe conféquence. Quoiqu'il n'y ait aucun corps qui ne puiffe décroître de moitié , ces moitiés ne font pas égales , mais plus grandes
ou plus petites , felon la mefure du corps même. La différence qui étoit entre les touts , fe retrouve toujours
entre les parties : une demie toife eft plus grande qu'un
demi pied , dans la même proportion que la toife étoit
plus grande que le pied.

Mais de quel front Epicure oferoit-il me faire cette
objection ? ne range-t-il pas fous chaque claffe une infinité d'atomes ? Je lui dirai donc à plus jufte titre : Chacune de vos claffes contient autant d'atomes, que toutes enfemble ; le nombre qui exprime une feule efpece,
égale celui qui les exprime toutes : ainfi le tout n'eft pas
plus grand que fa partie. Voilà , Quintius , voilà les abfurdités qui dérivent de fes fuppofitions. Quand on veut
bien les admettre, a-t-on droit de s'élever fous de vains
prétextes contre des principes dont la certitude eft démontrée ? Ce n'eft pas en parties égales , comme le feroient vos corpufcules imaginaires , que les corps fe di-
vifent ; c'eft en parties qui décroiffent proportionnelle-
ment ; & ces molecules , quoique divifibles à l'infini,
n'étant pas actuellement divifées , forment par leur réunion un tout renfermé dans de certaines bornes. Ainfi la
matiére n'eft infinie dans aucun corps. Déterminez à
votre gré un volume égal pour toutes les parties des
corps , vous en trouverez peu dans une petite maffe , &
beaucoup dans une grande , quoique vous ne puiffiez

choisir une portion si petite , qui ne soit elle-même un composé de particules. L'infini n'est donc pas ce qui peut décroître de plus en plus en se divisant ; mais ce qui de toutes parts est illimité. L'immense & l'infini ne différent que de nom ; ils ont en effet les mêmes propriétés. Or la matiére , telle que nous la définissons , peut décroître à l'infini ; mais elle n'est pas immense. Qu'est-elle donc ? Un amas d'êtres susceptibles d'une division sans bornes , & dont chacun pris séparément a ses limites. Or je l'ai prouvé , d'un assemblage de portions finies , il ne résultera jamais un tout infini.

Mais il faut, me direz-vous, que tout être soit simple, soit un ; c'est ce qu'on ne dira pas de tout ce qui peut se diviser. Donc il y a des atomes , des corpuscules vraiment indivisibles : ils font les principes de tous les corps ; sans eux, aucun corps ne seroit composé de parties proprement dites , parce que nulle partie ne seroit vraiment une : paradoxe insoutenable. Il en est des corps comme des nombres ; ils ont l'unité pour principe, ils font des amas d'unités. Ainsi la matiére peut n'être pas simple elle-même ; mais au moins est-elle un amas de parties qui le font toutes. Il faut donc reconnoître que les élémens qui la composent font indivisibles.

On ne peut rien de mieux, Quintius : je crois entendre Epicure lui-même, & ce Romain dont les vers artificieux n'ont séduit que trop de Lecteurs. Cependant cet édifice que vous élevez avec tant d'art, un souffle va le détruire. Tout être est un, je le sçais ; mais tout être ne l'est pas dans le même sens. Ce titre appartient véritablement à des fubftances fimples & fans parties : c'eft l'attribut de la Divinité, de ce principe intelligent que vous ferez bientôt forcé d'admettre; c'eft celui de notre ame, l'image de Dieu même. Mais ne faites pas d'une qualité propre à l'efprit feul, une propriété de la matiére. Vous verrez dans la fuite combien ces deux fubftances différent l'une de l'autre. Il n'eft pas plus poffible que le corps foit un, qu'il ne l'eft que l'efprit foit divifible. Tous les êtres forment deux claffes diftinctes. Ceux qui ne font point étendus, qui n'ont point de parties, fimples par leur nature, font vraiment uns : dites le contraire de ceux dont l'étendue fait l'effence ; compofés de parties, comment feroient-ils fimples, uns, indivifibles ? Tel eft l'intervalle immenfe qui fépare la matiére & l'unité. La matiére n'a donc point de parties que l'on puiffe appeller proprement une, quoique l'on donne ce nom à tous les corps, parce que les parties dont chacun d'eux eft l'affemblage, forment par leur réunion une maffe à part. C'eft dans ce fens, que je dis une pierre, un homme, une maifon ; que j'appelle une, toute portion de matiére féparée des autres, revêtue d'une figure qui la diftingue.

Cette unité même que nous regardons comme le principe du nombre, n'eft pas l'unité proprement dite ; notre efprit la partage fouvent, il peut la fubdivifer à l'infini. Sans cette opération, jamais on ne feroit trois parties égales du nombre *fept*, ni de celui de *cent*. Mais ce n'eft pas l'efprit feul qui divife la matiére, comme le nombre. Cette divifion s'opére réellement fur chacun de ſes points. Toutes les lignes d'une ſurface quelconque peuvent ſe partager également : elles ne le pourroient pas, ſi chacune étoit, comme vous le ſuppoſez, une chaîne de points indiviſibles. Jamais en ce cas, les lignes formées par un nombre impair, n'auroient deux moitiés égales. De tels points ſont par conſéquent imaginaires ; & la matiére n'eſt pas compoſée d'atomes.

V. C'est une vérité que reconnoiſſoit cet impie trop fameux dans le ſiécle paſſé, qui s'appropriant une partie des dogmes Chinois & des principes abſurdes de Straton, a formé de leur mélange avec ſes propres erreurs un ſyſtême monſtrueux : ſyſtême que je dois réfuter dans un Poëme, où mon objet n'eſt pas de combattre le ſeul Epicure. Créateur d'un Dieu compoſé de tout ce qui eſt, Spinoſa confond l'architecte avec l'édifice, & diviniſe l'univers pour en bannir la Divinité. Sous cette forme nouvelle, rappellée des enfers l'irréligion, fiere de ſes nouvelles armes, a levé contre le Ciel un front audacieux. De l'amas des êtres cet athée fabrique un Dieu dont le corps eſt tous les corps, l'ame toutes les ames, & l'éternité toutes les parties du tems. C'eſt le Dieu Pan des anciens ; non ce Satyre couronné de pin, l'amant de Syrinx, le protecteur des troupeaux & l'effroi des Bergers ; mais cette Divinité qu'on adoroit comme le ſymbole de l'univers. Selon Spinoſa tout eſt Dieu : Dieu eſt le ſeul Etre & tous les Etres à la fois. Mais comme une ſubſtance néceſſaire eſt néceſſairement infinie, & que l'infinité ne fut jamais l'attribut de tout

ce qui peut se nombrer, Spinosa, sans s'effrayer du paradoxe, proscrit hardiment le nombre, & prononce que
la matiére n'est pas un assemblage de parties, mais un
tout simple, indivisible, un atome immense. L'insensé !
qui ne rougit pas de se confondre, de confondre Dieu
même, avec ce que la nature engendre de plus vil ; qui
sourd à la voix du sentiment, ne voulut reconnoître en
lui rien de propre, lors même qu'il ne pouvoit se cacher qu'il sçavoit ce que d'autres ignoroient ; lors même
qu'il s'affligeoit, pendant que d'autres étoient dans la
joie. Etrange Divinité qu'un être divisible à l'infini !
Il n'est pas divisé ce corps immense, s'écrie Spinosa,
quoique ses membres apparens changent entr'eux de
situation ; en effet ce qui divise & ce qui paroît divisé,
n'est qu'un. Quoi, Spinosa, cette épée qui porte un
coup mortel & ce malheureux qui le reçoit, font le
même être ? Vous ne distinguez pas le loup d'avec le
pasteur, le fils d'avec son pere, les vivans d'avec les
morts ?

Le même être peut successivement se revêtir de modifications différentes ; mais il n'en peut avoir en même-
tems de contraires. Un corps simple n'est pas à la fois
rond & quarré ; s'il est en partie quarré, rond en partie,
dès-lors il n'est plus *un*, on ne doit plus le regarder
comme simple, comme indivisible. Je sçais qu'une seule
espéce comprend plusieurs individus ; mais soutenir *un*,
soutenir atome un être qui renferme tous les êtres ; un
amas de substances, non-seulement distinctes & séparées,
mais opposées sous tant de faces, dont l'une exclut par

ſa nature les qualités eſſentielles à l'autre ; enfin, admettre un tout ſans parties, c'eſt ce qu'on ne peut faire ſans abſurdité.

Il n'eſt pas moins abſurde, répond Spinoſa, d'admettre deux ſubſtances, dont l'une ait des bornes étroites, & l'autre n'en connoiſſe aucune. Dès qu'on les diſtingue, qu'on leur attribue ſéparément l'exiſtence, la ſeconde ne mérite pas les titres d'immenſe & d'infinie qu'on lui donne, puiſqu'elle ne poſſéde point la plénitude de l'être, dont la premiere lui dérobe une partie. Ce raiſonnement ſeroit juſte, ſi je prétendois qu'elles ſubſiſtent toutes deux par elles-mêmes : l'univers alors partageroit la ſouveraine puiſſance avec la Divinité ; il ſeroit Dieu, quoique Dieu d'un moindre rang. Mais ſi la ſubſtance bornée, doit, comme je le ſoutiens, à la ſubſtance infinie tout ce qu'elle eſt ; momentanée, dépendante, créée de rien, & toujours prête à rentrer dans le néant, peut-elle borner un être qui ſubſiſte par ſes propres forces, & dont l'exiſtence eſt néceſſaire ? ſon union n'ajoûteroit rien à cet être ; ſéparée de lui, elle ne le prive de rien : elle eſt à ſon égard, non la partie d'un tout, mais l'effet d'une cauſe. Diſtinction qui ſeule renverſe les nouveaux remparts de l'artificieuſe impiété.

VI. Je reviens à vous, Epicure. Les atomes ont des parties : vous êtes forcé d'en convenir ; mais ces différentes parties quel lien a pû les unir enſemble ? Quelle puiſſance en exclud le vuide ? Pour compoſer un corps, vous raſſemblez des atomes ; il faut de même pour former un atome, en joindre les élémens. Et comme ces élémens ont chacun leur figure particuliere, cette multiplicité de figures les forcera de laisser entr'eux un grand nombre d'intervalles. Il n'en résultera donc rien de solide : vos atomes seront divisibles, & dès-lors périssables. En effet, tout être qui se divise est sujet à changer de forme, par conséquent à se décomposer ; & se décomposer c'est périr. Il n'est point de liaison par elle-même durable, sur-tout si le mouvement est, comme vous le prétendez, essentiel à la matiére : le mouvement est la source de la mutabilité. Si tant de parties dont chacune est un corps, se trouvent arrangées de façon qu'il ne reste point de vuide entr'elles, & que de leur enchaînement naisse un atome solide, ou du moins qui le paroisse, cet art merveilleux décele une main sçavante : il annonce un ouvrier intelligent dont l'objet fut de donner la même base à tous les corps, & qui pour remplir cet objet, a sçu rassembler ces élémens épars, choisir entre les combinaisons sans nombre dont ils étoient susceptibles, & former de leurs tissus faits à son gré des molecules indissolubles.

En effet, de toutes les parties dont l'amas compose un atome quarré, il n'en est aucune qui dût par sa nature être nécessairement placée dans cet assemblage : elle seroit aussi bien entrée dans tout autre, elle y eût indifféremment occupé telle ou telle place ; en un mot elle pouvoit être une portion quelconque d'un atome, quel qu'il fût. Pourquoi donc est-elle attachée précisément à celui-ci ? Pourquoi dans ce tout dont elle fait partie, répond-elle à ce point, plûtôt qu’à cet autre ? m’en donnerez-vous une raison plausible ? vous ne le pouvez sans admettre une intelligence, qui distribuant à son gré telles parties à tel atome, ait fabriqué selon ses desseins les élémens des corps, & fait l’univers ce qu’il est. Tel un peintre en mosaïque, lorsqu’il veut du mélange de pierres colorées, former des tableaux ineffaçables, choisit avec soin celles dont la couleur ou la figure lui semblent propres à représenter les images qu’il doit rendre : il les arrange, les enfonce légerement dans une matiére préparée pour les recevoir, & les serre entre ses mains, pour en faire un tout solide & durable.

Les atomes ne différent donc en rien des corps. Ce sont des amas de parties : ils sont par conséquent formés comme tous les corps, par un assemblage d’atomes, composés eux-mêmes de particules. Vous n’en trouverez aucun de vraiment simple, aucun qui ne soit le résultat d’atomes plus petits, qui n’ait un principe, qui ne porte l’empreinte de l’art. Voyez une troupe d’enfans ramasser en se jouant de la neige, en faire les uns des pelottons qu’ils se jettent entr’eux, les autres une masse, qui bientôt entre leurs mains acquiert de la consistence. Ils la roulent sur la terre à plusieurs reprises : elle grossit par ces frottemens réitérés ; ce n’est plus un monceau ; c’est une montagne : ils figurent à leur gré cet amas informe ; il devient un temple, une forteresse, un colosse. C’est ainsi que par la réunion des atomes le tems & le mouvement produisent tous les corps. Ainsi fe forment les atomes eux-mêmes & leurs différentes parties. Ces parties s'accumulent infenfiblement : il en réfulte une maffe terminée par un périmétre quelconque, qui la figure, en même-tems qu'il en borne l'étendue.

Enfin les atomes ont felon vous des figures, qui propres à chacun d'eux les diftinguent en différentes claffes: & vous en dites, fans doute, autant des parties dont j'ai prouvé qu'ils étoient l'affemblage. Mais pourquoi cette propriété ? pourquoi cette différence ? Quelle main les a fçû façonner; a creufé les uns, aiguifé les autres ? Quelle lime en les frottant leur a donné cette furface unie ? D'où naît en un mot une fi grande variété dans leur forme ? Ce n'eft pas fans quelque caufe qu'ils font différens, ou femblables.

On doit, me répondez-vous, les regarder comme tels de toute éternité par leur nature ; ce font des corps primitifs, qui ne tiennent leur forme que d'eux-mêmes, & qui, vû l'infinité de leur nombre, ne peuvent être tous d'un même genre, avoir tous la même figure. Non, Quintius ; des corps compofés de corpufcules plus anciens qu'eux, ne font point des êtres primitifs ; c'eft le cas où fe trouvent vos atomes ; je l'ai fait voir en démontrant qu'ils ont des parties. Or les reconnoître compofés, c'eft convenir qu'ils ont été créés. Donc s'ils poffédent toutes les qualités que vous leur attribuez, ils les doivent à une caufe quelconque. C'eft le hazard, ou Dieu qui les a faits. Mais le hazard n'a rien produit, ne peut rien produire. Ces élémens des corps ont par conféquent Dieu pour principe ; la Divinité fe montre à vos yeux ; rendez hommage à la fageffe toute-puiffante d'un Créateur.

Les atomes ne pourroient avoir pour attribut effentiel, que ce qui feroit propre à la matiére. Par conféquent fi les corps ont par eux-mêmes une figure déterminée, cette figure étoit néceffaire, étoit la feule dont ils pûffent fe revêtir. Un atome eft quarré parce qu'il n'a pû être rond. Mais rien n'empêche qu'un atome ne foit rond : vous en fuppofez une infinité de cette forme. Ne regardez donc aucune figure, comme effentielle au corps ; il eft également fufceptible de toutes. Si fa nature étoit d'être quarré, rien ne feroit rond : rien ne feroit quarré, fi la rondeur appartenoit à l'effence de la matiére. Cependant combien ne comptez-vous pas d'atomes ronds ; combien de quarrés ? Ainfi prétendre que ces corpufcules font de toute éternité par eux-mêmes ronds ou quarrés , ou revêtus de quelqu'autre figure , ce feroit tomber dans une inconféquence groffiére ; ce feroit en montrant des François & des Ethiopiens , des Géants & des Pygmées, foutenir que les hommes font par eux-mêmes blancs ou noirs , grands ou petits.

Vous connoiffez, fans doute, la nature des modifications. Elles ne font point partie de l'effence des êtres : ils peuvent fubfifter fans elles, comme avec elles. Donnez à la cire telle forme qu'il vous plaira, c'eft toujours de la cire. Vous voyez un morceau de glace ; c'eft de l'eau : cette neige qui blanchit nos campagnes, c'eft de l'eau : du fond d'un vafe mis fur le feu s'éleve dans les airs une fumée brûlante ; c'eſt encore de l'eau : vous découvrez ce fluide ſous mille formes différentes. Si telle ou telle modification étoit propre à la nature d'un corps, rien ne ſeroit capable de l'en dépouiller, & nulle autre ne pourroit la remplacer. Mais ſi la ſeule tranſpoſition des parties d'un corps, ſi l'accroiſſement ou la diminution de leur nombre fait diſparoître ces qualités, elles ne ſont donc pas néceſſaires. Or vous voyez que le frottement ſuffit pour changer la figure des corps. Donc toute modification, toute figure eſt accidentelle à la matiére.

Le Philoſophe dont vous adoptez les erreurs avoit parfaitement compris cette vérité ; il en convient même quelquefois, forcé ſans doute par l'évidence. Pourquoi donc s'oublie-t-il au point d'attribuer à ſes atomes des grandeurs & des figures éternelles, ſans égard à ce qu'il ſçait de la nature des modifications ? Que penſer d'une telle inconſéquence ? vous voyez quelle tache honteuſe c'eſt pour votre maître, & quelle confiance méritent les diſcours d'un homme ſi peu d'accord avec lui-même. S'agit-il des atomes ? De ſimples modifications, à l'entendre, ſont des propriétés : ce ne ſont plus que des accidens, lorſqu'il parle des corps mixtes. Mais la différence des noms ne change rien au fonds des choſes. N'ai-je pas démontré que les atomes étoient mixtes, comme tous les corps ? on ne peut conſéquemment reconnoître rien d'eſſentiel aux atomes, qui ne le ſoit en même-tems à tous les mixtes, qui ne ſoit tellement propre à la matiére, qu'elle ne puiſſe exiſter ſans cet attribut.

attribut. Toute qualité qu'elle peut perdre, fans ceffer d'être, n'appartient pas à fa nature : c'eft une modification, un accident. Le corps ne peut fubfifter, fans être figuré, parce qu'il eft fini : donc une figure quelconque eft effentielle au corps. Mais il peut fubfifter fans telle figure en particulier. Donc cette figure particuliere ne tient pas à fon effence; elle n'eft qu'accidentelle. De même il occupe néceffairement une place quelconque; mais il peut être, fans remplir telle ou telle place. C'eft affez qu'il foit quelque part.

Epicure n'a donné qu'un foible effor à fon génie, en diftribuant, comme il fait, fi peu de figures à fes atomes. Avec une imagination auffi féconde, pourquoi n'en fuppofoit-il pas davantage ? Pourquoi rejette-t-il avec dédain *l'homœomerie* d'Anaxagore ? Cette fiction moins hardie que la fienne, fembloit très-propre à feconder fes vues. Dans ce fyftême, le cahos eft un amas informe d'élémens déja tout formés, & dont chacun a fa ftructure & fon organifation. Mis en mouvement, ils fe débrouillent. Ceux d'une efpéce vont chercher dans la foule les parcelles homogénes, les démêlent & s'uniffent avec elles, fans jamais s'attacher à d'autres. Toutes les parties d'un œil, toutes celles d'une fleur fe joignent enfemble ; l'argent s'incorpore avec l'argent ; les particules de feu s'allient toutes entr'elles. C'étoit pour Epicure une grande avance, qu'un fonds ainfi compofé. Mais Epicure étoit trop ennemi de la Divinité, pour adopter une hypothéfe qui paroît en fuppofer l'exiftence. Il fentit qu'on ne regarderoit jamais comme incréés des corps qui porteroient évidemment l'empreinte d'un si grand travail, & dont la fabrique annonceroit une cause intelligente. Ainsi retranchant à ses atomes tout ce qui pouvoit indiquer trop d'art & de dessein, il les produisit sous des dehors plus simples, revêtus des figures les moins composées; & s'en rapporta pleinement au hazard de tout ce que pourroit faire éclore le concours de ces corpuscules ainsi figurés. Mais pour être si sobre & si réservé dans ses fictions, il n'en débite pas moins une absurdité. C'est une inconséquence aussi grande de donner à des atômes qu'on suppose existans par eux-mêmes, une figure à peine ébauchée, que de les revêtir de la forme la plus parfaite. La main de l'ouvrier est aussi nécessaire pour fabriquer les instrumens grossiers du labourage, qu'elle le fut pour forger ou ce bouclier d'Achille, sur lequel Vulcain avoit sculpté les pénibles travaux de la guerre, & les douces occupations de la paix, ou cette fameuse Egide trempée dans les eaux du Stix, & qui représentoit entre deux Sphinx, l'effroyable tête de Meduse environnée de serpens.

VII. Regardez donc comme un principe certain, que toute modification est accidentelle & destructible. Or la matiere, & par ce nom vous entendrez à votre choix la masse totale ou ses différentes parties, la matiere n'a jamais pû subsister sans modifications. Ce n'est pas que par sa nature elle exige telle ou telle modification en particulier. Si elle en possédoit ainsi quelqu'une, rien ne l'en dépouilleroit; mais il lui faut une modification

quelconque. Parmi les différentes qualités de cette espéce dont elle peut se revêtir, il en est qui la modi-
fient dès son origine, & qu'elle conserve toujours ; il
en est de passagéres, qu'on peut aisément lui faire perdre & lui rendre avec la même facilité. Les unes ne lui
appartiennent pas plus que les autres : elle n'en posséde
aucune par essence ; conséquemment elle les a toutes
reçues. Et comme en effet la matiere ne peut un seul
moment subsister informe, j'en conclus qu'elle n'est pas
par elle-même, & que la cause de ses modifications est
aussi celle de son existence. L'éternité n'est point l'attribut d'un être variable par sa nature ; cet être a nécessairement pour principe, celui qui préside à ses changemens. La matiere susceptible de tant de modifications
différentes, & dès-lors sujette à des vicissitudes sans nombre, n'est donc pas éternelle ; & par une seconde conséquence, elle doit avoir été tirée du néant. Elle ne s'est
pas donné l'être , & toutefois elle existe. Il est donc
pour elle un premier instant, où la main d'un Créateur
la fit sortir du néant.

Mais ce Créateur de la matiere n'est pas lui-même
une substance matérielle. S'il étoit , comme tous les
corps, un composé de parties que le tems & le mouvement eussent rassemblées , le mouvement l'auroit pré-
cédé. Cet assemblage supposeroit d'ailleurs la préexis-
tence d'une cause qui en eût à son gré , mû, figuré, dis-
posé les différentes portions. Ce ne seroit pas alors
l'auteur de la matiere, mais cet être plus ancien, qu'il
faudroit regarder comme éternel, comme existant

par lui-même. Or de votre aveu le principe des corps
a néceffairement ces deux attributs : reconnoiffez donc
auffi qu'il eft incorporel. Le Créateur, l'arbitre fouverain de la matiere, Dieu, n'eft pas une portion de matiere ; il n'a point de corps.

Vous me direz que rien ne peut être fait de rien : c'é-
toit le principe d'Epicure ; c'eft celui de Lucrece : fidéle
écho de fon maître, il ne ceffe de le répéter. Mais
qu'entendent-ils par-là l'un & l'autre ? Que la terre, les
aftres, l'océan font des amas de particules réunies ; que
tous les végétaux naiffent de femences propres à chaque efpéce ; que tous les animaux doivent le jour à des
peres formés avant eux ? J'en tombe d'accord. Ce n'eft
pas là le point de la queftion : il s'agit d'examiner d'où
la totalité des êtres, d'où cette matiere dont les corps
particuliers font tous des portions, eft tirée. J'ai prouvé
qu'elle ne fubfiftoit pas par elle-même ; donc elle n'é-
xifte point de toute éternité ; donc elle eft produite
par un être préexiftant & d'un ordre fupérieur. Et quand
nous la difons faite de rien, c'eft parce qu'elle a réellement été faite.

Pourquoi vous obftinez-vous à chercher le principe
des êtres dans les êtres mêmes, la fimplicité dans des
corps, une forme invariable dans des mixtes qui fe dé-
compofent fans ceffe, un point indivifible & primitif
dans un affemblage où rien n'eft fimple. Il exifte fans
doute un être néceffaire, éternel, immenfe, fimple,
immuable, infini, caufe de tous les êtres. Mais quel
eft-il, fi ce n'eft Dieu ? Cherchez en lui l'origine de
l'univers.

Nous marchons, Quintius , dans une route difficile
& rebutante ; nous traverſons d'arides déſerts , où les
yeux ne rencontrent que des buiſſons. Je vous en ai
prévenu ; je ne vous ai point caché les déſagrémens de
la carriere que vous deviez parcourir. Arrêtons-nous
ici pour prendre quelque repos. Le repos eſt un plaiſir :
en interrompant une marche pénible , il redonne pour
la continuer les forces néceſſaires.

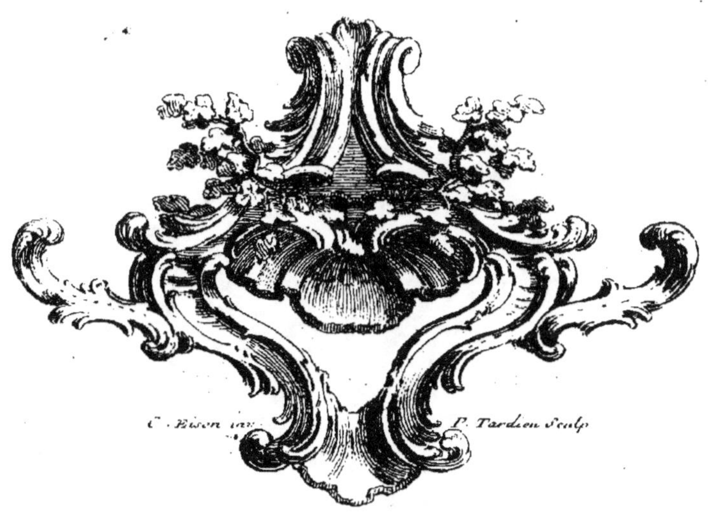

SOMMAIRE
DU LIVRE QUATRIEME.

CE Livre traite du Mouvement, & le but de l'Auteur est de substituer à la fausse théorie qu'en donne Epicure des principes tirés d'une plus saine Physique.

I. Après avoir décrit le chimérique triomphe de Lucrece sur la Religion, & fait une courte récapitulation des erreurs déja réfutées, il explique l'hypothése épicurienne sur le mouvement des atomes. Elle se réduit à deux points. 1erement Epicure donne pour cause à la chute de ses corpuscules dans le vuide, une pesanteur qu'il soutient leur être naturelle. 2ement, comme ils ne pourroient se mêler ensemble, s'ils tomboient en lignes paralléles, ce Philosophe imagine une déclinaison, qui leur faisant décrire des lignes obliques, les met à portée de s'entrechoquer & de s'unir. L'Auteur combat séparément ces deux propositions, en commençant par la derniere.

II. Il démontre que cette déclinaison est en même-tems chimérique, incompatible avec la pesanteur, & contraire au but qu'Epicure s'est proposé. Il réfute

l'argument que ce Philosophe a prétendu tirer de la liberté de l'homme, pour établir cette espéce de mouvement, & prouve que le systême épicurien, en paroif-
fant abandonner l'univers au hazard, le soumet à
l'empire de la fatalité. Cette hypothése de la déclinaison
des atomes étoit une correction faite par Epicure à l'ancien systême : Gassendi crut en devoir faire une autre.
Pour produire entre les atomes de fréquentes liaisons, il
supposa la vîtesse de ces corpuscules inégale. L'Auteur fait voir le peu de solidité de cette opinion. Il attaque ensuite cette pesanteur même qu'Epicure croit ef-
sentielle aux atomes, & prouve 1erement, que si elle
étoit le mobile des atomes & le principe de la formation
des corps, l'univers ne seroit pas tel que nous le voyons;
2ement, qu'il lui étoit impossible d'agir dans le vuide ;
3ement, enfin que loin d'être inhérente aux corps, elle
n'est qu'une simple modification produite par une cause
étrangere.

III. Cette cause qui précipite les corps sans qu'ils
ayent par eux-mêmes aucun poids, est, suivant l'Auteur, l'action de la matiere subtile sur chacun d'eux.
Il expose à ce sujet le systême des tourbillons qu'il
adopte à quelques changemens près, & selon cette hypothése il explique un grand nombre de phénomenes,
entre autres la pesanteur spécifique des corps, la

suspension du mercure dans un tube, l'élévation des liqueurs dans le syphon, celle des vapeurs dans l'air, de la séve dans les végétaux, & les révolutions des Planétes autour du Soleil.

IV. Après avoir établi que la pesanteur e? l'effet de l'impulsion, l'Auteur combat le principe Neutonien de la gravitation réciproque, & suivant une méthode employée déja contre le vuide, il oppose à ce principe deux genres de preuves, les unes métaphysiques, les autres physiques. Il fait voir qu'on doit attribuer à l'impulsion tous les phénomenes cités par les Neutoniens comme des exemples de l'attraction, & termine ce morceau par un éloge de Descartes, dont il compare la doctrine avec celle du Philosophe Anglois.

V. Le Poëte ne se contente pas d'avoir détruit le mouvement attribué par Epicure à ses atomes; il en attaque toutes les conséquences. Ce Philosophe suppose que les corpuscules qui ne font pas d'une figure propre à s'unir entre eux, rejaillissent après le choc. L'Auteur montre 1erement que si cette réflexion étoit véritable, il n'y auroit point de fluides dans le monde épicurien : 2ement, qu'elle est fausse, parce que la nature des atomes d'une part, & de l'autre celle du milieu dans lequel ils font supposés se mouvoir, est incompatible avec l'élasticité, seule capable de produire la réflexion des corps.

VI. *Spinosa suppose, comme Epicure, le mouve-ment éternel & nécessaire : mais au lieu d'en faire, comme l'ancien Philosophe, une qualité propre aux différentes parties de la matiere considerées séparément, il l'attribue à la masse entiere, au tout que forment par leur assemblage les êtres particuliers. La réfutation de cette hypothèse termine le quatriéme Livre de l'Anti-Lucrece. L'Auteur prouve que le mouvement & le repos sont de simples modes ; que le corps indifférent par lui-même à l'un ou à l'autre, a besoin d'être déterminé par une cause supérieure, & que cette cause doit être une substance immatérielle.*

L'ANTI-LUCRECE.

LIVRE QUATRIE'ME.

I. **U**N Voyageur qui par des chemins rudes & tortueux veut atteindre le fommet d'une montagne , las
au milieu de fa route, s'affied fur un rocher, reprend
haleine & fe repofe. Il contemple ces roches efcarpées ,
ces hauteurs inacceffibles dont fa conftance vient de
triompher , & porte des regards fatisfaits fur toutes les
traces de fes pas. Un moment après il fe léve, il part,
& ne fongeant qu'à gagner la cime , il pourfuit fa marche avec plus de courage. Comme lui , nous appro-
chons du terme de notre courfe : animés comme lui par
l'efpérance , volons à ce terme , & franchiffons avec
une nouvelle ardeur l'intervalle qui nous en fépare.

A mefure que nous avançons , la lumiere naiffante
diffipe infenfiblement les ténébres , & ce Poëte dont
les brillans fophifmes vous avoient ébloui , ne vous
paroît plus le même. Avec quelle pompe cet ennemi

de la Divinité, fier d'une victoire chimérique, étaloit-il ses atomes imaginaires! avec quel faste célébroit-il la gloire du vuide ! Déja vainqueur orgueilleux, la tête ceinte d'une double couronne, pour avoir arraché l'univers à l'empire des Dieux, & féduit les hommes par les charmes d'une artificieuse poëfie, Lucrece portoit au temple d'Epicure des trophées immortels. La Religion fuivoit, trifte & chargée de chaînes ; victime prête à tomber fous le couteau facrilége d'une troupe profane: autour d'elle marchoient en verfant des larmes quelques amis de la Vertu. Une jeuneffe folâtre faifoit par des danfes & des ris mocqueurs éclater les tranfports d'une joie criminelle , & femoit du myrte & des rofes fur les pas de fon chef. Des Nymphes portoient dans des corbeilles les préfens de Bacchus & les fleurs confacrées à la Déeffe de Cythere. Pour vous déformais éclairé par la raifon , vous fçavez que toute cette pompe n'eft qu'un vain phantôme : vous avez vû , Quintius , avec une furprife mêlée de honte & de mépris ces fragiles trophées difparoître comme l'ombre , & l'illufion n'a pû réfifter à la vérité.

Comment ce fyftême fi bizarre , fi contraire au vrai, s'eft-il accrédité parmi les hommes ? Quels preftiges ont couvert leurs efprits de ténébres affez fombres pour éteindre la lumiére naturelle, pour éclipfer même le flan beau de la vérité ? Quel enchanteur a pû leur faire abandonner des temples élevés par leurs ancêtres ? La voix d'Orphée eut moins d'empire fur les lions de la Thrace : les accords d'Arion n'attirérent pas avec la même force les Dauphins du fond de la mer : les pierres ne furent pas plus fenfibles aux cadences de la lyre harmonieufe qui bâtit les murs de Thebes. Cet enchanteur eft le plaifir. Ses perfides attraits féduifent les fens , & rendent le menfonge aimable.

Accordez-moi , dit Epicure , un efpace pénétrable à tous les corps ; immenfe , & qui toutefois ait des parties fupérieures & des parties inférieures ; qui exifte par foi-même , du refte femblable au néant. Accordez-moi une quantité de matiere , infinie comme le vuide , mais qui ne puiffe le remplir ; des atomes en même-tems homogênes & différens ; fimples , quoique diftingués par toutes fortes de figures , étendus fans être divifibles , ayant des parties & fans parties. Ajoûtez qu'un tout n'eft pas plus grand qu'une portion de lui-même ; donnez - moi des modifications qui ne foient pas accidentelles : je vais créer le monde fans le fecours d'une Divinité. Peut-être le pourriez-vous : mais vous paffer ces monftrueufes contradictions , ce feroit le comble de l'extravagance.

Au refte , ce n'eft pas affez de la matiere pour former des corps : il faut de plus que le mouvement uniffe les atomes. Quelle idée aurez - vous de Lucrece , fi fur ce point comme fur les autres , avec toute fa préfomption , il ne débite que des chiméres. Développons cette fauffe théorie du mouvement. Quoique très-facile à réfuter , c'eft néanmoins la principale partie du fyftême d'Epicure. Ici nous le voyons embraffer par choix une erreur groffiere. Il vouloit trouver dans les atomes mêmes le principe naturel de leur mouvement ; il sentoit d'ailleurs que pour faciliter dans le vuide la rencontre de ces corpuscules, & multiplier leurs liaisons, ce mouvement devoit être aussi diversifié que leur forme. Long-tems indécis, après un mur examen, il crut avoir trouvé le dénoument : la pesanteur lui parut seule capable de remplir toutes ses vûes : il en fit une propriété de la matiere, un attribut inséparable des corps, une partie de leur essence.

Mais lorsque Démocrite expliquoit autrefois la même doctrine, enseignée d'abord par Leucippe, si Moschus de Sidon n'en est pas le véritable auteur, on dût lui répondre qu'un pareil mouvement, loin d'occasionner le choc & la réflexion des atomes, ne seroit pas même propre à les mêler ensemble. Ils suivroient éternellement des lignes paralléles, sans que jamais les premiers attendissent ceux qui tomberoient au second rang ; & dès-lors il leur seroit impossible de s'unir. Démocrite qui rioit de tout, avoit peut-être ri de cette objection ; mais il ne l'avoit pas réfutée : que pouvoit-il en effet opposer à l'évidence ? Tous les corps qu'entraîne leur pesanteur décrivent une perpendiculaire, à moins que quelque obstacle ne combatte cette direction ; mais quels sont les obstacles dans un vuide que l'on suppose parfait ? Lorsque la pluie traverse une atmosphere tranquille, la goutte d'eau qui tombe la premiere n'arrête pas celles qui sont au-dessus ; elle ne peut ni les choquer ni les refléchir : vous ne voyez point les particules collatérales, qui descendent en même-tems des nuages, se frapper ou se joindre les unes aux autres. Epicure avoit trop de pénétration pour ne pas sentir cette difficulté : il prétendit la résoudre en prononçant que ses atomes déclinent de la perpendiculaire , & qu'ils descendent selon des lignes obliques. Par cette déclinaison il crut mettre le hazard à portée de tout exécuter ; & se flattant que tout iroit selon ses desirs , plus ingénieux que Démocrite , il livra ses corpuscules ainsi détournés à la pesanteur qu'il supposoit leur être naturelle.

II. JE ne prétens pas lui reprocher un défaut dont il convient de bonne foi , & qu'il s'efforce même de corriger : il n'est pas responsable de l'erreur d'autrui. Je me bornerai donc à combattre la supposition par laquelle il a voulu réformer l'ancien systême , & je ferai voir qu'elle est non-seulement fausse , mais inutile. En effet, ou les atomes déclinant tous ensemble , suivent d'un pas égal la même direction , & les lignes qu'ils décrivent sont parallèles : en ce cas Epicure ne gagne rien : il retombe dans l'embarras même qu'il croyoit éviter , puisque ces corpuscules iront toujours séparément, comme dans l'hypothèse de Démocrite , & ne se toucheront jamais : ou plusieurs descendent obliquement, tandis que d'autres tombent en ligne perpendiculaire , & pour lors la diversité qui régne entre leur forme se retrouve dans leur direction. Chacun aura son département , & les atomes seront partagés en deux classes. Mais leur nature est semblable , ils sont tous sans auteur ; vous regardez leur chûte comme l'effet d'un mouvement qui leur eſt propre ; comment cette chûte peut-elle n'être pas la même ? Des corps homogénes, également mobiles par eſſence, & qui ne ſont ébranlés par aucun moteur, ne doivent pas ſe mouvoir d'une maniere différente.

Si les chiméres que vous débitez, Epicure, étoient préſentées par la Religion, avec quel mépris les recevriez-vous ? Vous l'accuſez fauſſement de nous rendre malheureux ; vous l'accuſeriez ſans injuſtice d'être la ſource de nos erreurs. Eſt-ce ainſi que vous variez à votre gré l'eſſence de vos atomes ? Mais que dis-je ? vous oſâtes donner pluſieurs figures à des élémens indiviſibles ; pourquoi n'auriez-vous pas auſſi diverſifié leurs mouvemens ? Vous pouviez même être plus libéral à leur égard. Il vous étoit auſſi facile, auſſi permis de les ſuppoſer tournans ſur leur axe, de leur faire tracer des ſpirales, des volutes, des ellipſes, décrire en un mot toutes les courbes, toutes les figures poſſibles, d'en former des réſeaux, des tiſſus de toute eſpéce, que de les incliner un peu. La nature dont vous arrachez l'empire à la Divinité, reſpecte vos ordres, obéit, eſclave ſoumiſe, à vos moindres deſirs. Vous voulez donner des loix à l'univers ; mais vous ne ſçavez pas les donner. Uſurpateur de la ſouveraineté, connoiſſez mieux quels en ſont les droits. Vous uſez à peine ſur ce point de la puiſſance ſuprême. Tout-puiſſant devez-vous craindre de paſſer les bornes de votre pouvoir ? Vos atomes, l'objet le plus cher de vos ſoins, ont reçu de vous des figures avec épargne : vous leur accordez le

mouvement

mouvement avec une épargne encore plus grande. Vous aviez cependant befoin de le varier à l'infini. Pour mettre ces corpufcules à portée de s'entrechoquer, & par-là, de s'unir, il leur falloit une multitude de directions toutes différentes & même contraires , dont le hazard pût fe fervir à fon gré. Qu'eft-ce que vos atomes en effet, fans cette contrarieté de mouvement, feule capable de les mêler entr'eux ? C'eft une armée nombreufe compofée de divers bataillons, & prête à combattre. Mais une armée, quelle que foit fa difpofition, fa force, fon ardeur, ne peut livrer de combat, fi dans fa marche elle ne rencontre point d'ennemis. Un ruiffeau qui ne trouve point d'obftacles à fon cours, ne peut s'arrêter.

Vous me direz qu'il n'étoit pas en votre pouvoir de diverfifier ainfi le mouvement ; que des corpufcules dont la nature eft femblable , & qui tombent d'eux - mêmes dans le vuide, ne pouvoient pas y prendre d'eux-mêmes des chemins oppofés. Non fans doute, ils ne le pouvoient pas ; mais pourquoi ont-ils pû fuivre les uns la perpendiculaire, les autres une route oblique ? Je ne vois pas moins de raifon, fi vous n'en reconnoiffez d'autre que votre volonté , pour imprimer à vos atomes un mouvement varié, que pour donner une légere pente à leur cours. Cette fiction , fans être plus abfurde , eût mieux fecondé vos projets : elle vous facilitoit la création de l'univers. Ne voyez-vous pas d'ailleurs, que votre fyftême renferme des contrariétés groffiéres. L'erreur eft aveugle ; elle fe tend des piéges fans les appercevoir. Vous foutenez que les atomes ne doivent qu'à la pefanteur le mouvement qui leur fait traverfer l'empire immenfe du vuide : vous avouez en même-tems qu'un corps fuit la perpendiculaire , à moins que les corps placés au-deffous ne le forcent de s'en écarter : toutefois, qui le croiroit ? oubliant vos propres principes , vous donnez une pente à des atomes dont la chûte n'eft point caufée par une impulfion étrangere ; qui tombent fans rencontrer d'obftacles ! Et vous trouvez des adorateurs , Philofophe inconféquent ! Vous avez des difciples qui vous regardent comme l'oracle de la Nature & l'interpréte de la vérité ! Où tendent ces troupes confufes de corpufcules ? D'où naît cette différence dans leur direction ? eft-ce l'effet de leur choix ? eft-ce le vuide qui les détourne, ou quelque vent échappé des cavernes d'Eole ? Les attributs dont il répugne qu'un être exiftant par lui-même foit privé, font les feuls qui faffent partie de fon effence : je l'ai démontré, lorfqu'il s'agiffoit de la figure des atomes. Par conféquent fi vous faites décrire à quelques-uns d'entr'eux une perpendiculaire, ils doivent tous prendre la même route : fi vous en détournez quelques-uns, il faut les détourner tous. Puis donc que chaque atome peut, felon vous, fuivre indifféremment l'une & l'autre direction, vous avouez qu'aucune des deux ne lui eft effentielle. Regarder l'une ou l'autre comme néceffaire, c'eft une erreur : foutenir qu'elles le font toutes deux, c'eft une abfurdité.

D'ailleurs nous difons qu'un corps fe meut obliquement, lorfque le point dont il part n'eft pas vis-à-vis de nous ; quoique dans le vrai ce corps décrive une ligne

droite. Je regarde le côté d'un quarré : tout ce qui vient
à moi fur des lignes paralléles à ce côté me paroît droit :
qu'un corps enfile la diagonale, il va droit ; cependant,
comme je ne fuis plus vis-à-vis, je dirai qu'il marche fur
une ligne oblique. Tout change fi mon œil fe porte à
l'extrémité de la diagonale. Elle devient droite pour
lors ; & les côtés du quarré ceffent de l'être à leur tour.
Ainfi le plan de l'écliptique & celui de l'équateur font
réciproquement inclinés l'un à l'autre. Toute la différence donc entre ces lignes obliques auxquelles vous
vous félicitez d'avoir eû recours, & les lignes droites,
c'eft qu'elles ne font pas confidérées du même point.
Mais dans l'abîme d'un vuide fans bornes, dans des efpaces immenfes, montrez-moi le point d'où defcendent
les atomes, montrez-moi leur terme : de quel côté, fous
quel regard pourrons-nous dire que leur chûte eft oblique plutôt que droite, qu'elle eft droite plutôt qu'oblique ? Que votre fyftême eft mal concerté ! Vous lui
donnez pour fondemens des principes qui le détruifent.

Les atomes, direz-vous, partent de points infiniment éloignés, & font précipités par la pefanteur vers
le centre de la terre. Vous regardez donc l'infini comme
un cercle dont la terre eft le centre. J'ai fait voir combien cette idée eft fauffe, combien même elle eft abfurde : mais foit ; elle ne favorife en rien vos prétentions. En effet, de toutes les lignes qu'on peut tirer
de la circonférence au centre, la plus courte eft, fans
contredit, la perpendiculaire : une ligne qui feroit oblique

s'en éloigneroit abfolument. Si donc vous fuppofez divergens des atomes , qui traverfent depuis une éternité des efpaces immenfes, vous leur faites décrire , au lieu d'un rayon, la corde d'un arc. Rebelles à la pefanteur, écartés par leur déclinaifon de la route qui conduit au centre , ils iront fe perdre au loin fans retour. Etrange contrariété ! vous les éloignez du terme où vous leur commandez de tendre : c'eft par vous qu'eft combattue l'exécution de vos ordres. Eft-ce ainfi que vous corrigez l'erreur de Démocrite ? vous couvrez une faute par une faute plus grande , & vous vous trompez deux fois inutilement.

Les preuves que vous tirez de la liberté de l'homme pour établir ce mouvement chimérique font encore plus abfurdes. Raifonnement d'une nouvelle efpéce ! L'homme eft libre , dites-vous ; il fait ce qu'il veut: ce qu'il ne veut pas, c'eft volontairement qu'il le rejette : donc les atomes fuivent une ligne oblique ; point de liberté fans cette divergence. Mais cette divergence eft une chimere ; je l'ai démontré : fi je vous en paffois la fuppofition, jamais la liberté ne lui devroit l'origine. Suppofons donc que les atomes fe meuvent obliquement ; que doit-il en réfulter ? L'homme , dites-vous, fera libre. Quel lien unit ces deux propofitions ? Je ne vois rien qui me perfuade que l'une foit la fuite de l'autre : que dis-je ? je vois le contraire. Si c'eft par un effet de leur nature, par leur propre force & fans caufe, que les atomes s'éloignent de la perpendiculaire, ils s'en éloignent par une néceffité abfolue ; & dès-lors plus de liberté. S'ils prennent par choix une route oblique, s'ils jouiffent en la fuivant d'une parfaite indépendance qui fe communique aux corps formés par leur concours, en ce cas l'homme n'aura pas feul ce noble attribut, qui néanmoins, de votre aveu même, eft l'appanage de l'efprit. Au lieu de fuivre la pente de fon lit, l'eau malgré fon poids, s'arrêtera fufpendue tout-à-coup fur le penchant d'une colline. Le feu fe jouera quelquefois innocemment fur le chaume, & ne confumera que les bois qui lui feront odieux. Cette pierre depuis plufieurs fiécles immobile au faîte d'une tour fe précipitera d'elle-même en bas, fi par hazard elle s'ennuye d'être placée fi haut. Si le Soleil veut, le Soleil ne fe levera pas ; la Lune ne diffipera les ombres de la nuit, que quand elle voudra bien favorifer les mortels. Tout ce que vous voyez dans le monde, ne le regardez plus comme l'effet du hazard, du mouvement & de l'effence des êtres. Tout dépend de leur volonté, de leur caprice, s'il eft vrai que la Nature libérale fans choix ait prodigué fans diftinction l'excellente qualité que poffédent les hommes ; fi la liberté n'eft pas un privilége de notre efpéce.

Mais lorfque vous l'accordez indifféremment à tous les corps, ennemi de la gloire des hommes, pourquoi prétendez-vous les en priver ? Si je conçois bien les principes de votre affreufe doctrine, quelque chofe que faffe un homme, quoiqu'il fe croye le maître de ne pas faire ce qu'il fait, cette action s'opére par la feule force de la matiére, & par des mouvemens qu'il ne con-

M iij

noît pas même, loin d'en difpofer. Tout ce qui nous arrive ne peut pas ne point arriver, parce que, quelle que foit la direction des atomes, ces corpufcules, unique caufe de nos mouvemens, comme de ceux des aftres & de tous les corps terreftres, ne font pas libres dans leur cours. Par conféquent l'inévitable deftin eft l'arbitre de notre fort ; ce deftin créateur de l'univers, à qui les Poëtes accordoient autant de puiffance fur les Dieux & fur Jupiter même, que Jupiter & les Dieux en avoient fur les foibles mortels. Cette fatalité vous eft en horreur, & toutefois vous l'établiffez, en foutenant qu'une aveugle déclinaifon de la matiére a tout produit ; en donnant pour caufe de tout des atomes précipités par une pefanteur qui leur eft propre.

L'empire du deftin ne fe bornera pas même à l'homme feul ; il n'y aura point d'êtres, point d'événemens qui ne lui foient affujettis : ce qui détruit le hazard, votre Divinité fouveraine, le pere des Dieux, le maître des humains. Que lui refte-t-il, fi tout eft néceffaire ? & tout doit l'être, dans vos principes, puifqu'en effet ces atomes que vous prétendez fe mouvoir d'eux-mêmes, ne fe meuvent pas librement. Envain vous repré-fentez-vous leur union, comme le fruit imprévû d'une rencontre foudaine, d'un concours fortuit, dans lequel ils s'entrechoquent avec des forces égales. Ces corpuf-cules ont en eux-mêmes une caufe fecrete de leurs liai-fons. Tout ce qui leur arrive dans leur chûte, ne peut pas ne point être, parce qu'un atome qui tombe en tel tems, avec tel degré de vîteffe, doit rencontrer précifément à tel point celui qui defcend dans le même tems, avec un degré de vîteffe égal ; & que la féparation de part & d'autre eft, felon leur forme, impoffible, ou né-ceffaire. Or tout réfultat eft de la même nature que les élémens qui le compofent : ainfi par une conféquence évidente de votre principe, la deftinée régne fouverainement fur tous les êtres ; le hazard eft banni de l'univers, & l'homme n'a point de liberté, s'il n'eft qu'un compofé d'atomes. Mais la volonté n'eft pas efclave. Reine d'elle-même & connoiffant fes propres droits, elle brave les loix tyranniques du deftin. Un tel attribut n'annonce-t-il pas que l'être qui le poffède eft diftingué de la matiére & fupérieur à vos atomes ? J'infifterai davantage fur ce point, en examinant la nature de l'ame. Il me fuffit à préfent de vous avoir démontré, que le mouvement attribué par Epicure à fes corpufcules eft incapable de produire aucun corps, parce que, quelles que puiffent être les lignes qu'il leur fait décrire, qu'elles foient obliques ou perpendiculaires, paralléles ou divergentes, jamais il ne réunira ces élémens. Leur déclinaifon même établie ne rendroit donc pas votre fyftême meilléur.

Il eft, direz-vous, un moyen de faire naître entr'eux une multitude d'enchaînemens diverfifiés à l'infini : c'eft de fuppofer avec Gaffendi, leur vîteffe inégale. Cette feule hypothèfe réforme le fyftême de Démocrite & d'Epicure : elle doit produire parmi les atomes des liaifons fréquentes & nombreufes. La feule inégalité du mouvement peut faire en effet, qu'un atome dont la vîteffe est supérieure , atteigne celui qui le précédoit & lui donne des liens ; que ceux-ci soient entraînés par d'autres ou les entraînent. Pourquoi cette heureuse idée ne s'offrit-elle pas d'abord à Démocrite ? Epicure n'eût pas été contraint de varier , par une supposition qui lui fait peu d'honneur , la marche de ses atomes , d'imaginer une divergence contraire à la nature du mouvement qu'il leur attribuoit. Voyez des chiens animés par le son des cors de chasse & par les cris des piqueurs , suivre dans les détours d'une forêt immense les traces d'un Cerf qui ne peut se dérober à la finesse de leur odorat : avec la même ardeur , ils n'ont pas tous la même vîtesse : quelques-uns plus légers devancent les autres , terrassent l'animal & le déchirent ; le reste de la meute s'avance à pas inégaux. Que du haut des airs un Milan fonde sur une Colombe ; envain elle fuit en s'abattant vers la terre : plus vîte qu'elle , il atteint cette proie timide , la saisit & l'enleve. Ainsi quelques atomes , quoique devancés par d'autres , peuvent , dites-vous , les joindre , parce qu'ils ont plus de vîtesse, & s'unir avec eux.

La solution imaginée par Gassendi n'est qu'une défaite. Quel secours peut en tirer Epicure, qui soutient que les atomes sont des êtres nécessaires, qu'ils se meuvent par eux-mêmes, & différent uniquement par leur forme. Qu'un seul d'entre eux tombe avec plus de vîtesse ou de lenteur que les autres , on ne pourra plus dire que leur nature est semblable. D'où vient cette nouvelle différence ? Quelle main a donné des aîles à

ceux dont la chûte eſt plus rapide ? Je puis , dites-vous,
les ſuppoſer plus ou moins peſans. Vous les aviez ainſi
ſuppoſé revêtus de différentes figures ; hypothèſe in-
ſoutenable ſi les atomes exiſtent par eux-mêmes : & ce
que vous ajoûtez ici ne choque pas moins la raiſon.
En effet, la peſanteur de tous les corps doit être pro-
portionelle à leur maſſe. La maſſe des atomes n'eſt donc
pas la même , ſi leur peſanteur eſt inégale : & comme
ils ſont compoſés de parties , l'atome plus peſant en a
reçu davantage ; elles ſont moins nombreuſes dans l'a-
tome plus léger. La Nature avare pour les uns de ce
qu'elle prodiguoit aux autres , leur aura fait un partage
inégal de la matiere. Si vos corpuſcules ont une cauſe,
je conviendrai qu'ils ſont ſuſceptibles de cette varieté :
nous la trouvons dans tous les corps qui s'offrent à nos
yeux. Mais elle répugne, s'ils ſont ſans auteur.

Je vais plus loin : ſi les atomes tomboient dans le
vuide , quand on ſuppoſeroit leur peſanteur inégale , ils
arriveroient tous au même point dans le même inſtant.
Enfermez une pierre & une plume dans un tube , &
pompez l'air intérieur : vous verrez la pierre & la plume
deſcendre en même-tems d'un pas égal. La différence
de leur vîteſſe dans l'air libre eſt cauſée par l'air même
qu'elles ſont obligées de fendre , & qui fait une réſiſtance plus forte & plus longue à la chûte de la plume ,
qu'à celle de la pierre. Mais dans le vuide rien ne peut
s'oppoſer à la deſcente des corps ; il ne ceſſe point d'ê-
tre pénétrable, tant que les atomes y tombent déſunis.
D'ailleurs, s'ils parcourent de toute éternité des eſpaces

immenſes , ils doivent tous deſcendre à la fois & ſur la même ligne. Quelle cauſe pourroit arrêter dans le vuide ceux qui tomberoient les derniers. Le lieu qu'ils quittent eſt peut-être plus éloigné que celui dont les premiers ſont partis. Ils ont peut-être été précipités plus tard du haut de l'eſpace. Mais qui peut ſans indignation voir appliquer à un eſpace immenſe , à une durée infinie des meſures qui ne conviennent qu'à des êtres finis, & qui marquent leurs bornes ? Qui peut entendre parler de lieux voiſins ou diſtans du centre ? ce centre , qui peut le concevoir ? Nouveau Dedale , vous errez dans un labyrinthe , ouvrage de vos mains : il eſt impraticable pour vous - même ; ſes routes n'ont point d'iſſue. Vous dites , & c'eſt avec raiſon , qu'un eſpace illimité n'a point de centre. Cependant pour former des maſſes telles que la terre , vous dirigez la chûte de vos atomes vers un centre où ils ſe réuniſſent : le vuide a un centre, & n'en a point : accordez - vous , s'il eſt poſſible , avec vous-même.

D'ailleurs , que j'adopte pour un moment vos idées ſur la figure , la peſanteur , la maſſe & la vîteſſe des atomes ; que je ſuppoſe avec vous qu'ils tendent tous les uns après les autres vers un point commun , centre de leur mouvement , & ſiége de leur repos : ces corpuſcules ainſi modifiés , ainſi dirigés , ne formeroient pas le monde tel que nous le voyons. En effet , où placerez-vous ce point de réunion ? Dans le milieu de la terre , ſans doute : elle eſt , ſelon vous , le centre & pour ainſi dire , le noyau de l'univers ; c'eſt autour d'elle que

s'affaiſſe & s'accumule tout ce qu'il y a de plus maſſif &
de plus groſſier dans la matiere. Du haut de l'eſpace tous
les atomes accourent donc de toutes parts vers ce point
unique : ceux ſur-tout dont la ſurface eſt hériſſée, rude,
raboteuſe ; ſorte d'élémens qui dans votre ſyſtême forment par leur union les métaux, les pierres & le ſable.
Les globules, autre eſpéce dont l'aſſemblage compoſe
les fluides, s'y rendent pareillement en foule ; & ce concours ne peut jamais finir, parce que la cauſe du mouvement qui les y pouſſe agit ſans ceſſe ſur eux, & que
leur multitude eſt immenſe. Ils s'accumulent donc éternellement les uns ſur les autres, précipités par les efforts
continuels de la peſanteur. La terre auroit dû s'accroî-
tre à l'infini par cet amas prodigieux, & porter ſa circonférence au-delà des aſtres. Pourquoi s'eſt-elle renfermée dans des bornes étroites ? Pourquoi a-t-elle ſouffert que le ſoleil & les globes céleſtes ayent été, loin
d'elle, formés comme elle le fut ? Tous ces corps ſup-
poſent de grands amas d'élémens. Pourquoi la Lune
eſt-elle un aſſemblage d'atomes ſemblables à ceux qui
compoſent la terre ? Pourquoi Saturne avec ſon brillant
cortége, Jupiter & ſa nombreuſe cour, Mars, Mercure
& les Cométes, ces aſtres qui ſe montrent rarement à
nos regards, ſont-ils le fruit de la liaiſon de pareils corpuſcules ? L'univers a donc autant de centres que l'on
y compte d'étoiles. Quel partage a ſouffert cette force
attractive, pour être commune à tant de points dans
l'immenſité du vuide ? Que de chiméres vous forgez à
plaiſir ! Point de peſanteur, où il n'y a point de centre ;

point de centre fans tourbillon ; & le tourbillon lui-même fuppofe un fluide. Par conféquent, fi la pefanteur étoit le principe de la chûte des atomes, ils devroient pour former différens amas, être diftribués dans plufieurs tourbillons, & tendre dès-lors vers plufieurs centres : diftribution impoffible dans le vuide.

En effet, la pefanteur des atomes & leur direction vers un centre exigent la préexiftence d'un fluide, dont toutes les parties fans ceffe agitées, fe meuvent en tout fens. Mais comme dans votre fyftême toute fubftance eft un compofé d'atomes, la formation d'aucun corps n'a dû précéder le mouvement de ces corpufcules. Autrement ils ne feroient plus les principes de tous les êtres. Par conféquent, fuppofé qu'ils tombent dans le vuide, ils ne peuvent ni trouver, ni même chercher un centre. D'ailleurs, j'ai fait voir en parlant de l'infini, que dans un efpace fans bornes il n'eft point de terme d'où les atomes puiffent partir, point de terme où ils puiffent arriver ; que l'on n'y diftingue ni parties fupérieures, ni parties inférieures. De ce principe, que je rappelle ici, pour ne vous pas laiffer perdre de vûe des vérités déja démontrées, il réfulte que la pefanteur eft bannie du vuide, & que les atomes, quelle que foit leur nature, ne peuvent ni s'élever ni defcendre. En conféquence ils doivent renoncer à la pefanteur : mais fans elle point de mouvement : elle eft la feule force motrice que vous reconnoiffiez dans l'univers. Concluez que les atomes font dans l'impoffibilité de fe mouvoir, ou que du moins s'ils fe meuvent ils ne fe

réuniront jamais. Que pensez-vous à présent du systême de Lucrece ? Ses principes font démontrés faux ;
& quand ils seroient véritables, les conséquences qu'il
en tire ne pourroient subsister.

Séduits par le charme des objets que nous présente
un imposteur, nous lui prodiguons souvent avec une
aveugle facilité nos applaudissemens. D'habiles joüeurs
de gobelets font briller aux yeux du peuple une multitude de prestiges & de fausses merveilles. La souplesse
& l'agilité de leurs doigts en imposent aux regards les
plus attentifs : des gestes éblouissans & rapides, beaucoup de paroles, leur baguette, tout conspire à cacher
leur fraude : une pierre entre leurs mains devient un
oiseau. Le spectateur ignorant s'étonne & les admire :
il en fera peu de cas, s'il vient à connoître le fonds de
leur art. Ainsi le Poëte trompeur qui sçut fasciner vos
yeux doit être l'objet de vos mépris lorsque vous aurez pleinement démêlé ses artifices. En effet, vous ne
sçavez pas encore ce que c'est que la pesanteur. Persuadé qu'elle est une propriété de la matiere, vous la
supposez inhérente à tous les corps ; & par une fausse
conséquence de ce faux principe, ce que vous croyez
appercevoir dans les mixtes, vous l'appliquez à leurs
élémens. Je vois, dites-vous, la plûpart des corps se
précipiter vers la terre : placés sur la surface, ils tendent
sans cesse vers le centre, & font pour y parvenir des
efforts continuels. Donc tous les corps pesent par eux-
mêmes ; ils font entraînés vers un centre par un poids
qui leur est propre. Ainsi raisonne quiconque défére

plus au témoignage des yeux qu'aux lumieres de l'esprit. Mais si les sens font la seule régle de vos décisions, à la vûe de quelques corps qui s'élévent dans l'air, la légereté devroit aussi vous paroître un attribut de la matiere. Le feu n'est-il pas léger selon vous ? N'en dites-vous pas autant de ces phantômes, qui détachés des corps, si l'on en croit Epicure, voltigent continuellement autour de nous, & peignent pendant le jour à nos yeux, pendant la nuit à notre imagination, la figure & la couleur des objets, dont ils font, pour ainsi dire, l'écorce & la forme? Vous regardez sans doute aussi comme légers ces amas insensibles d'atomes odorans qu'exhalent les aromates, les parfums, la myrrhe & ces sucs précieux qui coulent des arbres, dans les plaines de l'heureuse Arabie. Enfin, ce qui s'éléve & descend à la fois doit, selon vos principes, être à la fois pesant & léger. Telle est par conséquent la lumiere que le Soleil prodigue à toutes les parties de ce vaste tourbillon ; telle est la lueur que répandent au sein de la nuit ces météores, qui le représentent quelquefois à nos yeux ; telle est enfin celle des flambeaux, qui semblent ramener le jour dans nos demeures. Les rayons du Soleil font, à vous entendre, un écoulement insensible & continuel de sa subftance même : ce font des ruisseaux de flamme qui coulent d'une source inépuisable. Vous ne doutez pas que cette force, dont la puissante activité leur fait traverser avec tant de vîtesse des espaces immenses, ne leur soit naturelle. Si le mouvement n'a d'autre cause qu'une pesanteur inhérente à la matiere, c'est donc la pefanteur qui porte les rayons jufqu'à nous. Confidérez néanmoins combien leur mouvement eft contraire à celui qu'elle devroit produire : la pefanteur pouffe les corps de la circonférence au centre, & la lumiere tend du centre à la circonférence. Mais ceffez de regarder aucun corps comme pefant ou léger par foi-même. L'expérience & la raifon démontrent de concert, que ces deux qualités ne font ni l'une ni l'autre propres à la matiere.

Mobile par fa nature, elle ne peut fe donner elle-même le mouvement. Indiférente à remplir telle ou telle partie de l'efpace, de quelque côté qu'on la pouffe, elle s'y porte. Elle ne defire pas plus le mouvement que le repos : toujours propre à ces deux états, elle ne préfére jamais l'un à l'autre. En effet, tout ce qui, fans ceffer d'être le même, peut ou refter immobile, ou recevoir tous les mouvemens & fuivre toutes les directions poffibles, n'a pas le droit de fe choifir une modification plutôt que l'autre, mais conferve celle qu'il a reçue. La faculté de fe mouvoir fuppofe un certain degré de difcernement & de raifon : qualité que vous n'accordez pas fans doute à des portions de matiere, à des corpuf-cules aveugles & fans intelligence. Ainfi le mouvement des corps annonce une caufe motrice : fans quelque caufe, aucun être ne peut fortir de fon premier état. Quelle eft celle de la chûte des atomes dans le vuide ? rien ne trouble leur repos ; ils n'ont point de corps au-tour d'eux qui les ébranle, point de corps au-deffus d'eux qui les preffe. Quelque part qu'ils fe trouvent, &

quelle qu'y puisse être leur situation, il faut nécessairement qu'ils restent & dans la même place & dans le
même état.

III. Mais tout est plein dans l'univers ; & c'est à ce
plein que nous devons attribuer la chûte des corps. En
effet, notre atmosphère est pénétrée d'un fluide beaucoup plus subtil, qui mû sans cesse & toujours divisible, est en quelque sorte l'air de l'air même.

Soyez à jamais célébrée, merveilleuse substance, chef-
d'œuvre, instrument d'une industrie souveraine. Invisible comme la main qui vous employe, vous échappez
aux sens, & ne vous montrez qu'à l'esprit. Vous êtes la
partie la plus déliée des élémens, la fleur de la matiere,
le sang répandu dans toutes les veines de ce corps immense. Produite autrefois par le mouvement, c'est vous
qui le faites naître aujourd'hui. Distribuée dans toutes
les parties du vaste univers, vous en êtes la vie, vous
en êtes l'ame. Sans vous la Nature n'auroit aucune
beauté. Les portions de notre globe se séparant les unes
des autres, iroient se perdre au loin dans les airs. C'est
vous qui par une force invincible les comprimez, les
enchaînez de toutes parts ; & lorsque les corps placés
sur la terre s'élévent en quittant sa surface, vous les ra-
battez aussi-tôt, vous les rendez à leur centre. Ils vous
doivent leur poids : vous êtes la cause de la pesanteur.

La matiere éthérée forme en effet un rapide tourbillon autour de la terre. Par la force d'une continuelle

impulsion

impulſion elle ébranle cette lourde maſſe , l'entraîne dans ſon cours , & tandis qu'elle l'oblige à tourner à la fois autour du Soleil & ſur ſon axe , aſſujétie comme nous , à ces deux révolutions , elle tourne en même-tems que notre globe.

Ce n'eſt pas toutefois à ce mouvement, que j'attribue la peſanteur. S'il en étoit la cauſe , tous les corps tomberoient parallelement les uns aux autres , parce que le tourbillon terreſtre a le même axe que la terre , & qu'il en preſſe tous les cercles par des cercles paralléles. Ainſi dans les tropiques la chûte des corps , au lieu d'être dirigée vers le centre du globe , tendroit vers celui des tropiques : à quelque point qu'ils tombaſſent , ce point feroit partie d'une ligne , qui formeroit avec l'axe un angle droit. Or le contraire arrive , nous le ſçavons : la peſanteur a donc un autre principe.

Nous entrons , Quintius , dans le ſanctuaire de la Nature ; notre œil ſonde des profondeurs peut-être impénétrables. Cette tendance au centre , commune à tous les corps , eſt un phénomene dont la cauſe ſe dérobe à nos recherches. Eſſayons de la démêler : ſi mon explication ne vous paroît pas convaincante , vous conviendrez au moins que la matiere à qui j'attribue cet effet , eſt capable d'agir avec plus d'art , eſt infiniment plus ſure dans ſes opérations, que vos atomes.

Concevez d'abord que cet océan de matiere ſubtile qui circule autour de la terre , ſe diviſe en une infinité de pyramides , dont les baſes ſe terminent à la circonférence , & les ſommets ſe réuniſſent au centre du tourbillon. Elles font toutes dans un équilibre parfait, parce que la quantité de matiere étant égale dans toutes, toutes ont une force centrifuge égale. Si l'une d'entre elles devient plus foible, les autres prennent auſſi-tôt le deſſus & l'abaiſſent, juſqu'à ce que l'égalité des forces ait rétabli l'équilibre. Or dès.qu'un corps grave entre dans une de ces pyramides, autant il a de maſſe, autant il lui fait perdre de ſa force centrifuge. L'arrangement & la forme des particules dont ce corps eſt compoſé l'empêchent de fuir le centre avec la même rapidité que la matiere céleſte. Ainſi la pyramide, où cette maſſe groſſiere eſt placée, s'abaiſſe : les pyramides voiſines refluent ſur elle & la pouſſent en bas, parce qu'elles ont plus de force centrifuge. Celle-ci, contrainte de s'abattre, preſſe vivement le corps, en précipite la chûte par des coups redoublés, & le pouſſe vers ſon ſommet, dont la pointe touche le centre de la terre.

Si la partie du fluide étheré qui tourbillone autour de la terre, n'éprouvoit pas une égale preſſion dans tous ſes points, elle s'écouleroit par l'endroit où cette preſſion ſeroit moindre, & porteroit notre globe dans un des tourbillons voiſins. Mais comme elle eſt également preſſée de toutes parts, elle prend la forme d'une ſphere, ou du moins une forme approchante. Or toutes les fois qu'un volume ſphérique eſt ainſi comprimé dans tous les points de ſa circonférence, l'impreſſion de la force qui agit de tous côtés ſur ce ſpheroïde, ſe porte toute entiere au centre par tous les rayons. La chûte d'un corps grave eſt donc néceſſairement dirigée vers le centre de la terre , qui eſt celui de la preſſion. C'eſt vers ce point que la pyramide dans laquelle il ſe trouve, pouſſée par les autres, le chaſſe & le précipite à ſon tour.

Ainſi lorſqu'une pierre fend d'un vol rapide les flots de l'air, le fluide étheré fait effort contre elle de toute ſa hauteur. Il répond par un coup ſi rude au coup qu'elle lui porte, qu'il la rejette vers la terre. Votre bras en lançant cette maſſe l'avoit forcée de s'élever : elle retombe, non par une peſanteur, ou par un mouvement qui ſoit propre à ſa nature, non par cet amour chimérique d'un centre, qu'imaginent quelques Philoſophes ; mais parce qu'elle obéit à l'impreſſion de la matiere céleſte qui la repouſſe avec force.

Pour avoir une juſte idée de la peſanteur, telle que je l'explique, jettez les yeux ſur l'eau : ce fluide vous en offre une image ſenſible. Il fait effort contre le fond du vaſe qui le contient, & ſe diviſe en colonnes égales qui ſe ſoutiennent toutes dans un parfait équilibre : ce qui rend ſa ſurface parfaitement unie. Faites enfoncer du liége dans l'eau ; jettez-y du bois ; le bois remonte à peine en nageant avec effort ; le liége ſe reléve ſur le champ. C'eſt que l'eau eſt pouſſée vers le fond avec plus de force, que l'un ou l'autre de ces corps. Dès qu'ils y ſont plongés, l'équilibre ceſſe, & la colonne dans laquelle ils ſe trouvent perd de ſa force , autant que la peſanteur du volume d'eau déplacé ſurpaſſe celle ou du liége ou du bois. Les colonnes voiſines l'emportent

par conféquent fur elle, la forcent de céder & la foulévent : celle-ci monte en pouffant ces corps qui l'affoi-
bliffent, & les rejette enfin dans l'air.

De-là vient qu'un folide plongé dans l'eau perd toujours autant de fon poids, que pefe un pareil volume
du fluide, parce qu'il eft foutenu à proportion. C'eft
ce qu'éprouvent les matelots, foit en levant l'anchre,
foit en retirant du fond de la mer la charge d'un vaif-
feau fubmergé. La maffe foulevée par l'eau monte d'a-
bord facilement : mais auffi-tôt qu'elle eft arrivée dans
l'air, qui lui rend toute fa pefanteur, le poids s'en fait
fentir, & toute la troupe hors d'haleine redouble fes efforts, pour faire à force de bras tourner le cabeftan.

Ce que je viens de dire peut s'appliquer au tourbillon qui environne la terre. Tout s'y paffe de même : il
ne s'agit que d'en regarder la circonférence comme le
fond, & d'y fubftituer des pyramides aux colonnes.
Vous verrez les corps par la même raifon qu'ils s'élévent dans l'eau, tomber dans l'éther, & le même ébran-
lement les pouffer dans l'un de ces fluides vers le ciel,
dans l'autre les précipiter vers la terre.

Je n'y vois qu'une différence ; c'eft que quelques
corps fe plongent dans l'eau fans retour, & reftent attachés au fond, parce qu'ils pefent plus qu'un pareil
volume de ce liquide : au lieu que la matiere fubtile
ayant plus de force centrifuge que tous les corps terreftres, aucun d'eux ne peut par quelqu'effort que ce foit
s'élever à la circonférence du tourbillon. Chaffés vers
la furface de la terre, ils retombent tous, & leur vîteffe

croît à mesure qu'ils en approchent. Car la matiere céleste presse vivement leur chûte. Ses coups se succédent
avec rapidité : elle les chasse en fuyant, & les pourfuit
sans relâche.

Qu'un corps soit suspendu, il gravite plus ou moins,
selon qu'il renferme plus ou moins de particules éthé-
rées. Cette différence de pesanteur dans les corps ter-
restres n'est donc pas, comme vous le pensiez, l'effet
de petits vuides semés entre leurs parties, & dont le
nombre plus ou moins grand, rende ces corps plus ou
moins rares. Elle vient de la proportion qui s'y trouve
entre la matiere propre & la matiere céleste : tout ce
qu'ils ont de l'une les pousse vers le centre de la terre:
tout ce qu'ils contiennent de l'autre les fait tendre
vers le ciel. Aussi voyons-nous les feuilles, la paille &
les plumes voltiger long-tems avant leur chûte. A peine
ces corps sont-ils repoussés avec assez de force, pour
être en état de fendre l'air au-dessus duquel ils nagent,
foible joüet du souffle le plus léger. Mais les corps den-
ses n'ont que des pores très-étroits. Ils renferment peu
de cavités intérieures, & par conséquent ils donnent
à l'éther plus de prise sur eux. L'éther contraint de
lutter contre leur résistance, recueille pour en triompher toutes ses forces, les presse avec vigueur, & les ter-
rasse enfin par la continuité de son impulsion. De-là
vient qu'une masse d'or est plus pesante qu'une pareille
masse de fer, que le fer pese plus que la pierre, la pierre
plus que les os, les os plus que la plûpart des liqueurs,
& qu'enfin les différentes liqueurs différent entre elles
pour le poids.   N iij

L'action de la matiere subtile sur les corps est donc
la véritable cause de leur pesanteur spécifique. Cette
matiere par une continuelle pression retient toutes les
parties de la terre accumulées autour de leur centre ,
& par la supériorité de sa force centrifuge pousse vers ce
centre tous les corps. Elle applique l'atmosphère contre la superficie de notre globe , & le fait tourner sur
lui-même, suspendu dans ce fluide. En comprimant l'air,
elle lui donne assez de poids pour contenir dans leur
lit les eaux de l'océan , malgré la courbure de cet immense bassin.

De·là vient que toutes les parties du globe tendent
à se réunir en un seul point, & que si quelqu'une s'é-
carte, elle est repoussée sur le champ avec plus ou moins
de force, selon sa densité. Deux corps voisins , dont
chacun éprouve une pression différente , se balancent
réciproquement ; & l'un monte pendant que l'autre s'a-
baisse ; non que le premier soit léger par soi-même , ou
que le second ait une pesanteur qui lui soit propre ,
mais parce que la force qui les pousse vers le centre est
inégale. Ces deux corps sont comme les branches d'une
balance, qui se soutiennent à la même hauteur , tant
qu'on n'ajoûte rien au poids de l'une ou de l'autre. Si
vous surchargez le bassin de la droite, il descend aussi-
tôt ; & tirant la chaîne qui le retient,il fait monter à proportion l'autre bassin : ces deux mouvemens contraires
ont la même cause. Quelle que soit la pesanteur d'un
corps, il devient léger dans le voisinage d'un autre
plus pesant. Le poids plus fort détruit le moindre. Vous

sçavez combien pese le bois, avec quelle impétuosité se renverse un chêne que déracine un vent furieux, ou qui tombe sous les coups de la coignée. Jettez cependant ce tronc dans une riviere ; à peine est-il enfoncé, qu'il se reléve & surnage. C'est que le bois est plus pesant que l'air, mais qu'il l'est moins que l'eau.

En effet, l'air est léger, si vous le comparez à presque tous les corps : consideré en lui-même, il est pesant. Avec quelle force sa pression secondée par le jeu de la pompe ne tire-t-elle pas l'eau du fond d'un puits ? Le mercure même, dont la pesanteur ne le céde qu'à celle de l'or, est soutenu par l'air. Vous voyez ce métal fluide, lorsqu'on le verse dans un barométre, ne s'abaisser qu'avec lenteur, & balancer, pour ainsi dire, à descendre. Il reste même en grande partie suspendu malgré son poids ; & plus ou moins élevé dans la principale branche, par la régularité de ses variations, il annonce celle des vents, l'approche de la pluie & le retour d'un tems plus serein. C'est que l'air extérieur comprime la petite branche du barométre, & que le haut de la grande exactement fermé ne renferme point d'air qui puisse abaisser le mercure. Je plonge un syphon dans une liqueur : à peine en ai-je tiré l'air, que la liqueur s'éléve & gagne le haut de la premiere branche : elle tombe ensuite dans la branche paralléle, remonte & redescend tour à tour dans les autres, parcourt enfin tous les plis & les replis de ce *méandre* tortueux. La pression de l'air sur la liqueur est la cause d'un mouvement en apparence si composé, mais simple en effet. Faites

N iiij

tremper dans un vafe à demi plein d'eau, l'extrémité d'un morceau d'étoffe ; l'eau devenue légere le mouille tout entier, & fe filtrant au travers, gagne le bord du vafe, d'où elle diftille enfin goute à goute.

L'air eft donc pefant ou léger, à proportion de la pefanteur ou de la légereté des corps qui le touchent ; & quoique l'impreffion de la matiere étherée fe faffe moins fentir à ce fluide qu'à tout autre, cependant l'eau réduite en vapeurs prend le deffus & le force de defcendre. C'eft ainfi que monte infenfiblement vers le ciel, cette humide fumée, qu'on voit le foir & le matin fortir en abondance du fond des prairies, des lacs, des fleuves, & furtout du fein de la mer. L'eau plus rarefiée donne en cet état moins de prife que l'air, aux coups de la matiere fubtile : elle le déplace donc, & s'élevant au-deffus, elle gagne par degrés la région fupérieure, où fes particules défunies nagent en liberté. Le barométre nous avertit alors que la pefanteur de l'air eft augmentée, parce que ce fluide preffant le mercure avec plus de force, l'abaiffe dans une des branches de l'inftrument, & le fait monter à proportion dans l'autre. Mais la chaleur du Soleil en fe fortifiant, continue de raréfier les particules aqueufes. Il s'en éléve fans ceffe de la furface de la terre ; & comme elles s'arrêtent toutes à la même hauteur, parce que le froid qui régne au-deffus les empêche de monter davantage, bientôt leur multitude eft fi grande, qu'elles ne peuvent demeurer plus long-tems féparées. Elles fe réuniffent donc, & forment des molécules plus denfes qu'un pareil volume

d'air. Leur poids les fait alors retomber : l'air remonte
en même-tems qu'elles defcendent ; mais l'abaiffement
du mercure dans la principale branche du barométre
précéde toujours la chûte de la pluie, parce que l'action de l'air extérieur fur la branche oppofée n'eft plus
la même. Si l'eau s'éléve quelquefois au-deffus de l'air ,
le mercure peut acquérir la même légereté. Les particules de ce métal divifées par le feu deviennent plus
déliées que celles de l'air , & fe fubtilifent même , au
point que leur évaporation échappe à nos regards.

C'eft à cette action de la chaleur fur les fluides, que
les végétaux doivent leur accroiffement. Lorfqu'au retour du printems les campagnes défigurées par l'hyver
fe changent en agréables jardins , & que les forêts font
prêtes à fe revêtir d'un tendre feuillage , la féve monte
de l'extrêmité des racines dans la tige des arbres qui
commencent à revivre. En effet, cet amas de fucs que
la rigueur du froid avoit épaiffis dans le fein de la terre ,
n'eft pas plutôt mis en mouvement par les rayons du
Soleil , qu'il s'en détache des exhalaifons de fels & de
fouffres diffous dans l'eau qui leur fert de véhicule. Ces
vapeurs humectent intérieurement la terre & la rendent féconde. La féve ainfi volatilifée s'éléve en particules imperceptibles , & rencontrant les canaux par lefquels la plante reçoit fa nourriture , elle entre dans ces
fibres éparfes , & les remplit de fucs bienfaifans. De petites valvules femées dans ces vaiffeaux capillaires s'ouvrent pour lui donner un libre paffage , & mettent en
fe fermant un obftacle infurmontable à fon retour.

Cependant la chaleur dénoue les germes des branches nouvelles, que l'année précédente avoit infenfiblement formés. Déja les fucs préparés à l'abri de l'écorce fe font jour au travers, & l'extrêmité luifante des boutons laiffe entrevoir les feuilles & les fleurs entrelaffées dans un ordre merveilleux. Pour les pouffer au-dehors dans les premiers jours, c'eft peut-être affez de la féve que renferme l'intérieur de l'arbre ; refte précieux de l'automne, qu'ont épargné les frimats. Mais fans le fecours de fucs plus récens, ces productions ébauchées ne peuvent fe conferver & croître dans la fuite. En même-tems donc, & de la même maniere que la liqueur contenue dans la tige en gagne le haut, il en furvient une nouvelle qui s'éléve du fein de la terre. Ainfi les tuyaux de l'arbre font arrofés fans interruption par un fluide dont toutes les parties fe touchent & fe foulévent. A mefure que la faifon s'avance, il devient plus abondant, & fa fermentation augmente. En effet, les pluies du printems fe joignent à celles de l'hyver, & déja le Soleil élevé fur l'horifon fait fentir toute la force de fes traits. Ils échauffent la furface de la terre, & répandent dans l'air une chaleur tempérée. Ainfi la féve inonde alors les racines qui s'allongent & s'étendent de toutes parts. Ses ruiffeaux forment en fe réuniffant un fleuve qui pénétre dans l'intérieur du tronc, arrofe le bois fous l'écorce encore tendre, remplit tous les canaux d'une rofée féconde, & porte dans les réfervoirs de la moëlle des alimens qui l'entretiennent. Il dépofe les fucs qu'il charrie, fe charge de ceux qu'il rencontre, fe mêle

avec l'ancien *ferment* , circule & s'infinue par tout ,
ajoûtant par tout de nouvelles parties , de nouvelles
couches aux anciennes. Bien-tôt il croît au point que
l'intérieur de la tige ne peut plus le contenir. Alors il
entre dans toutes les cavités où réfident les radicules
des branches, fait éclore des rameaux fouvent doubles,
quelquefois triples , porte enfin une liqueur nourrif-
fante dans les cellules où font renfermés les fruits naif-
fants , & les graines qui doivent les reproduire un jour.
Les fruits groffiffent , lorfque cette fleur paffagere qui
les annonce eft tombée : ils reçoivent infenfiblement la
forme & le goût qui leur eft propre , & les feuilles en fe
développant couvrent les fruits de leur ombrage. Ainfi
par la feule élévation d'une liqueur chargée de fucs nour-
riciers , & fortie du fein d'une terre féconde, on a vû
naître d'abord, fe former enfuite peu à peu , croître enfin dans toutes fes parties , cet arbre , qui placé fur la
cime d'une montagne frappe tous les yeux par fa hauteur, & qui portant fa tête touffue dans la région des
vents , épuife par une forêt de racines la terre qui le
nourrit.

Confiderez de même avec quelle impétuofité s'élancent vers le ciel des eaux conduites du faîte d'une colline dans un jardin. L'ouverture des tuyaux leur donne
à peine un libre cours, & déja s'éléve à vos yeux une
gerbe liquide: Repouffée par l'air, elle retombe fur elle-
même, fe divife en mille criftaux , & forme une pluie
argentine , qui frappe avec un doux murmure la furface
tranfparente du baffin. Ces eaux s'élévent par l'effet de

la même impulſion qui les précipite de leur ſource, &
la ſeule pente du conduit, de peſantes qu'elles étoient,
les a rendu légeres. C'eſt auſſi ce qu'éprouve une
pierre, jettée par un coup de vent du ſommet d'une
montagne, dont le pied touche celui d'une autre ſituée
vis-à-vis. Cette pierre roulant avec toute l'impétuoſité
que lui donnent & ſon poids, & la violence du coup
qu'elle a reçu, frappe en un inſtant le bas du vallon. Mais
au lieu d'y reſter immobile, devenue légere à proportion de ſa peſanteur, elle rebondit avec force, & remonte ſur la hauteur oppoſée: elle s'y ſoutient juſqu'à
ce que ſon mouvement s'épuiſe. Luttant pour lors en
vain contre la pente eſcarpée du côteau dont la roideur
accélere ſa chûte, elle retombe pour ne plus ſe relever.

Obſervez enfin ce qui ſe paſſe dans le ciel. Nous
voyons des planétes, corps ſolides & ſemblables à la
terre, nager dans un eſpace où rien en apparence ne
les ſoutient, & décrire conſtamment des ellipſes,
comme ſi de telles maſſes, contre les loix de la Nature,
étoient ſans peſanteur. C'eſt qu'en effet chacun de ces
globes eſt, comme la terre, environné d'un tourbillon,
& par conſéquent ne peut demeurer immobile. Ils roulent dans les orbites où les a placé l'Auteur de l'univers, ſans jamais changer une route, ſur laquelle ils
n'ont à craindre ni la rencontre, ni le choc de corps
étrangers. Le Soleil eſt le centre de leurs révolutions,
& la partie de l'éther qui coule au-deſſus d'eux ne ceſſe
de les pouſſer vers ce centre avec toute la force que lui

donne la rapidité de son mouvement. Mais comme la portion du même fluide qui se trouve entr'eux & le soleil, les soutient, & que d'ailleurs ils ont acquis un certain degré de force centrifuge par la continuité de leur rotation, l'équilibre que produisent ces efforts contraires conserve à chaque orbite un diamétre toujours le même. Méchanisme admirable qu'Epicure n'a point apperçu, disons mieux, qu'il ne voulut pas appercevoir ; il craignoit d'y reconnoître des traces trop visibles de la Divinité. Mais si ce combat entre des forces égales retient les différens globes dans leurs orbites, & semble leur ôter toute pesanteur, il ne produit pas le même effet sur les corps, qui placés dans le tourbillon particulier de chaque planéte, roulent avec elle autour du centre de son mouvement. Le fluide qui les environne s'oppose à leur fuite, les repousse, & par sa pression les empêche de s'éloigner du globe auquel ils appartiennent. Ainsi que ces corps soient détachés de la masse par quelque force étrangere, ils sont sur le champ contraints de s'y rejoindre : ce qui fait que cette masse conserve toujours la même grosseur.

C'est donc un principe enseigné par la raison & démontré par l'expérience, qu'aucun corps ne pese par lui-même ; quoiqu'on attribue un poids réel à la plûpart, comme si la pesanteur étoit propre à la matiere.

Combien de qualités en effet, attachées par le vulgaire à la nature des corps, & traitées d'attributs essentiels, qui ne sont peut-être que de simples accidens, de pures modifications produites par une cause étrangere ?

Vous croyez l'eau fluide d'elle-même & par essence : voyez-en de glacée. C'est, me direz-vous, le froid qui la convertit en glace. Elle ne coule, vous répondrai-je, que parce qu'elle est rendue liquide par la chaleur. Que le Scythe soit notre juge, le Scythe qui né sous un climat rigoureux marche pendant près de dix mois sur le sol d'une mer glacée : ou prenons pour arbitre l'habitant à peine connu des terres magellaniques. L'eau, répondront-ils l'un & l'autre, est un cristal fusible, une pierre transparente que la moindre fermentation peut dissoudre ; mais qui naturellement dure, ne devient fluide que par un effet de la chaleur. Ils en ont la même idée que nous avons des gommes, de la poix, de la cire; elle est enfin à leurs yeux ce qu'elle seroit aux vôtres, si le Soleil disparoissoit pendant trois ans, & que les fleuves, les lacs, les fontaines, les mers fussent plongés dans une nuit continuelle. Chacun juge de la nature d'une chose, par ce qu'il en apperçoit communément, & regarde comme propres à cette substance les dehors sous lesquels il a coutume de la voir. Or des deux états dont l'eau se montre susceptible, aucun ne lui est propre. Elle coule agitée par des particules de feu : l'évaporation de ces particules la convertit en glace. Ainsi le même corps est tantôt un solide & tantôt une liqueur. Quoi de plus dur que le fer ? cependant une masse de fer est mise en fusion par le feu. Quoi de plus volatil que le feu ? Il resteroit néanmoins captif & sans action dans l'intérieur d'un caillou, il y seroit éternellement ignoré, si les coups de l'acier n'ouvroient la prison qui le renferme. Libre alors il s'élance, faifit des parcelles du métal, les liquefie & les pouffe au loin fous la forme d'étincelles. En un mot il n'eft point de corps fluides qui ne puiffent ceffer de l'être, point de corps durs qui ne puiffent être mis en fufion. De même toutes les maffes que vous croyez pefantes peuvent devenir légeres. Nulle pefanteur réelle dans les corps ; nulle tendance propre vers le centre : tout ce qu'ils femblent avoir de poids eft produit par l'impulfion, eft l'effet d'une pref-fion étrangere. Mais dans le vuide rien ne peut frapper & précipiter vos atomes. J'en conclus que des corpuf-cules qui ne gravitent point par eux-mêmes, n'étant ébranlés par aucun moteur, doivent refter à jamais im-mobiles.

IV. **PLEINE** de confiance en fes calculs, l'Ecole Newtonienne a profcrit l'impulfion & livré l'univers aux preftiges de la magie. Le Soleil attire les Planetes, & réciproquement eft attiré par ces aftres. Sa groffeur & l'avantage qu'il a d'être leur centre lui donnent fur eux une grande fupériorité. Cependant il ne peut les entraîner, parce qu'ils ont, à fuivre la ligne droite, une tendance que le Moteur fuprême leur a donnée dès l'o-rigine, & que d'ailleurs agiffant les uns fur les autres par une attraction mutuelle, tous font effort pour s'éloigner du centre. Du combat de ces forces contraires réfulte un mouvement compofé, qui leur fait décrire des ellip-fes conformes à la régle de Kepler. Ce fyftême eft ingé-nieux ; les calculs en font juftes ; ils déterminent les orbites des Planetes, & s'accordent avec leurs révolutions : mais le principe qui lui fert de fondement nous paroît une chimere.

Je demande d'abord aux Newtoniens ce qu'ils entendent par ce terme d'attraction. C'eft, me répondent-ils, une force par laquelle un corps en repos agit fur un corps éloigné, l'ébranle & le contraint à fe rapprocher, quoiqu'il n'y ait point de milieu qui établiffe une communication entr'eux. Ainfi l'attraction eft une vertu occulte & réciproque. J'ai démontré que le corps indifférent par fa nature, foit au repos, foit au mouvement, ne peut fe mouvoir, s'il n'eft gouverné par une intelligence, qui veuille le faire paffer de l'un de ces états à l'autre ; qui de plus ait la faculté de choifir parmi ce nombre infini de lignes que peut décrire un corps, la ligne qu'elle lui fera fuivre à l'exclufion des autres ; qui puiffe enfin fe déterminer entre la lenteur & la vîteffe. Un être qui penfe eft feul capable de tant de choix, & tous font des préliminaires effentiels à la production du mouvement. Le corps ne penfe point : il eft donc par lui-même immobile.

Mais fuppofé que l'intelligence ait imprimé le mouvement, il ne paffera point d'un corps à l'autre, s'ils ne font joints par une continuité de matiere folide ou fluide par laquelle fe communique une impreffion que le contact peut feul tranfmettre. Rien n'eft mû fans être pouffé : rien n'eft pouffé fans qu'on le touche. Il faudroit donc que deux corps qui s'attireroient réciproquement, fe tinffent par des liens mutuels. C'eft ainfi que des

courfiers

coursiers fougueux emportent un char & volent dans la carriere. Ainsi sur la mer le mât fait avancer le vaisseau ; les antennes font mouvoir le mât , & les voiles communiquent aux antennes le mouvement qu'elles reçoivent du vent qui les enfle.

D'ailleurs ne donner à des corps dénués d'intelligence d'autre principe de leur mouvement qu'une attraction réciproque , c'est reconnoître qu'un corps ne peut se mouvoir par ses propres forces , & qu'incapable du moindre effort , il resteroit sans cesse dans le même état, s'il n'en étoit tiré par une espéce de violence. Mais d'où viendra cette violence ? d'un corps pareillement sans force , parce qu'il est pareillement sans intelligence ? Aucun être ne peut communiquer ce qu'il n'a point. Ces deux corps seront par conséquent plongés dans un éternel repos.

A des raisonnemens si simples & si vrais , que répondent les Newtoniens ? L'attraction , disent-ils, est une propriété de la matiere , une loi fondamentale de la Nature. C'est donc une loi de la nature , une propriété de la matiere, que l'impossible se fasse. Principe admirable , régle digne de Philosophes qui se donnent pour les réformateurs de la Physique ! Le repos devient la cause du mouvement , l'indigence est la mere des richesses. Que les Méchaniciens se taisent aujourd'hui ; qu'ils ne cherchent plus dans les vents , dans les eaux , dans la suspension des poids , dans les bras des hommes , dans la vigueur des animaux un secours capable d'augmenter les forces de l'impulsion. Ils s'épuisent à multiplier les

moyens de faire paſſer le mouvement d'un corps dans
les autres : ils employent les leviers, les roues, les cordes, les poulies, les reſſorts; ils s'attachent à diminuer,
à combattre le frottement. Artiſtes ignorans & groſ-
ſiers, ils avoient crû juſqu'à préſent, & nous le croyions
avec eux, que leurs opérations imitoient celles de la
nature : c'eſt, diſions-nous, par le même méchaniſme,
qui diſtribue le ſang à toutes les parties du corps, que
les vaiſſeaux voguent ſur la mer, que le laboureur
trace des ſillons, que la meule briſe les grains, que les
édifices s'élévent, que l'eau monte dans les airs. Qu'ils
ceſſent de nous vanter d'inutiles travaux. Sans ce pénible appareil, ſans cette foule d'inſtrumens & de machines, l'attraction toute puiſſante produit dans le vuide
toutes les merveilles de l'univers; & quoique néant elle
eſt la cauſe de tout.

Il n'eſt point, dit-on, de phénomene qui ne s'accorde
avec l'attraction. Je le veux croire : mais quels ſont ceux
qui ne s'accordent pas avec l'impulſion ? De ces deux
forces nous ne concevons pas la premiere : la ſeconde
ſe manifeſte de tous côtés à nos regards : la terre, les
mers, l'atmoſphere qui nous environne offrent par-tout
une chaîne de mouvemens produits par le contact. La
Nature ſeroit-elle donc inconſtante & bizarre ? Agi-
roit-elle loin de nous autrement qu'elle n'agit dans
notre ſphere ? Employeroit-elle pour le même effet
deux cauſes oppoſées, lorſqu'une ſeule ſuffit ?

Nous avons auſſi ſous les yeux, réplique un Newto-
nien, des exemples d'attraction. Deux gouttes d'huile,

qui ne font féparées que par un petit intervalle, fe mê-
lent fur le champ. Deux plaques de verre inclinées l'une
à l'autre, font-elles plongées dans l'huile par les extrémités qui ne fe touchent pas, on voit cette liqueur
monter auſſi-tôt vers celles qui fe touchent. L'eau demeure fufpendue dans un tube capillaire. Le fer, malgré fa pefanteur, eft enlevé par l'aiman ; des paillettes
d'or ou de cuivre le font par un corps électrique. L'élec-
tricité même eft tranfmife par un fil, à de très-grandes
diftances. La féve pourroit-elle au retour du printems
monter dans la tige des arbres ; pourroit-elle, malgré
les efforts de la pefanteur & contre les droits du centre, fe porter aux extrémités des branches, pour s'y
changer en fleurs, en feuilles, en fruits propres à chaque efpéce, fi les racines, fi les fibres ne l'attiroient fe-
cretement du fein de la terre ? C'eft par la même raifon,
que l'eau fe filtre au travers d'un morceau de drap, dont
le bout eft plongé dans le vafe qui la contient.

En nous oppofant tous ces faits, on établit pour
principe le point contefté : on les foutient produits par
l'attraction. Leur caufe eft toute différente. Chaque
corps a fon atmofphère : elle eft compofée des particules infenfibles que l'évaporation en détache, & qu'elle
répand plus ou moins dans l'air, qui les arrête & les re-
pouffe à proportion qu'il eft lui-même comprimé. Si
ces parcelles rencontrent en voltigeant quelque corpufcule qui n'ait pas affez de maffe pour leur réfifter, elles
s'en faififfent, & par la feule force de l'impulfion le précipitent vers le centre de leur mouvement. Par-là

O ij

j'expliquerai la suspension d'un fluide dans des tuyaux capillaires. Celle des gouttes de pluye aux feuilles des arbres est un effet de la même cause : c'est par la pression d'une atmosphère environnante, que ces perles liquides se défendent contre la pesanteur. Pourquoi voyez-vous l'huile qui se trouve entre deux plaques de verre, gagner, quoiqu'avec lenteur, le sommet de l'angle qu'elles forment en se joignant ? C'est que la partie de sa surface comprise entre ces deux verres, est beaucoup moins comprimée que les autres. Deux gouttes d'huile se jettent l'une à l'autre des chaînes qui les réunissent : c'est que l'écoulement de leurs particules chasse l'air de l'espace qui les séparoit, & donne par-là plus de force à la colomne supérieure, dont la pression tend à les rapprocher. L'aiman offre encore des preuves sensibles de l'impulsion : seule, elle peut rendre raison de la puissance que cette pierre minérale exerce sur le fer. Présentez-lui de la limaille ; vous voyez ces molécules mues tout à coup s'agiter en tourbillon , & former des cercles dont l'aiman est le centre. Cette agitation ne prouve-t-elle pas l'existence d'un fluide magnétique ? ne rend-elle pas visibles, & le cours de ce fluide, & les deux poles sur lesquels il tourne ? Une masse de fer, trois fois plus lourde, paroît s'appliquer d'elle-même à votre aiman, & malgré son poids y reste suspendue. C'est l'atmosphère magnétique qui retient cette masse, en l'environnant. Les autres phénoménes que vous alléguez ne vous sont pas plus favorables ; je les ai d'avance expliqués. Votre systême n'est donc qu'une ingénieuse chimère.

Je ne fuis point auteur d'un fyftême, s'écrie Newton. J'avoue qu'il n'eft point auteur : il n'a fait que lier enfemble d'anciennes hypothèfes. Il tient d'Ariftote cette qualité occulte qu'il regarde comme le mobile univerfel, & ces aveugles fentimens qu'il prête aux corps : il doit le vuide à Epicure. De ces fictions empruntées des Grecs, il a fçu, par une efpéce de prodige, former un tout qui lui appartient : & c'eft en leur faveur qu'il fe déclare l'ennemi de Defcartes ; d'un Philofophe qui vouloit que tout obéît aux loix de la méchanique, que tout fût l'effet d'une impulfion produite par une Intelligence. Defcartes a laiffé quelque chofe à réformer ; j'en conviens fans peine : un même homme n'a pas le droit de tout voir : le tems nous inftruit ; un fiécle corrige celui qui le précéde, & d'exactes recherches produifent de nouvelles découvertes. Le foleil a fes taches ; il eft quelquefois éclipfé par la lune, fouvent couvert par de fombres nuages ; en eft-il moins le pere du jour ? n'eft-il pas toujours le foleil ? Les partifans de Newton affectent de méprifer Defcartes ; & le fyftême qu'ils fubftituent à fes principes, a pour bafe une chimère. Ce défaut de la nouvelle hypothèfe n'eft pas racheté par la fublime Géométrie que l'Auteur y répand avec profufion. La Géométrie fçait en effet décrire la maniere dont agiffent des corps, mais fes recherches ne s'étendent pas jufqu'à leur nature. L'algébre en partant d'une fuppofition abfurde, peut donner des calculs auffi juftes, que fi l'hypothèfe étoit véritable. Mais la Phyfique, fans fe borner aux effets, remonte à leurs caufes : elle nous fait contempler les phénoménes dans leur fource. Ne féparons point ces deux fciences ; elles font fœurs : toutes deux doivent de concert unir leurs travaux & leurs lumieres. Réunies, elles embraffent la nature entiere : l'une fans l'autre eft infuffifante. Quelques Philofophes ont prétendu que le mouvement des aftres eft l'effet du hazard, ou d'un amour que ces corps ont les uns pour les autres. La crédule antiquité leur donna pour conducteurs des Dieux qui en régloient le cours felon des traités faits entr'eux. Ptolemée accumulant à grands frais fphères fur fphères, embarraffoit le Ciel par une multitude d'épicycles. Je pourrois adopter quelqu'une de ces chimères ; je pourrois même en imaginer de plus bizarres, & calculer avec juftefse d'après de fi fauffes fuppofitions. Telle étoit la face de la Phyfique, lorfqu'ennemi des obfcures fictions, Defcartes vint y répandre le jour, & chaffa les phantômes qui en ufurpoient l'empire. Génie fublime, il fit en mêmetems refleurir la Géométrie ; & c'eft en la prenant pour guide, qu'il s'eft ouvert une route au fanctuaire augufte de la Vérité. Il a prétendu que le Ciel eft rempli de tourbillons toujours agités, qui tendent à s'éloigner de leur centre, & repouffent les planetes vers le Soleil, fans que les planetes puiffent obéir à cette impreffion, parce qu'elles font elles-mêmes emportées par le cours rapide d'un fleuve centrifuge. Cette hypothèfe ne renferme rien que ne confirment les propriétés du mouvement circulaire connues par l'expérience, qui ne foit conforme aux loix de l'équilibre, que l'on ne puiffe

aifément concevoir ; rien en un mot qui répugne. Dirai-je la même chofe de vous, illuftre Newton, quand
vous établiffez pour principe une force chimérique
dans un vuide imaginaire ? Calculez, mefurez, réfor-
mez ce qui mérite de l'être. Qui le peut mieux que vous?
Découvrez de nouvelles vérités : vous ferez applaudi,
nous vous comblerons avec joie de juftes éloges. Examinez quelle eft la nature des globules de l'éther ; s'ils
peuvent, en fuivant la régle de Kepler, décrire une
ellipfe autour du Soleil, & former des tourbillons particuliers dans le tourbillon général. Nous vous écou-
tons avec étonnement, avec tranfport. Mais n'entre-
prenez pas de faire revivre la magie. Dieu feul peut
imprimer le mouvement à la matiere. Incapable de fe
mouvoir par elle-même, elle obéit aux loix de l'intelligence.

V. RASSEMBLONS à préfent fous un même point de
vûe, Quintius, toutes les erreurs que je crois avoir jufqu'ici réfutées : ce précis mettra dans un nouveau jour
la fauffeté des principes adoptés par Lucrece. Epicure
imagine des atomes dont l'exiftence eft impoffible : il
les foutient innombrables, & fuppofé qu'ils exiftaffent,
leur nombre auroit néceffairement des bornes : il les re-
vêt de propriétés chimériques ; il leur donne enfin un
mouvement qui répugne à leur nature, telle qu'il la repréfente. Que répondez-vous, éloquent Lucrece ? Je
vois vos corpufcules immobiles dans le vuide. Que d'é-
lémens ! mais qu'ils font oififs & ftériles ! Quelle létargie

les retient dans l'inaction ? Les espaces sont ouverts. Le vuide ne fait point d'obstacle. Vous y retrouvez ce sommeil, cette *inertie* de la matiere, que vous regardiez comme une suite du plein. Mais si les charmes de la Poësie purent autrefois attirer les arbres du sommet des montagnes, s'ils forçoient la Lune à descendre du Ciel, vous pourrez faire tomber vos atomes sans le secours de la pesanteur. Ordonnez-leur de se mouvoir, pour en former le soleil, les astres & le globe terrestre, l'atmosphère & l'océan, les forêts & les montagnes, les plantes & les animaux. Mais vous commandez en vain. Vos atomes sont immobiles & le seront éternellement.

Alcide combattant l'hydre de Lerne, opposoit à cet assemblage de monstres sa redoutable massue. Mais à peine abbatoit-il une tête, que du sang même il en sortoit une autre, armée de dents menaçantes. La victoire fut long-tems incertaine : cette massue si souvent meurtriere, ne portoit que des coups inutiles. Le Heros intrépide s'arma d'un nouveau courage contre cet ennemi toujours renaissant. Il porta le feu dans ses playes fécondes, & détruisit enfin ce monstre qui sembloit se survivre à lui-même. Ainsi quoique l'irréligion ne cesse de provoquer au combat l'Etre suprême, & de soulever contre lui de nouveaux serpens, le céleste flambeau de la raison suffira pour la réduire en cendres.

J'ai fait voir l'impossibilité du mouvement de vos corpuscules. Je vais prouver qu'en le supposant véritable, il ne produiroit pas ce que vous en attendez. Epicure foutient que des atomes qui dans leur chûte en frappent d'autres, avec lefquels ils ne peuvent s'unir, rebondiffent auffi-tôt & fe relevent. Si ce principe étoit vrai, on auroit droit d'en conclure que rien de fluide n'a pû fe former dans l'univers. En effet, c'eft de globules dont la furface eft parfaitement polie, que vous compofez toute efpéce de liqueur : & ce n'eft pas fans quelque fondement. La fluidité d'un tout, eft une fuite de la mobilité de fes parties ; il devient folide dès qu'elles ont perdu le mouvement qui les agitoit, & cette agitation, elles ne peuvent la conferver, fi elles ne font coulantes, liffes, arrondies. Mais auffi pour que ces molécules forment une maffe, il faut qu'elles fe tiennent, qu'elles roulent enfemble, unies par des liens mutuels. Sans cette union, jamais il n'en réfultera de corps femblable à la matiere fubtile, à cet air que nous refpirons, à l'océan ; tel enfin que ces amas d'eaux, épars fur la furface & dans l'intérieur de notre globe. Or comment cette multitude de globules, difperfés dans l'immenfité du vuide, ont-ils pû fe joindre & former ces divers affemblages ? Ils ne font pas armés de pointes & de crochets : ils n'ont aucun de ces liens réciproques que vous donnez à ceux des atomes, dont l'union produifit les corps rudes, ou les corps denfes. La furface des globules eft unie : par quelque point qu'on veuille les faifir, ils s'échappent : ils n'ont de prife fur rien, & n'en donnent aucune fur eux. Telle eft la propriété de cette efpéce de figure. Par conféquent tout globule qui tomboit fur un autre, a dû rejaillir après le coup, & regagner

les régions supérieures du vuide. Ainsi nulle alliance
entre les atomes de cette claffe ; plus ils fe reffemblent,
moins ils font propres à s'incorporer , & dès-lors point
de fluide dans l'univers. Vous me direz que fi les globules ne s'uniffent pas d'abord , la pefanteur qui leur
eft naturelle les fait retomber après le choc , les dirige
vers un centre commun , & parvient à les raffembler.
Mais cette réponfe déja réfutée tant de fois eft une défaite , que vous n'êtes plus le maître de m'oppofer.
Nous n'examinons pas ici le corps dans fon état actuel ;
nous confidérons les principes dont il eft le réfultat , &
le mouvement qui dans l'origine a dû les réunir. J'ai
prouvé que la pefanteur eft bannie du vuide ; & je prouve ici que dans l'hypothèfe épicurienne , il n'eft point
de mouvement qui puiffe lier entr'eux les globules ,
parce que fi par eux-mêmes & fans moteur , ils errent
dans un vuide immenfe , ils doivent , auffi-tôt qu'ils fe
touchent , fe repouffer de part & d'autre.

Mais cette réflection des atomes dans le vuide eft une
chimére. Epicure ne l'a foutenue , que par une de ces
méprifes où l'ont jetté l'ignorance & la méthode de
foumettre tout au rapport des fens : méthode indigne
d'un Philofophe , & qui le précipite d'erreur en erreur.
Une balle de paume qu'un bras vigoureux pouffe avec
une raquette bien tendue , eft refléchie par la muraille
qu'elle frappe avec roideur , & fe reléve dès qu'elle a
touché la terre. Pourquoi ? c'eft que le mur & le pavé
réfiftent , n'ayant reçu qu'une très - petite partie du
mouvement ; qu'ils applatiffent un peu la balle qu'un

tiſſu flexible rend élaſtique, & la repouſſent par la ſoli-
dité de leur maſſe. Que cette balle tombe dans les filets,
elle ne rebondira point, parce qu'ils abſorbent le mouvement. Une balle de plomb ne rejaillit pas non plus
lorſqu'elle frappe une pierre : elle s'applatit , parce
qu'elle eſt trop molle ; & la force du coup, en ébranlant
ſes particules, en change la ſituation. Par la raiſon oppoſée une balle de fer ſe refléchit à peine : elle eſt trop
roide & trop dure. Ainſi pour qu'un corps éprouve
cette répulſion qui le force à retourner ſur ſes pas, ou,
ſi l'angle d'incidence eſt oblique, à rejaillir obliquement
en ſens contraire , il doit être en même-tems dur &
flexible. C'eſt ce mêlange dans ſa compoſition, qui le
rend propre à s'amollir un peu dans le choc.

De ces principes inconteſtables il réſulte que vos corpuſcules ne peuvent revenir ſur eux-mêmes. En ſuppoſant avec vous que dans le vuide un atome pût atteindre & frapper l'atome qui le devance , comment celui-ci
réſiſteroit-il à ce choc ? Il n'a ſur le premier aucun avantage : leur force eſt égale , leur maſſe ſemblable , la
route qu'ils ſuivent eſt la même. S'il étoit en repos , il
céderoit ſans réſiſtance ; à plus forte raiſon, puiſqu'il
tombe déja , n'en peut-il oppoſer aucune. Qu'arrivera-
t-il donc ſuivant les loix du mouvement ? Ou ces deux
atomes ſeront propres à ſe lier enſemble , & dès-lors
ils ne feront plus qu'un même corps ; ou faute de pouvoir s'unir , ils continueront après le choc de tomber
ſéparément. Telle on voit la grêle ſe précipiter du ſein
des nuages, & frapper les campagnes.

De plus , il n'eſt pas ici queſtion de force élaſtique qui repouſſe un de ces atomes , & puiſſe en changer la direction. Vous leur donnez à tous une roideur inflexible , une parfaite dureté. Suppoſé donc qu'ils ſe touchent , ils ſeront incapables de ſe refléchir. Mais dans l'hypothèſe de Deſcartes la répulſion des corps & les autres effets de l'élaſticité s'expliquent aiſément. Un balon rebondit en touchant la terre : une branche d'arbre courbée par force ſe reléve auſſi-tôt qu'on la rend à elle-même : une lame d'acier que vous pliez en cercles concentriques , lutte contre cet état de contrainte , & dès qu'elle ſera libre elle reprendra bruſquement ſa forme ordinaire. Lorſque le Sauvage Indien décoche une fléche, la corde ſe déplie , & l'arc, en ſe redreſſant,la force encore à s'étendre. Pour chaſſer une balle de l'arquebuſe à vent , il faut comprimer l'air & lui permettre enſuite de ſe débander. Enfin la poudre , cette compoſition terrible & qui devroit toujours étonner les hommes , ſi les hommes ſçavoient être étonnés de ce qui frappe communément leurs yeux , la poudre prend feu tout à coup ; & dès que l'étincelle a dégagé les particules d'air qu'elle renfermoit , ce mêlange de charbon de nitre & de ſouffre , plus puiſſant que la foudre, briſe les rochers , renverſe les remparts. Quelle eſt la cauſe de tous ces Phénoménes ? L'action du fluide étheré ſur les différens corps qui nous les offrent. Cette matiere dans laquelle ils nagent les pénétre dès qu'ils commencent à ſe dilater, entre dans leurs pores, agite leurs parties , & leur communique par cette agitation une prodigieuse rapidité. Mais vous n'admettez point de matiere subtile dans le vuide. Ainsi dans le vuide point de force élastique qui puisse obliger les atomes à retourner sur leurs pas.

En prouvant, comme j'ai fait, que sans la pesanteur vos corpuscules sont à jamais plongés dans un repos létargique, & que même avec le secours de cette qualité, qui leur manque, ils seroient incapables de rien produire, je crois avoir sappé les fondemens du systême de Lucrece. Plus de mouvement essentiel à la matiere, plus de liaisons fortuites d'atomes : ces chiméres sont détruites ; & votre Poëte se montre aussi peu Philosophe, lorsqu'il prétend mettre en jeu les principes des corps, que lorsqu'il entreprit de leur donner l'être. Qu'il se retire donc muet & confus, jusqu'à ce que je le rappelle au combat. Mais l'irréligion ne se croit pas vaincue par la défaite d'un de ses partisans. L'artificieuse volupté lui fait reprendre les armes sous les auspices d'un nouveau défenseur : chassée d'un fort, elle va se réfugier dans un autre ; comme un guerrier qui voit ses remparts détruits, ses fossés comblés & l'ennemi dans l'intérieur des murailles, s'enferme dans la citadelle, en fortifie les dehors, &, de-là, porte aux assiégeans ses derniers coups. Mais quelqu'azile que choisisse l'ennemi de la Divinité, je l'y poursuivrai sans relâche, & je renverserai ses nouveaux retranchemens.

VI. Xenophanes & Spinosa cherchent le principe du mouvement, non pas, comme Epicure, dans les parties de la matiere séparées les unes des autres, mais dans la somme de ces parties, dans la masse que forme leur assemblage. Renoncer pour ce système à celui de votre maître, ce seroit, Quintius, changer d'erreur. Il est absurde, & tout concourt à le détruire. Je vous l'ai dit plusieurs fois; le corps ne peut être mû que par l'impulsion: également propre à suivre toutes les directions imaginables, il ne peut par lui-même en choisir une seule. Concluez de-là que s'il n'est mis en mouvement par une cause quelconque, il doit rester immobile à jamais.

Je conviens, direz-vous, que chaque corps a besoin d'être poussé pour se mouvoir: mais peut-être faut-il supposer dans l'univers une propagation éternelle du mouvement. Transmis d'une portion de matiere à l'autre, il peut circuler dans ce vaste tout, & s'y perpétuer de façon, qu'il n'ait jamais commencé, que jamais il ne finisse. Avec quelle facilité, Quintius, vous dérobez-vous à la lumiere ! avec quelle promptitude oubliez-vous mes principes ! Vous ne pouvez admettre ces impulsions successives & continuelles, sans concevoir que chaque corps a reçu le coup qu'il porte. Ainsi le mouvement doit par essence être transmis : il est produit par un moteur, comme un fils est issu d'un pere. Puis donc qu'il se trouve dans la matiere, il a dû lui être imprimé par quelque cause, & cette cause n'est pas un corps brut & grossier, parce qu'un corps brut & grossier ne peut faire de choix. Supposerez-vous une portion de matiere détachée de la masse, & qui supérieure aux autres, puiffe leur communiquer une impreffion qu'elle n'aura pas reçue ? Mais, je le répéte, point de mouvement qui ne foit tranfmis, qui n'ait un auteur. Pourquoi celui que vous attribuez à cette partie de matiere n'en auroit-il pas ? De quelque attribut que vous la prétendiez revêtir, ce fera toujours un corps dénué de raifon, femblable en tout à ceux qui de votre propre aveu, ne peuvent fe mouvoir par eux-mêmes. Toute partie de matiere eft matiere ; donc aucune ne peut s'élever au-delà des forces d'une fubftance matérielle ; aucune n'a droit d'imprimer le mouvement, fi elle ne l'a reçue de l'Etre qui peut feul le produire : Etre d'un ordre fupérieur, incorporel & doué d'intelligence.

Nous voyons le foleil tourner fur fon axe d'occident en orient : fufceptible par fa nature de toute autre direction, eft-ce par choix qu'il fe détermine en faveur de celle-ci ? eft-ce une loi de la matiere qui l'affujettit à la fuivre ? Si vous croyez le foleil capable de choix, la fuperftition grecque fe félicitera de trouver encore un partifan. Si vous alléguez une loi de la matiere, il faut en conféquence que tous les corps qui font mus tendent toujours vers l'orient, jamais vers le nord ou le midi. Mais le mouvement, vous le voyez comme moi, fe porte vers toutes les parties du monde. La matiere n'eft donc pas en droit de lui prefcrire une direction. Et comme il ne peut fubfifter fans en avoir une quelconque, concevez qu'il a pour véritable auteur l'être qui le modifie.

D'ailleurs, on ne doit regarder comme éternel aucun

compofé de parties, qu'une production fucceffive rem-
place les unes par les autres. La nature d'un tout ne différe point de celle de fes portions : il n'en eft en effet
que le réfultat. Ainfi pour que le mouvement fût éternel, comme vous le penfez, il faudroit que tout ce qui
fe meut dans l'univers, fe mût de toute éternité. Mais
combien de corps voyons-nous fortir du repos : chaque
jour, chaque inftant fait éclore une multitude de mouvemens paffagers. Le Genre humain peut fe renouveller fans ceffe par une fuite de générations : cependant
vous croyez qu'il a commencé ; pourquoi ? c'eft précifément parce qu'il a befoin d'être ainfi renouvellé ; que
tout pere eft fils d'un pere, reconnoît quelqu'un plus
ancien que lui, & dès-lors n'a pas exifté de tout tems.
Les femences font produites par les arbres ; les arbres
proviennent des femences : aucune efpéce de végétaux
n'eft donc éternelle. Le jour & la nuit ont auffi commencé, puifqu'ils fe fuccédent. En effet, qui des deux
auroit donné naiffance à l'autre ? Enfin, ne regardez pas
le tems comme éternel : c'eft, j'en ai déja fait la remarque, un amas de parties qui naiffent & fe détruifent.
Le printems, l'été, l'automne, l'hyver fe fuivent dans
un ordre invariable, & leur retour, en formant l'année,
démontre que l'univers & le tems n'ont pas toujours
été. Entre des parties qui fe fuccédent, il n'en eft point
qui ne vienne après une autre. Aucune faifon n'eft donc
éternelle : il n'y en auroit point eu, fi la volonté d'un
Arbitre fouverain n'avoit réglé le rang de ces différentes
parties, dont aucune n'étoit néceffairement la premiere.

Pourquoi,

Pourquoi, me direz-vous, les corps n'auroient-ils pas reçu de la Nature le droit de se mouvoir ? Que le mouvement soit un de leurs attributs essentiels, dès-lors il n'en faut plus chercher la cause hors d'eux-mêmes ; ils n'ont plus besoin d'impulsion. Ce raisonnement, Quintius, vous l'avez déja fait sur la figure de vos atomes : vous prétendiez que leur forme n'étoit pas l'ouvrage d'une intelligence ; vous voudriez à présent qu'ils pussent se passer d'un moteur. Ainsi ma réponse est la même : je n'employerai contre une supposition déja réfutée, que les armes qui l'ont détruite. Si l'on doit reconnoître un mouvement essentiel aux corps & propre à la matiere, je demande lequel c'est ; quelle en est la quantité, la direction ; s'il est lent, ou rapide ; si la ligne qu'il fait décrire au corps est droite, ou circulaire. Toutes les espéces de mouvemens ne peuvent en effet se trouver ensemble. Il faut choisir ; mais décider pour une espéce, c'est proscrire toutes les autres : car rien ne peut remplacer ce qui tient à la substance d'un être. Cependant il n'est aucune espéce de mouvement dont le corps ne soit susceptible. Pourquoi donc indifférent par lui-même à toutes, en aura-t-il par lui-même une plutôt que les autres ? D'ailleurs, si tel ou tel mouvement fait partie de son essence, il ne peut le varier : tout attribut est immuable. Or nous voyons le mouvement varier à l'infini : il n'est donc point essentiel à la matiere.

Je sçais ce que vous allez me répondre. De ce qu'un corps est toujours figuré, quoiqu'aucune figure en particulier ne lui foit propre, vous conclurez fans doute que fans être fixé par fa nature à telle ou telle façon de fe mouvoir, il a toujours un mouvement quelconque: mouvement que peuvent modifier des caufes étrangéres. Une roue tourne, direz-vous, en tout fens fur fon axe, lorfqu'elle eft libre ; mais quelquefois elle n'y peut tourner qu'en un certain fens ; lorfque, par exemple, elle eft obligée de fuivre le cours de l'eau. Vous ne voyez donc pas, Quintius, où conduit cette réponfe. Si elle eft jufte, plus de repos pour les corps; ils ne peuvent fubfifter fans mouvement, comme ils ne le peuvent fans figure. Paradoxe que vous n'oferiez foutenir. Un corps eft néceffairement figuré, puifqu'il a des bornes : mais il ne fe meut pas néceffairement ; il peut refter immobile, fans ceffer d'être corps. Qu'il fe meuve, ou qu'il foit en repos, c'eft toujours la même portion de matiere, c'eft toujours un compofé des mêmes parties. Ne penfiez-vous pas que vos atomes s'arrêteroient dans le centre où les précipitoit cette pefanteur dont Epicure faifoit un de leurs attributs ? Vous avez donc conçu qu'ils feroient alors en repos, que leur mouvement n'étoit pas éternel ; & néanmoins vous ne les croyez pas anéantis.

J'ajoûterai que des corps également preffés de toutes parts ne peuvent fe mouvoir. Si vous redoutiez le plein, c'eft qu'une profonde léthargie devoit, felon vous, en être la fuite ; mais cette immobilité n'entraînoit pas la deftruction de la matiere. Enfin, fi deux corps, avec une maffe & des forces égales fe frappent

en sens contraire, le repos succéde de part & d'autre à
leur choc. Puis donc que les corps se meuvent souvent,
mais ne se meuvent pas toujours, concluons que ni le
mouvement, ni le repos ne leur sont essentiels : & dès-
lors regardons ces deux états, comme de simples modifications qui ne changent rien à la nature de l'être corporel. Un homme est toujours homme, soit qu'il re-
pose couché sur le gazon, soit qu'il presse les flancs
poudreux d'un coursier plus vîte que les vents. Ce zéphir dont le souffle agite à peine les feuilles, & cet
aquilon qui ravage les forêts, qui couvre l'océan des
débris de nos vaisseaux, sont le même air plus ou moins
agité. Suivez * l'Anio dans son cours. D'abord paisible,
il coule avec lenteur depuis les montagnes des Sabins,
jusqu'au pied du Château de ** Tibur. Là, tout-à-coup
la terre se dérobe sous lui : son lit cesse de le soutenir ;
il tombe avec un horrible fracas dans un abîme, d'où
ses flots écumeux forment, en rejaillissant, un nuage
peint des brillantes couleurs de l'Iris. Précipités dans de
nouveaux gouffres, ils s'y brisent contre des rochers,
roulent avec furie dans un labyrinthe tortueux de cavernes inaccessibles à la lumiere, & font retentir le
vallon de leurs mugissemens. Ce fleuve reparoît ensuite :
on le voit sur le penchant d'une riante colline se diviser
en cent ruisseaux. A peine a-t-il touché le vallon que
ses eaux dispersées se rassemblent, & d'un pas tranquille
reprennent leur cours à travers les campagnes du La-
tium. Ces mouvemens opposés ne le changent pas ; il

* Le Teverone. ** Tivoli.

eſt toujours le même , & quand il ſe précipite avec l'impétuoſité d'un torrent , & quand il rejaillit : toujours le même lorſqu'il ſe perd dans les cavernes qui l'engloutiſſent ; lorſque ſes eaux en ſortent par différentes iſſues ; lorſqu'enfin elles coulent avec un doux murmure entre des bords plus paiſibles. Un corps en repos conſerve ſa ſituation , il en change lorſqu'il ſe meut ; voilà toute la différence. Si ce changement eſt conſidérable en peu de tems , le mouvement ſera prompt ; ce changement eſt-il petit en beaucoup de tems , le corps ſe meut avec lenteur. Sa marche reçoit encore d'autres qualifications, qui dépendent ou de la route qu'il prend , ou de la figure qu'il décrit en changeant de place. Ainſi une ſituation conſtamment la même , c'eſt le repos ; un changement continué de ſituation , c'eſt le mouvement.

Mais que cette ſituation varie , ou ne varie pas , elle eſt , comme la figure , un ſimple mode , une de ces qualités accidentelles que les corps peuvent acquérir & perdre tour à tour. Deux ſortes de figures dont la matiere eſt également ſuſceptible. L'une eſt terminée par des lignes droites , l'autre par des courbes. De même deux ſortes de poſitions , l'une fixe , l'autre changeante. Toutes deux conviennent également au corps. Incapable de ſe donner la premiere , à l'excluſion de la ſeconde , de modifier , ou de quitter celle des deux dans laquelle il ſe trouve , il y reſte tant qu'il n'en eſt pas tiré par une force étrangere. Le corps ne peut ſubſiſter ſans une figure déterminée ; mais il n'en exige aucune par préférence : il ne peut non plus ſe paſſer d'une ſituation quelconque ; mais qu'il la conferve, ou qu'il en change, c'eft toujours le même corps. Puis donc que le mouvement eft une des deux efpéces de fituations, & que comme tel il n'appartient point à l'effence des corps, n'en cherchons pas en eux le principe. Il eft étranger à la matiere ; elle en feroit éternellement privée fans l'action d'un Etre fupérieur.

Fin du premier Tome.

APPROBATION.

J'Ai lû par ordre de Monfeigneur le Chancelier, un Manufcrit qui a pour titre : *Traduction de l'Anti-Lucréce*, &c. Il y a peu d'ouvrages qui méritent autant de paroître en notre Langue, que le Poëme de M. le Cardinal de Polignac. Mais pour fe charger de l'entreprife, & plus encore pour y réuffir, il falloit avoir le courage & les talens du traducteur ; la traduction eft élégante & fidèle, & je crois qu'elle répondra parfaitement à l'attente du Public. Le Difcours préliminaire me paroît tout-à-fait digne d'être lû. Ce morceau fait honneur à l'efprit & aux fentimens de M. de Bougainville. A Paris, le 19 Novembre 1748.

FOUCHER.

& enjoignons de faire joüir ledit Expofant ou fes ayant caufe , pleinement & paifiblement , fans fouffrir qu'il leur foit fait aucun trouble ou empéchement. Voulons qu'à la copie defdites Préfentes , qui
fera imprimée tout au long au commencement ou à la fin dudit Ouvrage , foi foit ajoûtée comme à l'Original : Commandons au premier notre Huiffier ou Sergent de faire pour l'éxecution d'icelles
tous actes requis & néceffaires , fans demander autre permiffion ; &
nonobftant clameur de Haro , Charte Normande , & Lettres à ce
contraires. Car tel eft notre plaifir. Donné à Verfailles , le treiziéme
jour du mois de Mai , l'an de grace mil fept cent quarante-fept , & de
notre Régne le trente-deuxiéme. Par le Roi en fon Confeil.

S A I N S O N.

*Regiftré fur le Regiftre XI. de la Chambre Royale des Libraires & Im-
primeurs de Paris , N° 782. fol. 690. conformément aux anciens Réglemens, confirmés par celui du 28 Février 1723. A Paris , le 15 Mai 1747.*

G. CAVELIER, *Syndic.*

FAUTES A CORRIGER.

Difcours Préliminaire, page xxiij. *ligne* 24. néceffare, *lifez*
    néceffaire.

Tome I. pag. 153. *ligne* 17. rappellée des enfers l'irreli-
    gion, fiere , &c· *lif.* rappellée des enfers, l'irreli-
    gion fiere, &c.

Ibid. pag 106. *lig.* 23. forces, *lifez* force.